高等职业教育研学旅行管理与服务专业
"课证融通"立体化系列规划教材

研学旅行导师实务

主　　编	梅继开　曹金平
副主编	陈启新　邓　青
编　　委	邓　月　邓　凡　王　玥　王　赟
	杨　帆　刘涛涛　余　敏　李舒晨
	谢　兵　易家鑫

华中科技大学出版社
中国·武汉

内容提要

本书围绕着研学旅行和研学旅行导师的基本概念,研学旅行导师的职业标准、核心素养来阐述,从责任主体角度将研学旅行导师分成中小学校、基地(营地)和旅行社三部分,并围绕研学旅行导师的岗位职责、研学旅行的课程设计、实施与评价及安全管理等内容,阐明了研学旅行导师在研学旅行活动中应担负的职责,还对研学旅行的相关政策进行了解读。

本书适用于研学旅行管理与服务相关专业师生,还可作为研学旅行方面相关工作人员的参考用书。

图书在版编目(CIP)数据

研学旅行导师实务/梅继开,曹金平主编. —武汉:华中科技大学出版社,2021.7(2024.7重印)
ISBN 978-7-5680-7186-4

Ⅰ.①研… Ⅱ.①梅… ②曹… Ⅲ.①教育旅游-教学研究-中小学 Ⅳ.①G632.429

中国版本图书馆 CIP 数据核字(2021)第 117826 号

研学旅行导师实务 梅继开 曹金平 主编
Yanxue Lüxing Daoshi Shiwu

策划编辑:汪 杭 王 乾
责任编辑:胡弘扬 汪 杭
封面设计:原色设计
责任校对:李 琴
责任监印:周治超

出版发行:华中科技大学出版社(中国·武汉) 电话:(027)81321913
　　　　　武汉市东湖新技术开发区华工科技园 邮编:430223
录　　排:华中科技大学惠友文印中心
印　　刷:武汉邮科印务有限公司
开　　本:787mm×1092mm 1/16
印　　张:12.5
字　　数:265 千字
版　　次:2024 年 7 月第 1 版第 2 次印刷
定　　价:49.80 元

本书若有印装质量问题,请向出版社营销中心调换
全国免费服务热线:400-6679-118 竭诚为您服务
版权所有 侵权必究

网络增值服务

使用说明

欢迎使用华中科技大学出版社旅游资源网lvyou.hustp.com

教师使用流程

（1）登录网址：**http://lvyou.hustp.com**（注册时请选择教师用户）

注册 → 登录 → 完善个人信息 → 等待审核

（2）审核通过后，您可以在网站使用以下功能：

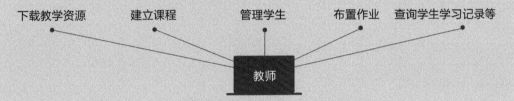

下载教学资源　建立课程　管理学生　布置作业　查询学生学习记录等

学员使用流程

（建议学员在PC端完成注册、登录、完善个人信息的操作。）

（1）PC端学员操作步骤

① 登录网址：**http://lvyou.hustp.com**（注册时请选择普通用户）

注册 → 完善个人信息 → 登录

② 查看课程资源：（如有学习码，请在个人中心-学习码验证中先验证，再进行操作。）

首页课程 →（选择课程）课程详情页 → 查看课程资源

③ 答题测试

课程资源 →（选择章节）习题 → 习题页 →（提交）查看结果及分数统计

（2）手机端扫码操作步骤

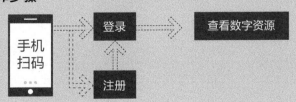

手机扫码 → 登录 → 查看数字资源 / 注册

出版说明

在十四五期间,我国旅游行业与教育事业将牵手迈入融合发展与高质量发展的快车道。2019年,教育部在普通高等学校高等职业教育专科专业目录中增补研学旅行管理与服务专业,自《关于推进中小学生研学旅行的意见》印发以来,研学旅行这一新兴行业蓬勃发展。

因此,编制出版一套高水平、高质量、紧密联系行业的教材十分必要。华中科技大学出版社邀请来自旅游教育、师范教育、行业企业、中小学校四方面的作者,包括全国开设旅游管理类专业知名院校、师范教育类专业知名院校、首批获批研学旅行管理与服务专业的高等职业院校的学科带头人、教学名师,1+X研学旅行策划与管理职业技能等级证书开发单位、知名研学旅行基地(营地)和研学旅行服务机构的专家,以及中小学骨干教师等,共同编写了高等职业教育研学旅行管理与服务专业"课证融通"立体化系列规划教材。本系列具有如下特点:

一、多元作者,理念先进。研学旅行是旅游与教育的交融领域,本系列教材编写者来自开设旅游管理类专业高校,开设师范教育类专业高校,部分知名中小学校,以及行业领先机构。他们有着丰富的执教与从业经验,紧跟教育部、文旅部指导意见,充分整合旅游与教育领域的知识点与最新研究成果,确保本系列教材的权威性、准确性、先进性。

二、校企融合,课证融通。本系列各分册教材均采取校企"双元"合作编写模式,由高等院校教学名师、行业企业知名专家与1+X职业技能等级证书起草组成员共同编写,在教材中引入大量实务案例,以及1+X职业技能等级证书真题、案例等,确保理论与实践融合、课证融通。

三、贴近岗位,注重实践。在编写体例上采用项目教学方法设计教材体例,以工作过程为导向,设置教学项目,并在每一项目中设置工作任务,工作任务中包含经典案例、1+X证书真题等。学生通过完成任务了解研学旅行管理与服务工作的整个过程,增强职业技能。

四、配套资源,纸数融合。华中科技大学出版社为本系列教材建设了线上资源服务平台,在横向资源配套上,提供教学计划书、教学课件、习题库、案例库、参考答案、教学视频等系列配套教学资源;在纵向资源开发上,构建了覆盖课程开发、习题管理、学生评论、班级管理等集开发、使用、管理、评价于一体的教学生态链,打造了线上线下、课内课外的新形态立体化互动教材。

　　研学旅行管理与服务作为新增设专业,正步入发展快车道。希望这套教材能够为学子们带来真正的养分,为研学旅行管理与服务专业教材建设贡献力量,希望并诚挚邀请更多学者加入我们!

序言

  立德树人,以人为本,学生是中心。党的十八大以来,以习近平同志为核心的党中央高度重视教育工作,围绕培养什么人、怎样培养人、为谁培养人这些根本问题提出一系列富有创见的新理念、新思想、新观点。习近平总书记指出,要重视和加强第二课堂建设,重视实践育人,坚持教育同生产劳动、社会实践相结合,广泛开展各类社会实践,让学生在参与中认识国情、了解社会,受教育、长才干。为深入学习贯彻习近平总书记系列重要讲话精神,落实立德树人根本任务,教育部等11部门联合印发的《关于推进中小学生研学旅行的意见》(以下简称《意见》),明确了中小学生研学旅行是由教育部门和学校有计划地组织安排,通过集体旅行、集中食宿方式开展的研究性学习和旅行体验相结合的校外教育活动,是学校教育和校外教育衔接的创新形式,是教育教学的重要内容,是综合实践育人的有效途径。《意见》着眼于全面建成小康社会和实现教育现代化的战略布局,以大力推行中小学生研学旅行活动为突破口,全面深化基础教育课程改革、加强综合实践教育、落实学校立德树人的根本任务。文件一出,大有"忽如一夜春风来,千树万树梨花开"之势,各级教育行政部门、中小学校采取有力措施,以学生为中心,充分发挥研学旅行在立德树人中的重大作用。

  研学旅行,以课程为核心,研学旅行导师是关键。研学旅行不是单纯的"旅游"+"教育"形式结合体,其形式是旅行,本质是教育。研学旅行作为中小学基础教育课程体系中综合实践活动课程的重要组成部分,是学校教育和校外教育衔接的创新形式,承载着基础教育阶段素质教育的重任,承载着中小学生道德素养的养成、创新精神的培育、实践能力的培养等多个方面的教育。只有树立研学旅行课程在研学旅行中的核心地位,才能彰显其教育本质,更好地发挥综合实践教育的育人功能。推进研学旅行工作的核心任务之一,就是各中小学要结合当地实际,把研学旅行纳入学校教育教学计划,与综合实践活动课程统筹考虑,促进研学旅行和学校课程有机融合。要精心设计研学旅行活动课程,做到立意高远、目的明确、活动生动、学习有效,避免"只旅不学"或"只学不旅"现象。研学旅行导师是研学旅行活动的组织者,是整

i

个研学旅行活动是否能有效实施、研学旅行实践育人的根本任务能否得到落实的关键。研学基地的打造、研学线路的设计、研学课程的开发、研学活动的组织、研学效果的评价、研学保障的落实,这些推进研学旅行内涵建设的抓手,离开了研学旅行导师,都无从谈起。

研学课程,知行合一。无论是研学旅行活动本身,还是研学旅行相关教材编写,都离不开"实践"二字,要做到知行合一。2016年至今,研学旅行已快速发展五年有余,2019年教育部也将研学旅行管理与服务专业列入高等职业院校专业目录。三峡旅游职业技术学院基于其在研学旅行人才培养、人员培训、课题研究方面的良好基础,成为全国32所首批设置研学旅行管理与服务专业的院校之一。以三峡旅游职业技术学院梅继开院长为首的研学旅行教材编委会,抓住研学旅行活动的核心和关键,着手《研学旅行课程开发与管理》《研学旅行导师实务》两本教材的编写。编委会成员包含了高职院校骨干教师、1+X职业技能等级证书培训评价组织人员、全国三大示范研学行营地骨干教师、全国知名研学旅行企业人员、教育行政部门教学研究人员,他们以强烈的责任感和严谨的治学态度,深入一线开展了大量的调研工作,反复切磋审议,精心打磨修改,凝聚成这两部弥补研学旅行课程开发与管理领域空白的教材。纵览两本教材,结构系统立体,内容知行合一,层次循序渐进,均具有重要的理论价值和实践意义。

伟大的人民教育家陶行知先生曾言:"生活即教育,社会即学校,教学做合一",我据此结合马克思实践哲学和人的全面发展思想,提出"生活·实践教育"的理念:倡导生活即学习、生命即成长、生存即共进、世界即课堂、实践即教学、创新即未来,培养学生的生活力、实践力、学习力、自主力、合作力、创新力,让教育通过生活与实践创造美好人生。近年来,我也在中小学组织实施"生活·实践教育",研学旅行作为实践教育的重要组成部分,继承和发展了我国"读万卷书,行万里路""知行合一"的教育理念和人文精神,成为素质教育的新内容和新方式。对于三峡旅游职业技术学院在研学旅行领域的探索,我深表赞同和支持,乐意为此书作序。

周洪宇
(全国人大常委会委员、湖北省人大常委会副主任、
中国教育学会副会长)
2021年2月

目录

项目一　研学旅行导师概述　　1
任务一　研学旅行概述　　3
任务二　研学旅行导师内涵　　13
任务三　研学旅行导师的培养　　18

项目二　研学旅行导师的职业标准　　30
任务一　职业标准概述　　32
任务二　研学旅行导师的职业定位　　40
任务三　研学旅行导师的职业标准　　46

项目三　研学旅行导师的核心素养　　58
任务一　初级阶段研学旅行导师的核心素养　　60
任务二　中级阶段研学旅行导师的核心素养　　65
任务三　高级阶段研学旅行导师的核心素养　　70

项目四　研学旅行导师的岗位职责　　75
任务一　中小学校研学旅行导师的岗位职责　　77
任务二　基地(营地)研学旅行导师的岗位职责　　84
任务三　旅行社研学旅行导师的岗位职责　　92

项目五　研学旅行课程的设计、实施与评价　　101
任务一　研学旅行课程的设计　　103
任务二　研学旅行课程的实施　　117
任务三　研学旅行课程的评价　　127

项目六　研学旅行的安全管理　　136

- 任务一　研学旅行安全管理概述　　138
- 任务二　研学旅行常见安全事故分析　　145
- 任务三　研学旅行安全保障措施　　156

项目七　研学旅行相关政策解读　　166

- 任务一　研学旅行政策解读　　168
- 任务二　1+X 证书制度试点工作解读　　181

本课程推荐阅读　　186
参考文献　　188

项目一　研学旅行导师概述

 项目目标

职业知识目标

1. 掌握研学旅行和研学旅行导师的概念。
2. 掌握研学旅行导师的分类和职业特点。
3. 理解研学旅行导师的培养途径。

职业能力目标

1. 结合研学旅行导师的分类,能够合理制定职业发展规划。
2. 结合实际,能够选择适合自身的职业培养途径。

职业素养目标

1. 对研学旅行导师职业有一定的了解,激发学生对该职业的认可和热爱。
2. 培养学生协同合作的团队精神以及良好的组织纪律性。
3. 愿意按照研学旅行导师的职业特点来培养自己相应的素质。

知识框架

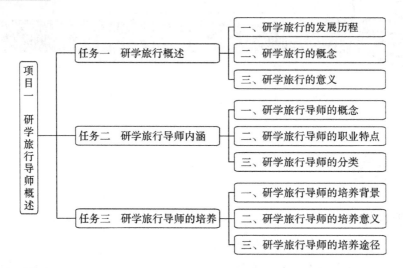

教学重点

1. 研学旅行和研学旅行导师的概念。
2. 研学旅行的本质。
3. 研学旅行导师的培养途径。

 教学难点

研学旅行　研学旅行导师　培养途径

 项目导入

　　2019年10月教育部发布《普通高等学校高等职业教育(专科)专业目录》,增补了研学旅行管理与服务等专业,截至2020年,已经有32个高职院校获教育部审批开设研学旅行管理与服务专业。预计将会有更多的中高职和应用型本科的毕业生加入研学旅行队伍,这将为研学旅行专业化提供有力的人才保障。

　　行业步入正轨,专业人才稀缺,研学旅行导师将成为团队专业化的关键核心。不同于中小学教师和一般导游,研学旅行导师需要更加丰富的知识储备和专业的讲解技巧。研学项目很多都具有科普的性质,需要结合历史、地理、生物等科学知识进行讲解,并能加强趣味性吸引学生参与互动。

　　什么是研学旅行?什么是研学旅行导师?研学旅行导师如何进行分类?研学旅行导师如何进行培养?我们将在本项目中给予解答。

任务一 研学旅行概述

任务引入

从当前的研学旅行市场来看,很多原先的旅游项目摇身一变,就成了"研学旅行"。北京游览一圈,美其名曰领略帝都风光;故宫博物院走一遭,就可以说是跟着文物学历史;清华北大转一转,就称之为远大理想信念教育,但实则都是走马观花。上车睡觉,到了景点就拍照,这跟老年游、亲子游及其他旅行项目没有区别,只是"好看",不是研学旅行。

请结合所学知识和生活经验分析一下旅游和研学旅行有哪些异同,并尝试用自己的语言解释什么是研学旅行。

任务剖析

研学旅行与旅游的差别最核心之处在于"研学"二字。对于研学旅行来说,旅行是形式,学才是本质。

普通旅游主要围绕吃、住、行、游、购、娱这六个方面展开,但研学旅行的重点必须落在"研学"二字上,否则只会出现更多的"游而不学"现象。从字面上看,"研学"就是研究和学习。

研学旅行的研究学习与传统的课堂学习不同,学生不再是坐在教室聆听教师讲授,获得间接经验;相反,他们是在旅游的过程中通过自主合作解决问题,获得直接经验。此外,由于研学活动是集体出游,这就意味着研学旅行比普通旅游更强调团队精神的构建。

一、研学旅行的发展历程

(一) 国外主要国家研学旅行的发展

美国最新教育期刊显示,与研学旅行相关度最高且被引用次数最多的学术名词在美国被称为"Outdoor Education";其次是"Field Trip"与"Experiential Education",其定义为学校组织的有计划安排的校外活动(与常规校内教学的内容互补),必须有教师指导或父母参与,而且相关活动的宗旨在于提高参与者的技能或者达到学校设定的目标,主要是以学校组织的课程或活动为主,包括夏令营/冬令营课程、实地参观与考察、户外研学活动。实地参观与考察和户外研学活动主要安排在参与者的在校学习时段与周末,例如美国中学组织学生参观当地博物馆、历史名人馆学习本国文化以及历史。夏令营/冬令营课程主要利用参与者的寒暑假时间，最具代表性的是美国哈佛大学的夏令营课程与西点军校夏令营活动。哈佛大学夏令营课程主要面对的是高中生、其他院校大学生、哈佛在校大学生与其他成年人，根据他们的兴趣与能力设置课程，帮助他们拓展学术视野，提升实践技能，丰富相关知识。哈佛大学大部分夏令营时间为3周到7周，课程算作学分。与哈佛夏令营课程不同的是，西点军校夏令营活动主要针对5—12岁的学龄前儿童与小学生，主要培养他们的户外生存能力、独立自主能力、吃苦耐劳精神与团队精神，时间为1周到12周不等。美国霍奇基斯高中甚至曾组织10—12年级的学生开展为期3周的南极探险之旅，让孩子们在考察南极半岛和周边岛屿，观察鲸鱼、磷虾群，拍摄帝王企鹅、海豹、冰山的同时，跟着随行的南极科考专家学习生态学知识，了解当地历史。此外，不少美国高中生会在假期参加国内名校游，了解高校特色，为将来升学选择做准备。

在英国与澳大利亚，Field Trip作为Outdoor Education的一种形式，为学生提供了独一无二的学习体验环境，让学生在导师的指导下，结合课程相关理论与实地实践，获取新的知识。Field Trip主要是以学校组织的课程或活动为主，利用学生的在校时间，开展实地参观与考察、先进企业体验、户外研学与拓展活动。活动根据学生的年龄不同而侧重不同（5—25岁），时间为半天到数天不等。例如大学生的葡萄酒庄园之旅，通过学习该国葡萄酒的历史，参观葡萄的生长环境与种植过程，了解葡萄酒酿酒工艺来了解葡萄酒的种类以及相关产品。中小学生的户外研学与拓展活动，通过野外拓展训练营，培养学生的户外生存能力与独立自主能力。该课程的考试或考察会涉及Field Trip的内容，但不会单独算作学分。

研学旅行在日本起源于明治19年（1886年），"修学旅行"（しゅうがくりょこう）一词最早出现在1887年发行的《大日本教育杂志54号》期刊上，自此被日本教育界以及民众广泛接受与使用。修学旅行在1946年之后发展成为日本国民教育、社会实践、自然体验的一部分。修学旅行在日本的定义是：作为技能和专业知识学习或扩展视野的一种工具，以学校和班级为单位组织学生到其他地区和国家进行的集体研学活动，其主要活动包括传统文化知识学习、国家文化名胜体验、国家公园参观，另外还涉及职业选择、自然体验、先进企业考察甚至体验商人活动等，内容涵盖了政治、经济、文化等多个领域。学校会依据学生的年龄不同而侧重有别，时间一般为1—5天。小学生主要就近参观名胜景点或是集体泡温泉，目的是培养学生的团队合作意识；中学生倾向于异地学习与体验，目的是结合课本的知识进行实践；高中生则倾向于自然体验、参观先进企业或了解往日战争的悲惨历史，除了让学生们感受历史、体验自然，还让学生提前熟悉以后的工作场所。

在韩国，几乎每个学生都参加过研学旅行，其中较有特色的是毕业旅行。韩国教育部门将毕业旅行作为学生的一项必修课目，纳入学分管理，学生只有参加并修够相应学分，才可以毕业。研学旅行的范围也不囿于本国，如2014年，韩国大学生"东北亚大长征"活动就选择高句丽的开国王城——位于我国辽宁省的五女山山城,以及高句丽时代遗址——我国吉林省集安市以及黑龙江省东京城等地进行考察。

(二) 国内研学旅行发展历程

"研学旅行"是近十年来出现的新词,由我国古代游学、近代修学旅行逐步演变发展而来。研学旅行延续和发展了我国传统游学及"读万卷书,行万里路"的教育理念和人文精神,成为素质教育的新内容和新方式①。

自2013年以来,国务院以及文化和旅游部等陆续出台文件支持研学旅行,数亿学子走出校门、走进大自然、走向火热的生活实践。探索研学旅行的发展,对我国推进教育改革,促进下一代素质提升和成长,促进教育与旅游产业跨界融合发展,都具有现实意义。

1 古: 从"游学"到"读万卷书,行万里路"

溯源我国的研学旅行,可追及春秋战国时期的"游学",多指远游异地,从师学习,以所学游说诸侯,求取官职。史载孔子招徒讲学,率弟子们周游列国、传道授业,弟子们跟随他遍访都邑,从困顿碰壁中体悟人生,开阔眼界,了解民风政情。

及至战国,诸侯并起,厚招游学,广纳贤能。文士们通过游学增进学识,以言策建立功业,实现自己的理想抱负。

西汉继承战国游学之风,学子们为学经,远行访师问道,既求闻达也求仕途。游学丰富了学子、士人的知识与阅历,也成就了许多人。如司马迁"二十而南游江、淮,上会稽,探禹穴,闚九疑,浮于沅、湘,北涉汶、泗,讲业齐、鲁之都,观孔子之遗风,乡射邹、峄,厄困鄱、薛、彭城,过梁、楚以归"(见《史记·太史公自序》),游历和文化访古,对其终成《史记》,有很大的助益。

唐代兴"壮游"之风,众多士子走出书斋,多作郊游、远行、边塞之旅。他们访古问俗、优游林下、寻幽探胜、结交豪杰、相互学习,在旅行中学习知识、体悟人生、修为人格、传承文化,成就很多传世的诗篇。

及至宋代和明清,游学、书院文化盛行,士人旅行制度化,社会逐步形成了"读万卷书,行万里路"的主流意识。宋代理学家、思想家朱熹主张学子不应拘于一隅,而应"出四方游学一遭"(《朱子语类》)。

当时名师硕儒所在的书院,常常成为一地教育、学术中心,吸引远近的学子趋而往之。士子们则利用科举和出仕机会频繁旅行,深入了解各地历史文化、名胜遗产、典制赋役、科技发明,观察社会,推动文化、社会发展。如宋代的沈括少时随父宦游州县,出仕后重游历研究,他"博学善文,于天文、方志、律历、音乐、医药、卜算无所不通,皆有所论著"(《宋史·沈括传》),最后写就集科技之大成的《梦溪笔谈》。董其昌在《画禅室随笔》谈画诀:"读万卷

---

① 陈文杰.我们需要怎样的研学旅行[N].光明日报,2017.

书,行万里路,胸中脱去尘浊,自然丘壑内营,立成郾鄂。"

"读万卷书,行万里路",强调行中去悟,实践中学,学以致用,这一人文精神贯穿古今,影响了后世许许多多的人。

2 今:现代研学旅行的兴起及发展

20世纪30年代,著名教育家陶行知抱着教育救国理想积极倡导"知行合一",认为行是知之始,知是行之成。他组织新安小学的"新安旅行团"做长途修学旅行。在50天时间里师生们通过唱歌、劳动、卖书卖报、爱国演讲等办法自筹经费,看江南风光,观察、学习沿途地理、风俗、民情,了解近代工业文明。旅途中学生们爱心相助、增进情感,学到很多关在学校难以学到的知识。学生们还参观英、法、日等占领的上海租界、淞沪抗日战场,了解爱国军民奋起抗战的英勇事迹,增加学生们国家民族的责任感。这开创了我国修学旅行的先河。

新中国成立以来,不同社会发展时期对教育有不同的要求,很多学校组织了各种带有研学性质的勤工俭学、爱国主义教育、红色旅游、历史文化探源、地质生物考察等活动。而校外机构组织的研学旅行,伴随着改革开放的深入也逐步展开。

改革开放之后,大量来自日韩、东南亚和欧美国家的修学旅游团来华修学旅游。当时,中国国际旅行社、中国旅行社、中国青年旅行社三大总社及地方旅行社,纷纷成立"修学旅游"接待部门,组合、推出许多具有文化资源特色的修学旅行线路产品,接待了数以十万计的国外修学旅行者,播下了国际友好的种子,各地积累了大量修学产品组合、组织接待和安全保障的宝贵经验。

外来的修学旅游理念,对国内一部分家长产生了影响。从20世纪90年代开始,随着经济的快速发展,家长、学生们对国内修学旅行、出国游学的需求日增,一些教育理念较开放的学校开始组织学生修学旅游、出境游学,不少旅行社迎合需要,推出一些修学旅行和海外游学旅行产品,推动这一市场向前发展。可惜的是,更多的学校只专注于高考应试,尤其担心出现安全事故,所以一直没有制度化、规模化地开展修学旅行或出境游学。这一阶段由于没有出台相关政策规范引导和监管,出国游学总体呈现野蛮生长的状态。

直到2013年,国务院办公厅印发《国民旅游休闲纲要(2013—2020年)》,倡导"逐步推行中小学生研学旅行",为研学旅行正名。此后又有系列政策出台,研学旅行开始受到教育界、旅游界和学生家长们的普遍关注。

2014年8月,国务院印发《关于促进旅游业改革发展的若干意见》,从国家层面上首次倡导具有中国特色的研学旅行,将研学旅行作为青少年爱国主义和革命传统教育、国情教育的重要载体,纳入中小学生日常德育、美育、体育教育范畴等。

2016年12月,教育部等11部委联合印发《关于推进中小学生研学旅行的意见》,要求各地将研学旅行摆在更加重要的位置,推动研学旅行健康、快速发展。

2017年被业界视为研学旅行发展的元年,研学旅行成为旅游界和教育界的热点话题,有人称之为我国素质教育发展的又一大风口。2017年10月,教育部印发的《中小学综合实践活动课程指导纲要》明确提出,包括研学旅行在内的综合实践活动是国家义务教育和普通高中课程方案规定的必修课程,与学科课程并列设置。

我国研学旅行从试点到推广,呈现出由选修课变为必修课、由随机性变为计划性、由少量参与到广泛参与的态势,成为旅游领域新的发力点。在国家旅游局(现文化和旅游部)发布的《2016中国旅游投资报告》中,研学旅行产品被视作未来旅游投资的十大重要领域之一。

根据教育部的教育事业发展统计公报,2016年全国共有小学在校生9913.01万人、初中生在校生4329.37万人、普通高中生在校生3970.06万人。除小学一至三年级、初中九年级、高中三年级学生外,适合参加研学旅行的学生数超过1亿人。业内专家估计,我国研学旅行的市场规模将超过千亿元。

二、研学旅行的概念

(一) 研学旅行的定义

研学旅行以前也叫修学旅行、修学旅游、研学旅游,是教育旅游的一种形式,是旅游者出于文化求知的需要,暂时离开常住地到异地开展的文化考察活动。

随着我国教育模式由"应试教育"向"素质教育"转变,研学旅行成为中小学基础教育课程体系中综合实践活动课程的重要组成部分,并形成了一种学校教育和校外教育衔接的创新形式,承载着基础教育阶段素质教育的重任。

到底什么是研学旅行?一直以来众说纷纭。研学旅行有广义和狭义之分。

广义的研学旅行是指具有特定的研学主题和目的,以外出旅游为主要手段和形式,以学为主、游为辅的寓教于游的旅游项目。

狭义的研学旅行是指中小学生群体参与的研学旅行,是由教育行政部门和学校有计划地组织安排,通过集体旅游、集中食宿方式展开的研究性学习和旅行体验相结合的校外教育活动,是学校教育和校外教育衔接的创新形式,是教育教学的重要内容,是综合实践育人的有效途径。

而在《研学旅行服务规范》(LB/T 054—2016)中是这样界定研学旅行的:研学旅行(study travel)是以中小学生为主体对象,以集体旅行生活为载体,以提升学生素质为教学目的,依托旅游吸引物等社会资源,进行体验式教育和研究性学习的一种教育旅游活动。

也就是说,研学旅行是教育部门和学校有计划地组织安排,以学生为主的丰富多彩的教育型旅游活动,由学校根据区域特色、学生年龄特点和各学科教学内容需要,组织学生通过集体旅行、集中食宿的方式走出校园,在与平常不同的生活中拓宽视野、丰富知识,加深与自然和文化的亲近感,增加对集体生活方式和社会公共道德的体验,开展研究性学习和旅行体验相结合的校外教育活动。

(二)研学旅行的特点

1 以青少年学生为中心

青少年学生是研学旅行的主体和中心,是研学旅行能否成功开展的核心要素。许多国家在进行研学旅行前期设计时,会对研学内容、时间安排、活动距离、线路规划等进行充分考虑,主要的依据就是学生们的兴趣爱好和身心特点。低年级的学生由于身心发展尚未成熟,对父母、教师的依赖性较强,所以为了确保他们研学旅行的安全,活动范围较小,主要为周边场所;到了中学,学生的自理能力和求知欲望增强,研学旅行范围有所增大,甚至可以跨出国门。

2 有专业的组织单位

学校是最常见的研学旅行组织单位,而在国内,近年来有相关背景的正规研学机构也已经初具雏形。从各国实践来看,以学校为组织单位开展研学旅行的好处在于:一来有助于让青少年在熟悉的集体中开展学习活动,培养集体意识;二是便于组织和管理,提高活动的安全性和针对性,同时节约活动成本。

3 以明确的主题和目的为关键

是否有明确的主题和目的,是研学旅行能否取得预期效果的一个关键因素。有的放矢,才会事半功倍。无论国内还是国外,有自己独立的主题和完善的规划的研学旅行,才能实现学生的研学需求。

同时,教育部还提出,研学旅行要纳入中小学教育教学计划,避免"只旅不学"或"只学不旅"现象。因此,我们还需要注意以下两个方面:

第一,范围明确化。研学旅行强调的是学生走出去,因此课后的兴趣小组、俱乐部的活动、棋艺比赛、校园文化等均不在研学旅行的范畴。

第二,客群固定化。青少年学生是研学旅行的主体和中心,是研学旅行能否成功开展的核心要素。这一群体在旅游市场中占据着重要地位,在进行研学旅行前期设计时,要结合学生的兴趣爱好和身心特点,对研学内容、时间安排、活动距离、线路规划等进行充分考虑。

显而易见,研学旅行有助于贯彻落实教育方针,落实立德树人根本任务,实现知行合一。《国家中长期教育改革和发展规划纲要(2010—2020年)》专门强调了要以培养学生能力为主,"能力"包括学习能力、实践能力和创新能力。这些能力仅靠课堂是培养不出来的,还要走出课堂、走出学校、走向社会,让学生真正了解世界、了解社会,通过研学旅行培养自我管理、自主生活的能力。

4 探究性和实践性

从确定研学旅行主题到方案的实施,再到结果的评估,学生全程自主参与,对遇到的问题进行相关探究,与他人合作,从而解决问题。这与传统的直接告诉学生结论的教学方法有着本质的区别,研学旅行更能激发学生的求知欲并提高学生学习的兴趣。

(三) 研学旅行的本质是教育

研学旅行履行的是教育功能。其根本宗旨在于提高中小学生的身心素质,培养中小学生的核心素养。研学旅行要基于中小学的教育教学要求,进行科学的系统性设计,纳入中小学教育教学计划。研学旅行的主要方式是探究式学习,这决定了其本质属性是教育,任何不以此为根本目的或者教育属性被弱化、形式化的行为都不是真正意义上的研学旅行。探究式学习特别强调问题导向、知识导向,注重过程性。

对学生进行素质教育活动,出发点在于激发学生主动作为,在研学旅行活动中动手动脑,激发发现问题的能力、研究问题的能力、解决问题的能力。研学旅行活动承载着道德素养的养成、创新精神的培育、实践能力的培养等多个方面的职能。因此,研学旅行要遵循教育的内在规律,既要注重旅行形式的趣味性、旅行过程的知识性、旅行内容的科学性,还要注重培育的学生良好人文素养,特别是要重视旅行过程中良好习惯的养成教育,培养学生成为文明游客。

(四) 研学旅行的原则

1 教育性原则

研学旅行要结合学生身心特点、接受能力和实际需要,注重系统性、知识性、科学性和趣味性,为学生全面发展提供良好成长空间。

从事旅游的工作者,习惯于从旅游产业的角度把研学旅行称为研学旅游。旅行与旅游有着本质上的区别。旅行侧重带着任务、目的去考察,旅游侧重游玩。研学旅行的最终目的是帮助学生成长,其归宿是教育。教育体现在研学旅行过程中的一事一物、时时处处。

教育部等11部门联合印发的《关于推进中小学生研学旅行的意见》特别强调让广大中小学生在研学旅行中感受祖国大好河山,感受中华传统美德,感受革命光荣历史,增强对坚定"四个自信"的理解与认同;同时学会动手动脑、学会生存生活、学会做人做事,促使其形成正确的世界观、人生观、价值观。要通过学生在研学旅行活动过程中的体验感受,以及身心、思想和意志品质等方面的发展,落实立德树人根本任务,帮助中小学生了解国情、开阔眼界、增长知识,着力培养他们的社会责任感、创新精神和实践能力。

2 实践性原则

研学旅行要因地制宜,呈现地域特色,引导学生走出校园,在与日常生活不同的环境中拓宽视野、丰富知识、了解社会、亲近自然、参与体验。

例如研学旅行中的乡情教育,从培养学生对家乡的感情开始,地点由近至远,时间由短至长,随着学生认知水平的提高,研学内容也由乡情、市情延伸到省情、国情,内容、范围逐渐扩大,从而循序渐进地激发学生热爱家乡、热爱祖国的思想情怀。乡土乡情是中小学生了解家乡、热爱国家的基石,这些内容仅通过课本、网络、博物馆很难做到真正理解,这时候就可以且应该充分依托当地乡贤——本地乡土文化的"活字典",通过他们发掘乡土文化内容,更容易让学生真正明白何为乡土乡情。

研学活动倡导动手实践。北京市教委、北京市财政局印发的《北京市初中开放性科学实践活动管理办法(试行)》中规定,每次活动时长2小时(计3学时),其中不少于2/3的时间用于学生动手实践和科学探究。活动要重体验,重实践,少说教。

❸ 安全性原则

研学旅行要坚持安全第一,建立安全保障机制,明确安全保障责任,落实安全保障措施,确保学生安全。

由于研学旅行活动是在校外,开放性非常强,所以安全性是确保活动取得成功的一个重要原则。针对以学生集体旅行、集中食宿方式开展的研学旅行,需要对研学线路、课程设计、组织方案、实施过程、实施效果等进行事前、事中、事后评估,切实做到"活动有方案,行前有备案,应急有预案",确保活动过程中每个环节的安全性。

❹ 公益性原则

研学旅行不得以营利为目的进行经营性创收,对贫困家庭、精准扶贫建档立卡学生要减免费用。健全经费筹措机制非常重要。要采取多种形式、多种渠道来筹措研学旅行经费,探索专项经费保障机制,探索建立政府、学校、社会、家庭共同承担的多元化经费筹措机制。

从2017年到2018年,教育部在中央专项彩票公益金的支持下,分两批在全国遴选命名了621个国家级研学实践教育基地和营地,构建起了以营地为枢纽、基地为站点的研学实践教育网络,并且建立了全国中小学生研学实践教育平台。只有稳定的经费保障,才能确保研学旅行可持续、常态化发展。

三、研学旅行的意义

(一)研学旅行是践行社会主义核心价值观的重要载体[①]

习近平总书记指出,核心价值观是一个民族赖以维系的精神纽带,是一个国家共同的思想道德基础。社会主义核心价值观是当代中国精神的集中体现,凝结着全体人民共同的

---

① 王晓燕.读了万卷书 怎样行好万里路.http://www.zgxzw.com/Teacher/View.asp? ID=238084.

价值追求,是教育工作的"魂"。新时代的教育就是要以培养担当民族复兴大任的时代新人为着眼点,从娃娃抓起,强化教育引导和实践养成。研学旅行作为实践育人的重要形式,充分体现了新时代我国"学思结合、知行合一"的教育理念,通过研究性学习和旅行体验相结合的教育活动,引导学生走出校园,走向社会,用自己的眼睛观察社会,用自己的心灵感受社会,用自己的思考探究社会,在实践中了解国情、开阔眼界、增长知识,提高社会责任感,从而深入感知、理解和践行社会主义核心价值观。

围绕立德树人根本任务,研学旅行结合学生的身心特点,根据小学、初中、高中不同学段的教育目标,有针对性地开发多种类型的活动课程,让学生在活动课程中践行中华优秀传统文化、革命文化和社会主义先进文化,践行理想信念和爱国主义精神等,促使学生把社会主义核心价值观内化为精神追求,外化为行动自觉。

比如,贵州省遵义市文化小学充分挖掘所在地域的历史文化资源,将遵义会议会址、红军山、娄山关、苟坝会议会址、四渡赤水纪念馆等红色圣地建设成为"遵义小红军"实践活动基地,将"我是小红军"和"重走长征路"作为研学旅行活动主题,设计了遵义会议课程、红军山课程、娄山关课程、苟坝会议课程和四渡赤水课程等,让学生在行走体验中用脚步去丈量,用眼睛去观察,用心灵去思考,亲身感受红军坚忍不拔、战胜一切困难的革命精神,强化学生的情感体验、精神共鸣与文化传承。这种以传承红色基因为主题的研学旅行作为一种新型的学生实践活动,在培育和践行学生的社会主义核心价值观中发挥了重要作用,尤其在价值体认方面,通过研学旅行,学生可以深化社会规则体验、国家认同、文化自信,初步体悟个人成长与社会进步的关系、国家发展与人类命运共同体的关系,树立中国特色社会主义的共同理想,拓宽国际视野。

(二) 研学旅行是我国人才培养模式的重大创新[①]

随着信息化社会和互联网时代的到来,以及云计算、大数据、人工智能等技术的迅猛发展,学校教育的内外环境、组织形式和功能作用正在发生巨大的变化。"学习"的概念已经被重新定义,世界教育生态也正在进行转型和重构,联合国教科文组织在2015年发布的《反思教育:向"全球共同利益"的理念转变?》报告中指出,过去把教育理解为有计划、有意识、有目的和有组织的学习,正规教育和非正规教育都是制度化的,但是人的许多学习是非正式的,这种非正式学习是所有社会化经验的必然体验。当今学生的知识获取渠道变得更加宽阔,学习方式也更加多样化,既有书本学习,也有实践学习;既有课堂学习,也有校外学习;既有制度化学习,也有非常规状态的学习。目前教育的发展趋势是从传统教育方式转向混合、多样化的学习方式,让学校教育、正规教育机构教育与其他非常规教育开展更加密切地互动。

---

① 王晓燕.读了万卷书 怎样行好万里路.http://www.zgxzw.com/Teacher/View.asp? ID=238084.

研学旅行正是顺应教育发展的这种大趋势,超越学校和课堂的局限,让中小学生从学校课堂走向更广阔、丰富多彩的外部世界。这不仅是我国学校教育和校外教育相互衔接的创新形式,更是我国基础教育领域人才培养模式的重大创新。《关于推进中小学生研学旅行的意见》特别强调:"研学旅行是由教育部门和学校有计划地组织安排,通过集体旅行、集中食宿方式开展的研究性学习和旅行体验相结合的校外教育活动,是学校教育和校外教育衔接的创新形式。"

研学旅行改变了我国学生的学习情境和学习方式,是对现有教育形态的一次革新。在学习情境上,研学旅行使课堂由固定封闭变为动态开放、由校内搬到校外,从乡情、县情、市情、省情、国情的真实生活情境和学生的发展需要出发,引导学生从个体生活、社会生活或与大自然的接触中获得真实的感受、丰富的体验,形成并逐步提升对自然、社会和自我之内在联系的整体认知,同时培养他们对中华民族的情感认同、思想认同、政治认同。在学习方式上,研学旅行将知识、能力、情感、态度、价值观等领域的目标维度整合,由以静态的课堂记忆学习为主转变为以动态的体验学习为主,由以个体学习为主变成以小组合作学习为主,让学生由被动倾听变为主动践行,在全身心进行"体验""体悟"和"体认"的过程中,通过亲身经历、主动实践、积极探究、理性反思等方式,培养、提升综合素质,特别是社会责任感、创新精神和实践能力。

(三) 研学旅行是发展素质教育的重要抓手①

长期以来,我国的学校教育中普遍存在着认知与实践脱离、知与行分离的倾向,在人才培养方式上,重知识传授,轻实践养成,忽视基于实际情境、运用知识解决问题的实践性学习。实践教育环节薄弱甚至缺失,已成为制约我国中小学发展素质教育的主要因素。要切实促进人才培养方式的创新,实现育人方式的重点突破,必须切实发挥实践教育的重要价值,强化实践教育对学生的引领作用。

研学旅行彰显的实践育人功能,是发展素质教育的重要抓手。众所周知,教育需要两个过程:一个是认知发展和概念建构的过程,另一个是集体形成思维实践的过程。从发展素质教育的方向看,教育必须处理好知识学习和社会实践的关系。人们越来越深刻地认识到,仅有书本知识的教育,不是真正的、完整的教育,当今时代青少年欠缺的不是知识,不是技能,而是创新精神和实践能力。现代学习理论也揭示,人类最佳的学习状态不是静态、被动地获得知识,而是全身心地探究世界与人生。

研学旅行正是研究性学习和旅行体验相结合的一项教育活动。在教育理念上,研学旅行强调认知学习和实践体验(研究性学习和旅行体验)的紧密结合,使体验得以系统化和理性化,从而促进人的全面发展。在教学方式上,研学旅行倡导课堂讲授和现场实践的紧密结合,强调要超越教材、课堂和学校的局限,在活动时空上向自然环境、社会活动领域和学

---

① 王晓燕.读了万卷书 怎样行好万里路. http://www.zgxzw.com/Teacher/View.asp?ID=238084.

生的生活领域延伸,充分利用校外的自然资源、红色资源、文化资源、科技资源、国防资源和博物馆、工矿企业、知名院校等企事业资源的育人功能。研学旅行的课程设计特别注重实践性原则,在"行走的课堂"中引导学生亲近自然,关注社会,反思自我,体验发现问题、分析问题、解决问题的过程和方法,让学生在做中学、学中做,学以致用,充分促进学生"知与行""动手与动脑""书本知识和生活经验"的有机结合与统一。

 任务实施

结合任务一所学内容以及拓展阅读资料,完成讨论:研学旅行蓬勃发展的原因有哪些?试着从国家层面、社会层面、学生层面等进行分析。表1-1所示为任务实施方案表。

表1-1 任务实施方案表

活动目的	通过讨论得出全社会大力推行研学旅行的主要原因
活动要求	以小组为单位开展头脑风暴,各组派代表陈述讨论成果
活动步骤	(1)划分小组,查找资料; (2)头脑风暴,思维碰撞; (3)小组展示成果
活动评价	小组自评、小组互评、教师点评

 拓展阅读

文旅+教育　海南打造研学旅行品牌

任务二　研学旅行导师内涵

 任务引入

研学旅行是推动我国素质教育、创新人才培养模式的重要抓手。学校、旅行社、教育机构等都在大力倡导研学旅行。根据市场需求,国家旅游局(现文化和旅游部)在《研学旅行

服务规范》中,首次提出了研学旅行导师这一概念。"导"者,方向,出路;"师"者,言行效仿之榜样。在研学旅行的整个环节中,除了课程的研发,优秀的研学旅行导师是保证研学旅行质量的重要因素。但是现在市场上大部分都是导游充当研学旅行导师的角色,那导游能不能胜任研学旅行导师的工作?研学旅行导师和导游的根本区别又是什么呢?

任务剖析

请就任务引入中的两个问题展开讨论,并尝试用自己的语言解释什么是"研学旅行导师"。

一、研学旅行导师的概念

目前,对组织实施研学旅行的教师有不同的称呼,使用较多的是研学导师、研学旅行指导师、研学辅导师、研学旅行导师、研学实践教育师等。邓德智、伍欣在《研学旅行指导师实务》一书中采用的是研学旅行指导师的称呼,薛兵旺、杨崇君、官振强在《研学旅行实用教程》一书中采用的是研学旅行导师的称呼,王晓燕、韩新在《研学旅行来了》一书中使用的是研学辅导员的称呼,彭其斌在《研学旅行工作导案》一书中使用的是研学导师的称呼。尽管名称尚未统一,但其内涵和外延并无本质不同。本书采用研学旅行导师这一概念指代研学旅行的教师。

导师,表示具有相当高的知识和智慧,现多指高校或研究机关中为学习者提供指导、进修、撰写论文的教师或科学研究类人员。导师制度与学分制、班建制共同构成我国教育制度中的三大教育模式。最早在十九世纪,牛津大学就开始实行导师制度。导师不仅要指导学生的学习,还要指导他们的生活,关系十分密切。目前我国高校的导师制度普遍应用于研究生教育,并积极探索在其他教育阶段引入导师制。导师制中的师生关系是"导+学",教师要因材施教,在自身从事教学和科研工作以外,对学生的思想教育、学习能力、思维能力、科研实践能力、心理健康等进行教育和引导,这是导师工作的另一个重要内容。

研学旅行导师这一角色是伴随着研学旅行的兴起而产生的,属于一种新的旅游人才,是导游和教师的跨界融合,既要具备良好的思想政治素养,同时在具备景点解说功能的基础上还要负责研学旅行受众的教育教学以及组织一般课外教学活动。结合研学旅行实践,研学旅行导师实质上是教师的形象,本质在于尊重学生学习的主体地位,引导学生在真实的旅游体验活动和探究中,开展主题明确的研究性和综合性学习活动。专业导游和讲解词的价值在于为研学旅行提供了丰富的课程资源。一个导游要转型为研学旅行导师,则必须经过专业的教育教学培训。

《研学旅行服务规范》(LB/T 054—2016)中指出,研学导师(study tutor)是在研学旅行过程中,具体制定或实施研学旅行教育方案,指导学生开展各类体验活动的专业人员。在研学旅行活动中,至少应该为每个研学团队分配安置一名研学旅行导师,由其负责制定研学旅行教育工作计划,带队老师、导游员等工作人员配合研学旅行导师,为研学旅行者提供相应的旅行教育服务等事宜。

二、研学旅行导师的职业特点

在研学中,学生通过集体出行的方式走出校园、走出课堂,进而拓宽视野、丰富知识、培养能力、修炼态度,加深与自然和文化的亲近感,提高对自我及社会的认识。这个过程中的体验和实践,影响着学生品德的发展,以及世界观、人生观、价值观的形成,研学旅行导师必须做出正确和恰当的引导,因此,研学旅行导师的师德水平要求也更为严格。那么,研学旅行导师这一新型角色,具有哪些职业特点呢?

(一) 教育性

研学旅行要基于中小学的教育教学要求,进行科学的系统性设计,纳入中小学教育教学计划。

一方面,研学旅行导师要注重研学旅行的课程设计。要注重与综合实践活动课程统筹考虑,促进研学旅行和学校课程有机融合;同时还要精心设计研学旅行活动课程的内容,逐步建立小学阶段以乡土乡情为主、初中阶段以县情市情为主、高中阶段以省情国情为主的研学旅行活动课程体系。

另一方面,研学旅行导师要增强研学旅行计划的适切性。将研学旅行纳入中小学教学计划,还需兼顾学生的年龄特点和学校的教学安排,灵活安排研学旅行时间。教育部等11部门联合印发的《关于推进中小学生研学旅行的意见》提出,研学旅行一般安排在小学四到六年级、初中一到二年级、高中一到二年级,正是基于这样的考虑。

(二) 实践性

实践作为一种教育方式,是学生在教师的指导下,以问题为中心,有目的地运用所学知识,在特定的实际情境中认识与体验客观世界,并基于多样化操作性学习过程分析解决实际问题的学习活动。如果我们在研学旅行中只重视知识轻视实践,重视书本轻视生活,教育教学背离人的生成与发展的基本规律,就会把学生塑造成一批脱离社会、远离生活的"符号人"。

研学旅行导师制如何体现实践育人的方式?[①]

---

① 研学旅行重在"实践性". https://www.360kuai.com/pc/9694d6d810ce44c7d? cota.

1 基于技术体验的实践培养

在研学旅行过程中引导学生通过技术设计与制作,开展工具性技术体验实践活动,通过了解工具,使用工具,动手操作,体验方法和技术,培养学生的动手实践能力;通过多样化的极速体验实践活动,培养学生的技术意识、技术能力以及创新品质。

2 基于生活探究的实践能力培养

面向生活并探究生活,是实践育人的根本出发点。生活世界既是学生的成长环境,更是成长资源。在研学课程设计过程中要注意引导学生从生活中发现问题,提出问题,开展基于课题的生活探究性学习,即"研究性学习",它是引导学生自主开展的认识性实践。

3 基于认识自我的实践能力培养

生活探究实践活动的根本目的不是获得系统的书本知识,而是理解生活,感悟生活,形成健康负责任的生活态度,积极向上的生活方式。研学旅行课程通过对生活中自然问题、社会问题,乃至人生问题的探寻,消解学生成长过程中对内心的孤独感、对外部世界的迷茫感、对生活的陌生感和对现实的厌恶感,提升学生生活理解能力以及生活实践能力。

4 基于参与社会实践的能力培养

走进社会并关注社会,是实践育人的根本途径。社会是学生发展的根本背景,离开了社会情境,就没有真正的社会体验,也难以体现实践的社会性。

研学旅行课程通过开展基于社会参与的体验性学习,体验社会生产劳动,开展社会服务性学习,引导学生走进社会、关注社会、参与社会、体验社会,理解社会结构及其运作,培养学生的社会责任感等基本价值观以及社会实践能力。

可见,与知识教育相比较,实践教育不是以系统学习书本知识为前提,而是以密切联系学生的生活经验、自然或社会背景为前提。研学旅行是实践育人的途径之一,它更加关注学生生活、社会现实、学生人生经验等,课程设置更为注重引导学生走进自然、走进社会,在真实的自然或社会情境中学习。所以,我们在进行研学旅行课程设计时,更要注重对课程实践性的设计。

三、研学旅行导师的分类

研学旅行是教育部门和学校有计划地组织安排,是以学生为主的丰富多彩的教育型旅游活动,由学校根据区域特色、学生年龄特点和各学科教学内容需要,组织学生通过集体旅行、集中食宿的方式走出校园,在与平常不同的生活中拓宽视野、丰富知识,加深与自然和文化的亲近感,增加对集体生活方式和社会公共道德的体验,开展研究性学习和旅行体验相结合的校外教育活动。

从定义上我们可以看出,研学旅行就是"教育"与"实践"的统一,因此,研学旅行导师必须是一支具有专业素质的多元化师资队伍。我们从实践探索中发现,中小学在职或者退休教师、旅行社的专业导游、各类专业人员等几类人员是研学师资队伍的重要组成人员。因此,本书对研学旅行导师做如下分类:

(一) 中小学校研学旅行导师

研学旅行的组织方是中小学校,要使中小学生研学旅行活动真正开展起来,中小学校教师务必先行。中小学校教师可以是研学旅行导师,他们是研学旅行的设计者、组织者和评价者,更是中小学生研学旅行的主导者。研学旅行的课程需要在中小学校研学旅行导师的参与、讲解、指导下完成,同时,他们也可作为学校、家长、学生以及旅行社之间的桥梁,在研学旅行活动之前做好沟通工作,跟学生耐心交流解释,让学生做好研学活动前的心理准备、了解研学活动的细节;为学生设置丰富有趣的活动课程;告诉学生研学旅行的目的,让学生在旅行过程中带着目标去学习,做到知行合一。有中小学校研学旅行导师的参与和引导,研学旅行将收到更好的成效。

(二) 基地(营地)研学旅行导师

研学旅行经常到各类研学基地(营地)开展考察、体验活动,因此,景区景点讲解员、文博场馆讲解员、营地教官等,从某种意义上讲也是研学旅行导师队伍的组成人员。《国务院关于促进旅游业改革发展的若干意见》(国发〔2014〕31号文件)提出,"支持各地依托自然和文化遗产资源、大型公共设施、知名院校、工矿企业、科研机构,建设一批研学旅行基地,逐步完善接待体系。"也就是说,与这些资源有关的专业人员都可以转化为研学旅行导师。

(三) 旅行社研学旅行导师

旅行社作为最有资格承办研学旅行的专业机构,具有丰富的社会资源和组织旅行活动的经验,具有"旅行社责任险"法定资格,而且旅行社的专业导游拥有丰富的从业经验,在引领出行方面具有很高的专业素质。随着旅行社的跨界转型,专业导游也在自我学习和成长中成为研学旅行导师团队的核心。

但需要特别强调的是,导游不会自然而然地成为研学旅行导师。导游提供的是一种旅游休闲服务,这就要求导游具有较好的服务理念和休闲服务的技能,核心工作是以"服务"为主。而研学旅行的本质是"教育",课程实施的对象是中小学生,它不仅需要工作人员具有服务理念与服务技能,更需要具备良好的教育理念和专业的教育技能——这包括对课程概念和课程内涵的理解和认识、对中小学生心理特点的认知、对课程实施的把握等。

所以,专业导游要转型为研学旅行导师,还需经历专业培训,获得专业资格认证。

任务实施

结合本章所学以及拓展阅读资料,分组进行研学旅行导师的社会调查。表 1-2 所示为任务实施方案表。

表 1-2　任务实施方案表

活动目的	调研目前研学旅行市场上研学师资的基本构成情况
活动要求	制作问卷调查表,通过发放和回收调查问卷,分析出目前研学旅行导师的构成情况,包括数量、学历、专业、职业资格证书的获取情况、薪资水平、能力要求、资历要求等,了解目前教育部门、家长、研学服务机构等多方面对研学旅行导师的要求
活动步骤	(1)制作问卷调查表; (2)发放问卷调查表; (3)回收问卷调查表; (4)分析问卷调查表
活动评价	通过问卷调查了解目前研学市场对研学旅行师资的基本要求,从而为以后求职提前做好谋划

拓展阅读

研学旅行导师发展的"后 50 里路"如何前行?

任务三　研学旅行导师的培养

任务引入

2019 年 10 月 18 日,教育部发布了 2019 年增补专业名单,于 2020 年开设研学旅行管理与服务专业。教育部 2019 年增补专业名单如图 1-1 所示。

图 1-1 教育部 2019 年增补专业名单

研学旅行管理与服务专业的设置不仅说明了研学旅行行业人才的紧缺问题,也表明其具有人才战略储备价值。

 任务剖析

思考:除了高职院校开设研学旅行管理与服务专业,系统化、深层次、全方位地进行研学旅行导师培养,目前研学旅行导师接受专业学习、培训的途径还有哪些?

一、研学旅行导师的培养背景

(一)研学旅行市场前景利好

据中国旅游研究院编著的《中国研学旅行发展报告 2017》显示,在国民收入不断提高、休闲消费开始兴起的大背景下,国民对于素质教育的重视程度不断提高,研学市场热度不断上升;同时,随着二胎政策的开放(2021年已开放"三胎"),预计将在6年后显著影响小学入学人数总量,到2022年小学入学人数预计会有将近600万的新增空间。中小学生不仅是目前和未来旅游市场重要的目标细分群体,而且是推动旅游业发展特殊的新兴力量,他们将影响和改变将来旅游发展的模式。教育部《2019年全国教育事业发展统计公报》显示:2019年全国拥有小学16.01万所,在校生10561.24万人;初中5.24万所,在校生4827.14万人;高中2.44万所,在校生3994.90万人。按照教育部的相关规定,政策引导将中小学生的研学旅行活动纳入常态化教育内容,研学旅行活动参与人数众多,对于人才的需求也是非常庞大的,会出现研学旅行稳步发展的新模式和新机遇,因此,研学旅行消费后劲十足、发展前景广阔。

(二)研学旅行成为旅游企业的利润增长点[①]

散客化旅游时代的到来和在线旅游电商的兴起,对旅行社团队旅游的冲击不断加大,研学旅行是以在校中小学生这一群体为旅游消费需求增长点,对旅行社充分发挥行业优势,突破发展瓶颈具有意义深远的促进作用。目前专业的研学旅行机构是基于传统旅游的优势,在研学旅行市场上进行深层次的转型和课程研发。在未来几年,旅游企业将更好地发挥行业优势,进行研学旅行方向的发展,这也为旅游类专业的学生扩宽了就业渠道。

(三)研学旅行导师职业发展的迫切需求

在人们生活水平不断提升的背景下,散客化的旅游时代也已经来临。这对传统的团队旅游方式,造成了极大的冲击。而研学旅行的开展,也正是在这样的基础上发展而来的。这一类型的旅游,以在校中小学生为主要服务对象。并且,其对旅游消费需求的增长、促进旅行社的发展来说,都具有十分重要的积极作用。在当前社会中,很多专业的旅行社,都开始在传统旅游的基础上向研学旅行的市场迈进。并且,高校的旅游专业也开始在这一形势下进行更深层次的转型,并且加强了课程研发。随着研学旅行导师在市场上的需求量不断加大,研学旅行的发展方向也会更加明朗。并且,这样会为旅游专业的学生提供更多的就业渠道。

在现代社会中,研学旅行导师在市场上的需求量是比较大的。随着国家对中小学生研学旅行活动推广的力度不断加大,各个地区都开始将研学旅行活动作为课程植入到日常教学安排中。2016年颁布的《研学旅行服务规范》指出,"应至少为每个研学旅行团队设置一名研学旅行导师",其目的是保证中小学生研学旅行的服务质量。较之一般的旅游从业者,研学旅行导师需要更高的职业素养,需要具备与研学内容相关的专业知识、教育心理学知识及带队出行方面的相关知识等。从实际情况来看,目前国内各地的研学活动在开展中都有研学旅行导师。但是,这些研学旅行导师的素质却参差不齐,职业能力素养和岗位要求不能很好地匹配。为此,在实际情况中,还需要采取有效措施来加强对研学旅行导师的培养。

---

① 谢蕾.研学旅行背景下的研学导师方向人才培养探究[J].产业与科技论坛,2019(11)176-177.

二、研学旅行导师的培养意义

(一) 研学旅行导师的培养有利于中小学校立德树人目标的真正落实

习近平总书记在党的十九大报告中指出,优先发展教育事业,要全面贯彻党的教育方针,落实立德树人根本任务,培养德智体美全面发展的社会主义建设者和接班人。落实立德树人的根本任务是教育工作者必须遵守且必须坚守的。研学旅行是教育的一种新型形式,而研学旅行导师作为这种新型形式的重要组成部分,其培养有利于中小学校立德树人目标的真正落实。

立德树人中要立的"德"是社会主义道德和社会主义核心价值观,要树的"人"是德、智、体、美、劳全面发展的中国特色社会主义合格建设者和接班人。对研学旅行导师的培养,可以帮助他们通过课程育人、文化育人、活动育人、实践育人、管理育人和组织育人等实施方式,把立德树人融入思想道德教育、文化知识教育和社会实践教育各环节,让学生自主、自愿、深入地获得知识,潜移默化地培养学生的综合能力,达到健全人格的目的,从而积极稳妥地落实立德树人这一根本任务。

(二) 研学旅行导师的培养有利于学校教育和实践教育的有机融合

长期以来,我们的基础教育存在过度关注书本、课堂等学校教育,忽视体验、活动等实践教育,造成学生学校教育与实践教育脱离、知与行分离。实践教育环节薄弱成为学生全面发展的掣肘。

研学旅行倡导在旅行中探究、在探究中运用、在运用中学习,其有效实施有助于消除课本知识与实际生活的壁垒,打通知识世界与生活世界的联系,为学生提供丰富多彩的探究情境、多种多样的学习机会、富有挑战的实践经验。

研学旅行导师带领中小学生走出校园,拥抱乡土乡情、县情市情、省情国情,进行探究性和体验性学习:一方面帮助中小学生在实际生活中去理解、消化、运用学校教育中的理论知识,另一方面帮助学生利用研学旅行活动中所获得的实践知识去升华课本知识,促进学校教育和实践教育的深度融合。

(三) 研学旅行导师的培养有利于研学旅行活动的组织与实施

在一次完整的研学旅行活动中,研学旅行导师负责整个活动的研学旅行教育服务和生活保障服务,是研学旅行活动得以顺利进行的保障。

研学旅行团队与其他旅游团队不同,研学旅行导师要参与研学旅行活动组织、课程教学、线路设计、安全落实等环节的组织与实施。根据中小学校的实际情况和不同要求,研学旅行导师制订研学旅行计划,设计研学课程,从课程的开发、内容的讲授到活动的开展,通过各种精心设计的活动,引导中小学生进行探究式学习、体验式学习。除此以外,研学旅行导师还要负责研学旅行团队的人身、财产安全,做好安全提示工作,防范各类安全事故的发生。一旦发生意外,研学旅行导师也要熟练掌握预案的应急响应条件,及时向上级汇报,在符合条件的情况下迅速果断地启动应急预案,按照预案所规定的流程执行预案,避免延误时机及扩大损失。

三、研学旅行导师的培养途径

(一) 学校培养

1 开设研学旅行管理与服务专业

在国家产业政策及教育行政主管部门的引导和推动下,研学旅行市场迎来了最佳发展时期,但研学旅行导师人才却供不应求,缺口极大。作为旅游专业人才培养的摇篮,职业院校应积极把握机会,满足市场需求。条件成熟的职业院校可以领先一步,在旅游管理专业大类中设置研学旅行相关专业;条件不够成熟的职业院校,可以在旅游管理专业设置研学旅行培养方向①,在现有导游专业人才培养方案和课程体系的基础上,融入教育学、心理学、语言学、传统文化等课程,同时在了解研学旅行的相关政策导向和评价标准后,修订和完善人才培养方案,制订研学旅行导师的培养计划和路径,并在实践教学中增加研学旅行的相关要素,从而达到培养研学旅行导师的目的。

2019年10月18日,教育部发布了2019年增补专业名单,于2020年开设研学旅行管理与服务专业。2020年已经有33个高职院校获教育部审批开设研学旅行管理与服务专业,培养适合旅游业发展需求的人才。教育部关于公布2020年高等职业教育专业设置备案和审批结果的通知如图1-2所示。

2 基于研学旅行导师的核心素养规范课程体系

基于研学旅行是"旅游+教育"的产物,其专业方向课程可在旅游专业课程体系的基础上加入研学旅行所需的教育属性。根据研学旅行导师集教师、导游、安全员于一身的特殊性,改变已有的课程体系。在设计课程时,充分考虑学生的主体性,尊重中小学生的身心发展特点,按照岗位需求分为综合素质提升知识、旅游专业知识、教育心理知识、应急安全知识等模块,开发对应的岗位能力和课程。通过确定研学旅行导师职业需求,分析课程体系现状,对比岗位目标要求,调研细化课程内容、企业参与论证的过程,形成新的研学旅行导师培养课程体系。

---

① 周晓梅.研学旅行背景下职业院校研学导师培养模式探究[J].江苏经贸职业技术学院学报,2020(3)73-76.

Languages 　无障碍浏览

中华人民共和国教育部
Ministry of Education of the People's Republic of China

当前位置：首页 > 公开

信息名称： 教育部关于公布2020年高等职业教育专业设置备案和审批结果的通知
信息索引： 360A07-06-2020-0002-1　**生成日期：** 2020-01-17　**发文机构：** 中华人民共和国教育部
发文字号： 教职成函〔2020〕1号　**信息类别：** 职业教育与成人教育
内容概述： 教育部公布2020年高等职业教育专业设置备案和审批结果。

教育部关于公布2020年高等职业教育专业设置备案和审批结果的通知

教职成函〔2020〕1号

各省、自治区、直辖市教育厅（教委），新疆生产建设兵团教育局：

根据《普通高等学校高等职业教育（专科）专业设置管理办法》（教职成〔2015〕10号），我部对2020年经各省级教育行政部门备案的高等职业教育（以下简称高职）专业设置情况进行了汇总，并依法组织对2020年申请增设国家控制的高职专业进行审批。现将备案结果和审批结果予以公布。

一、2020年，经各省级教育行政部门备案的非国家控制高职专业和我部审批同意新设的国家控制高职专业共计765个，专业点59111个。其中，经各省级教育行政部门备案的非国家控制高职专业点58821个。

二、备案结果数据库已与招生来源计划管理系统相衔接，数据共享，备案结果和审批结果均可在全国职业院校专业设置管理与公共信息服务平台进行查询（网址：www.zyyxzy.cn）。其中，专业名称、代码及修业年限以平台公布的内容为准。

三、截至2019年11月1日，我部共受理2020年拟新设国家控制的高职专业点申请449个。经过专家评议和公安部、司法部、国家卫生健康委、国家中医药局等行业主管部门审核，同意2020年增设国家控制的高职专业点290个，自2020年起可以招生，其专业名称、专业代码、修业年限等均以本通知公布的内容为准。不同意2020年新设国家控制的高职专业点159个。相关信息也可通过教育部政府服务管理平台查询（网址：gz.moe.gov.cn）。

请各省级教育行政部门严格按照本通知公布的备案结果和审批结果合理安排高职招生计划。

附件：2020年高校增设国家控制的高职专业审批结果

教育部
2020年1月13日

图 1-2　教育部关于公布 2020 年高等职业教育专业设置备案和审批结果的通知

序号	省份	专业代码	专业名称	学校代码	学校名称	年限
1	安徽省	640107	研学旅行管理与服务	4134013341	安徽中澳科技职业学院	3
2	北京市	640107	研学旅行管理与服务	4111014073	北京经济管理职业学院	3
3	福建省	640107	研学旅行管理与服务	4135013772	湄洲湾职业技术学院	3
4	广东省	640107	研学旅行管理与服务	4144014509	广东生态工程职业学院	3
5	广东省	640107	研学旅行管理与服务	4144013927	广州华南商贸职业学院	3
6	广东省	640107	研学旅行管理与服务	4144013721	广东工商职业技术大学	3
7	广东省	640107	研学旅行管理与服务	4144013718	惠州经济职业技术学院	3
8	广西壮族自治区	640107	研学旅行管理与服务	4145014574	广西蓝天航空职业学院	3
9	贵州省	640107	研学旅行管理与服务	4152014616	贵州经贸职业技术学院	3
10	贵州省	640107	研学旅行管理与服务	4152013818	贵州轻工职业技术学院	3
11	海南省	640107	研学旅行管理与服务	4146014612	三亚中瑞酒店管理职业学院	3
12	海南省	640107	研学旅行管理与服务	4146013575	海南软件职业技术学院	3
13	河北省	640107	研学旅行管理与服务	4113012887	河北旅游职业学院	3
14	河南省	640107	研学旅行管理与服务	4241050709	平顶山职业技术学院	3
15	河南省	640107	研学旅行管理与服务	4141013791	郑州旅游职业学院	3
16	黑龙江省	640107	研学旅行管理与服务	4123013729	黑龙江旅游职业技术学院	3
17	湖北省	640107	研学旅行管理与服务	4142014258	三峡旅游职业技术学院	3
18	湖南省	640107	研学旅行管理与服务	4143014309	湖南高尔夫旅游职业学院	3
19	江西省	640107	研学旅行管理与服务	4136014167	江西枫林涉外经贸职业学院	3
20	江西省	640107	研学旅行管理与服务	4136013422	江西外语外贸职业学院	3
21	江西省	640107	研学旅行管理与服务	4136012932	江西旅游商贸职业学院	3
22	内蒙古自治区	640107	研学旅行管理与服务	4115012674	内蒙古机电职业技术学院	3
23	内蒙古自治区	640107	研学旅行管理与服务	4115012443	兴安职业技术学院	3
24	青海省	640107	研学旅行管理与服务	4163014519	西宁城市职业技术学院	3
25	山东省	640107	研学旅行管理与服务	4137012844	山东力明科技职业学院	3
26	四川省	640107	研学旅行管理与服务	4151014086	四川文化产业职业学院	3
27	四川省	640107	研学旅行管理与服务	4151014043	四川文化艺术学院	3
28	四川省	640107	研学旅行管理与服务	4151013816	四川工业科技学院	3
29	四川省	640107	研学旅行管理与服务	4151013670	成都信息工程大学银杏酒店管理学院	3
30	四川省	640107	研学旅行管理与服务	4151012639	南充职业技术学院	3
31	四川省	640107	研学旅行管理与服务	4151011553	成都纺织高等专科学校	3
32	浙江省	640107	研学旅行管理与服务	4133013026	杭州科技职业技术学院	3
33	浙江省	640107	研学旅行管理与服务	4133012867	浙江旅游职业学院	3

续图 1-2

3 编订研学旅行相关教材

2016年发布的《研学旅行服务规范》规定,"小学一至三年级以知识科普型和文化类型资源产品为主,并以乡土乡情研学为主;小学四至六年级以知识科普型、自然观赏型和励志拓展型资源产品为主,并以县情市情研学为主;初中年级以知识科普型、体验考察型和励志拓展型资源产品为主,并以县情市情省情研学为主;高中年级以体验考察型和励志拓展型资源产品为主,并以省情国情研学为主。"

因此,研学旅行导师专业的教学应该更多地着眼于省情、市情、县情,培养适宜当地发展的旅游人才。研学旅行不仅仅是对景区点的参观游览,还要对当地的历史文化进行深挖。以湖北省为例,湖北省是自然、文化旅游资源大省,研学旅行资源丰富,基地营地众多,也是全国较早发展研学旅行的省份之一。湖北省的职业院校可以根据省情来编订具有针对性的校本教材,既有助于更好地开展研学旅行活动,又可以引导学生利用发散性思维学习知识,按照主题进行研学旅行课程设计。

4 加强"双师型"师资队伍建设

在国家大力发展研学旅行的背景下,"旅行+教育"新融合急需培养"有教育的基本素养和情怀、有较强组织能力、有创新能力、了解学生身心成长特点、身体素质好兼教育能力,懂旅行知识,团队导游服务能力,团队导游服务能力,产品开发能力、应变能力、安全维护等多种职能于一身的复合型"旅行专业人才。

因此,职业院校需要培养一批具备深厚的教育理论知识、丰富的旅游行业从业经验、独立的研学旅游产品开发设计能力,同时具备教师资格证、导游资格证、高级礼仪培训师等的"双师型"教师团队。

职业院校可以以专业为方向在优质研学旅行基地(营地)、景区景点、旅行社等设立教师培训点,共建"组织体系健全、管理运行规范、培训模块先进、支撑条件完善、品牌特色鲜明"的"双师型"教师培训基地,形成校企联合培养师资长效机制,促进"双师型"教师培养工作进一步系统化和规范化。

(二) 行业培养

1 加强对旅游从业人员的培训[①]

目前,导游、景点讲解员、旅行社计调、文博场馆讲解员等人员是研学旅行的主要组织者和实施者。他们在教育学、心理学等方面的知识比较欠缺,同时缺乏组织教学的能力,因此,政府相关主管部门应联合行业协会及职业院校,加强对旅游从业人员的培训,提高他们的职业素养,切实保证研学旅行的专业性。

---

① 周晓梅.研学旅行背景下职业院校研学导师培养模式探究[J].江苏经贸职业技术学院学报,2020(3)73-76.

2 加强对中小学校校内外教辅人员的培训

目前,除了旅游从业人员充当研学旅行导师的角色外,研学旅行导师的来源还有中小学校在职教师、退休教师和社会培训机构的教辅人员。这部分人员虽然具备一定的教育心理学知识,但是安排与计划旅游活动的能力比较欠缺。因此,要加强对这部分人员的岗位培训,使之兼具旅行组织和课外辅导的双重能力,为研学旅行的发展提供人才支持①。

(三) 联合培养

构建"五业联动、人才共育"的一体化育人机制。所谓"五业联动"是指行业、产业、专业、职业、企业这五业共同协作,实现资源共享、基地共建、师资共用、课程共改、人才共育,共同打造一支研学旅行导师队伍②。

据统计,国家的教育资金投入连续5年超过其GDP的4%,2018年国内研学旅行人数达400万人次,市场规模达125亿元,人均消费额达3117元/次。如此庞大的市场需求,需要积极构建协同联动、多方参与的育人机制,形成一体化育人合力,实现研学旅行导师培养工作的同向同行、互联互通。

1 "职业院校+旅游企业"协同育人

(1) 采取"走出去,请进来"模式,深化产教融合。

研学旅行是一种新兴的旅行方式,职业院校研学旅行管理与服务专业的学生更需要对研学旅行的性质、概念、主题等有深入的了解。这就要求一方面学生要真正到研学旅行基地(营地)去进行深入的实践学习,另一方面要邀请研学旅行企业到校来指导实践教学。

职业院校应该积极主动地去寻找管理先进、理念超前的研学旅行企业,不仅仅是旅行社,相关的研学旅行基地(营地)、研学旅行课程策划公司、文博场馆都可以成为学校合作的实训基地,能够让学生全方位地了解研学旅行,清楚地知道研学旅行出行的各个环节③。

不仅如此,职业院校还可以通过邀请研学企业高管、技能人才到学校进行授课讲座,从企业的角度来修正学校的实践教学和理论教学,以这种方式来提高学校的育人质量。

(2) 巩固"三明治"式人才培养,建立稳定实训基地。

"三明治"人才培养模式,即学期按照"1+0.5+1+0.5"模式分配,实现专业教学"理论—实践—再理论—再实践"流程。职业院校可以遴选一批旅行社、景区景点、文博场馆、研学旅行基地(营地)等优质研学企业,建立成为长期稳定的实训基地。学生在校学习期间,应多创设在景区实践学习的机会和环境,在不同的阶段展开不同的实践教学,根据进度到实训基地进行学习,有利于学生在实习前掌握一定的专业知识和技能。根据旅游行业季节性的特点,旅游企业人才需求的旺季与学生周末、节假日和寒暑假时间的空闲时间刚好

---

① 周晓梅.研学旅行背景下职业院校研学导师培养模式探究[J].江苏经贸职业技术学院学报,2020(3)73-76.
② 周晓梅.研学旅行背景下职业院校研学导师培养模式探究[J].江苏经贸职业技术学院学报,2020(3)73-76.
③ 邢琦娜.中职学校导游服务专业研学旅行人才培养研究[D].济南:山东师范大学,2019.

相对应,职业院校可以根据需求安排学生到研学旅行公司进行跟岗学习,通过实际的研学旅行工作培养自己的职业素养和职业敏感性,为日后实习、就业打下基础①。

(3) 创新"订单式"精准人才培养模式,满足企业需求。

学校积极与社会联系,以企业需求为依托,开设"订单班",企业需要什么样的人才学校就培养什么样的人才。在这个过程中可以以企业的需求来优化学校的教学计划,修改学校的教学内容,利用课余时间安排学生到研学旅行企业去实习,学习研学旅行的制度,了解研学旅行的流程,感受企业文化。利用企业与学校完全不同的教育方式、资源与环境,培养适合企业和社会需求的一线新兴旅游方式服务人才②。

对学校来说,通过转变学生思想,开阔学生视野,使其提前了解旅游市场,能够增强学生的竞争力,提高学校的就业率;对企业来说,对学生进行"提前"培训,熟悉工作的基本流程和方法,能够节约企业的培训成本,提高工作效率。企业的参与是职业院校职业教育发展中不可或缺的组成部分,职业院校应加强与企业的联系,联动培养,共同发展。

2 "教育" + "旅游"专业培训

除了职业院校的专业教育,研学旅行导师素质能力的提升可以依托高校培训机构来进行,也可以依靠独立设置的专门的研学旅行导师培训机构。

位于湖北省宜昌市的三峡旅游职业技术学院是全国首批开设研学旅行管理与服务专业的高职院校。学院与宜昌市教育局、宜昌市青少年综合实践学校(全国三大示范研学旅行营地之一)、宜昌市各研学旅行基地(营地)紧密联系,政、校、行、企深度融合,在研学旅行领域主动作为,系统开展研学旅行专业人才培养工作,同时组织成立了宜昌市研学旅行研究中心,统筹开展全市研学旅行研究与人才培训工作,为宜昌市及周边区域培训了近千名研学旅行紧缺人才,深受社会好评。

目前苏州正在打造全域旅游(其中也包含研学旅行),该地区旅游研发、培训水平较高的苏州旅游与财经高等职业技术学校,依托上级有关部门支持,联合相关行业单位完全有条件和能力做好研学旅行导师的培训。作为国内一流旅游类院校,苏州旅游与财经高等职业技术学校借助旅游管理专业被教育部认定为全国职业院校旅游类示范专业点的契机,先行先试,探索文化、旅行高度融合的发展路径,利用自身强大的团队实力,把培训什么样的研学旅行导师和怎样培训、考核研学旅行导师作为未来重点研究的内容,并联合有关职能部门、行业部门落实研学师资的标准化培训计划,创新多元化的苏州研学旅行导师培训模式。

(四) 自我培养

研学旅行市场潜力巨大,是毋庸置疑的新兴市场,必然会有一大批愿意投身研学旅行

---

① 邢琦娜.中职学校导游服务专业研学旅行人才培养研究[D].济南:山东师范大学,2019.
② 邢琦娜.中职学校导游服务专业研学旅行人才培养研究[D].济南:山东师范大学,2019.

行业的人才进入这个市场。研学旅行导师是"教师＋导游"的跨界组合,个人可以进行自我培养,大量阅读教育、旅游等方面的相关理论和知识,查阅资料为自己的知识架构查漏补缺,深入研学基地(营地)、文博场馆等地观察学习他人的经验,参加进修或其他培训提升自己研学旅行导师的技能,然后通过考试取得导游证和中小学教师资格证,或者根据当地政策取得研学旅行的其他从业资格证。

走访研学旅行机构、旅行社、研学基地(营地)、景区、文博场馆等,实地调研并归纳总结目前研学旅行导师在实际工作中存在的一些问题及解决对策。表 1-3 所示为任务实施方案表。

表 1-3　任务实施方案表

活动目的	通过对研学旅行导师的调研,分析存在的问题,找出解决的对策,明白自身的发展方向
活动要求	实地走访,撰写调查报告
活动步骤	(1)划分调研小组,确定走访对象; (2)制定调研方案,列出调研提纲; (3)实地调研; (4)小组讨论,形成调查报告
活动评价	小组自评、小组互评、教师点评,评价依据为调研结果与调研报告

高校如何开展研学旅行导师队伍建设

本项目是本书的第一章,主要是关于研学旅行导师的概述。

任务一是关于研学旅行的概述。首先,介绍了国内外研学旅行的发展;其次,通过比较多方观点,归纳出研学旅行的定义,即教育部门和学校有计划地组织安排,以学生为主,由学校根据区域特色、学生年龄特点和各学科教学内容需要,组织学生通过集体旅行、集中食宿的方式走出校园,在与平常不同的生活中拓宽视野、丰富知识,加深与自然和文化的亲近感,增加对集体生活方式和社会公共道德的体验,开展的研究性学习和旅行体验相结合的校外教育活动;再次,介绍了研学旅行以青少年为中心、有专业的组织单位、以明确的主题和目的为关键这三大特点,强调了其教育本质和开展研学旅行的教育性、实践性、安全性、公益性四大原则;最后,讲述了开展研学旅行的作用。

  任务二是关于研学旅行导师的内涵。第一,阐明了研学旅行导师的概念,即在研学旅行过程中,具体制定或实施研学旅行教育方案,指导学生开展各类体验活动的专业人员;第二,讲解了研学旅行导师具有教育性和实践性的特点;第三,列举了研学旅行导师的基本分类,即中小学校研学旅行导师、旅行社研学旅行导师和基地(营地)研学旅行导师。

  任务三是关于研学旅行导师培养的阐述。通过分析研学旅行导师培养的背景和重大意义,详细介绍了学校、行业、联合、自我培养四大培养途径。

项目训练

紧贴行业实务岗位训练　融通 1+X 职业技能等级证书考题

项目二 研学旅行导师的职业标准

 项目目标

职业知识目标
1. 了解教师和导游的职业标准。
2. 掌握研学旅行导师的职业定位。
3. 掌握研学旅行导师的职业标准。

职业能力目标
1. 熟练运用教师和导游职业标准。
2. 能用研学旅行导师的职业标准评析有关职业行为。

职业素养目标
1. 能够遵守研学旅行导师的职业素养标准。
2. 结合1+X证书,将研学旅行导师的职业标准按照等级进行梳理。

知识框架

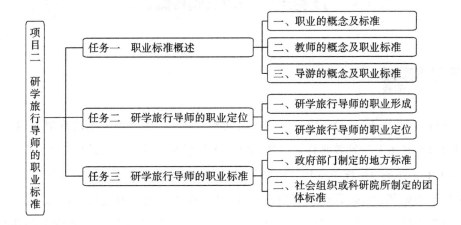

 教学重点

1. 能有效把握导游、教师的职业标准。
2. 厘清新时代研学旅行导师发展的要求。

 教学难点

研学旅行导师职业定位　研学旅行导师职业标准

 项目导入

　　在一次研学活动中，临近出发，五年级的小熊同学迟迟不愿上车。大部队已足足等他20分钟了。小熊的父亲焦急又恼怒，把气撒在带队的李老师身上："就是因为你不同意他和同班同学小浩住在一起，所以小熊才发脾气不愿走！"对此，李老师耐心解释，集体出行的原则之一就是不能"特殊化"。小熊同学在李老师的反复劝说下终于上车了。在路途中，李老师与小熊聊了很多。李老师说："小熊，老师相信你是一个自律的孩子。老师想请你做小组的组长，生活起居、学习游玩，你都为其他同学做好表率，好吗？"小熊看着李老师，认真地点点头。到达目的地的第一晚，李老师开始尝试给小熊"挑战"，让他与其他同学住在一起。以后每一晚，李老师都有意给他换一个室友，小熊适应得非常快，而且他非常阳光、开朗、明理、自律。

　　在上述事例中，研学旅行导师能够抓住教育时机，有针对性地对小熊进行教育，让小熊能够在整个旅程中呈现一种积极阳光的状态，同时也展示了更多优点。那么研学旅行导师是如何在事例中挖掘出潜在的教育因素的呢？是什么让他们有这样的敏感度呢？

任务一 职业标准概述

任务引入

教育部2019年12月公开曝光了8起违反教师职业行为十项准则的典型案例,其中安徽省宿州市博雅实验学校教师许某某体罚学生事件引起了社会大众的广泛关注。

2019年3月29日,许某某用笤帚对英语月考未达到目标分数的25名学生进行体罚,造成部分学生腿部、臀部、背部等部位淤血、红肿。许某某的行为违反了《新时代中小学教师职业行为十项准则》第五项规定。根据《中华人民共和国教师法》《中小学教师违反职业道德行为处理办法(2018年修订)》,对许某某予以辞退,按程序撤销其教师资格,同时追究教育行政部门相关负责人及学校校长等的责任。

任务剖析

1. 你认为作为一名教师,应该要遵循哪些职业规范?
2. 你怎么看待职业的专业性和特殊性?

一、职业的概念及标准

(一) 职业概念

职业是指参与社会分工,利用专门的知识和技能,为社会创造物质财富和精神财富,获取合理报酬,作为物质生活来源,并满足精神需求的工作。

社会分工是职业分类的依据。在分工体系的每一个环节上,劳动对象、劳动工具以及劳动的支出形式都各有特殊性,这种特殊性决定了各种职业之间的区别。

根据中国职业规划师协会定义:职业包含十个方向(生产、加工、制造、服务、娱乐、政治、科研、教育、农业、管理)。

根据不同的标准,职业可有不同的分类方法。

从行业上划分,可分为一、二、三产业。

从工作特点上划分,可分为务实(使用机器、工具和设备的工种)、社会服务、文教、科研、艺术及创造、计算及数学(钱财管理、资料统计)、自然界职业、管理、一般服务性职业等10余种类型。

每一种分类方法，对其职业的特定性都有明确的解释，这对我们更好地掌握某一职业的特点，去选择适合自身的职业有指导作用。

（二）职业的特征

1 职业的目的性

职业的目的性是指人类在劳动过程中，以获得现金、实物等报酬或以实现自我价值为志向的一种社会活动。价值的实现也要满足社会的需要，只有把职业的个人价值与社会价值结合起来，才能够真正体现职业的价值。

2 职业的规范性

职业的规范性是指人类的工作活动必须符合国家法律和社会道德规范，符合特定生产技术和技能规范的要求。不同的职业有不同的规范要求，职业活动具有独特性和生命力。

3 职业的社会性

职业的社会性是指从业人员在社会生活环境中所从事的一种与其他社会成员相互关联、相互服务的社会活动，不能够脱离现实环境而独立存在。

4 职业的技术性

职业的技术性是指不同的职业具有不同的技术要求，每一种职业往往都表现出相应的技术要求。

5 职业的时代性

职业的时代性是指随着科学技术发展，人们生活方式、习惯等因素的变化导致职业被打上那个时代的"烙印"。

（三）国家职业标准

国家职业标准是国家劳动和社会保障管理部门在职业分类的基础上，根据某一职业（或工种）的活动内容，对该职业从业人员应具备的工作能力和水平所提出的规范性要求。国家职业标准具有明确的职业针对性、严格的岗位规范性和普遍的社会约束性等特征。它是从业人员从事职业活动，接受职业教育培训和职业技能鉴定以及用人单位录用工作人员的基本依据，也是衡量劳动者从业资格和能力的重要尺度。

国家职业标准包括职业概况、基本要求、工作要求和比重表四个部分。职业概况是对本职业的基本情况的描述，包括职业名称、职业定义、职业等级等内容；基本要求包括职业道德和基础知识；工作要求是国家职业标准的主体部分，是在对职业活动内容进行分解和细化的基础上，从技能和知识两个方面对完成各项具体工作所需职业能力的描述；比重表包括理论知识比重表和技能比重表。

二、教师的概念及职业标准

(一) 教师的概念

教师成为一门独立的社会职业,已经有上千年的文化积淀。随着私学在春秋时期出现,独立的教师职业也应运而生。此外,教师是一个专业性很强的职业,是从事培养人的专门性活动。

广义的教师泛指传授知识、经验的人。狭义的教师是指受过专门教育和训练的,在学校向学生传递人类科学文化知识和技能,增强学生的体质,对学生进行思想道德教育,培养学生高尚的审美情趣,将学生培养成社会需要的人才的专业人员。

(二) 教师的重要性

《礼记》中写到:"建国君民,教学为先。"唐代哲学家、文学家韩愈曾在《师说》中写到:"古之学者必有师。师者,所以传道受业解惑也。"教育是立国之本,强国之基,国家的强盛兴旺离不开教育,而教师作为发展教育的第一资源,以培养人的根本目的区别于其他职业,肩负着为国家培养高素质人才的重任。

(三) 教师职业标准

各项职业都有自己的职业标准,教师的职业标准当然也有着不同于其他职业的规定和要求。教师是一种专业化的工作,严格来说不是任何人都可以从事教师职业的。教师的职业标准是根据专业人员的基本理念而制定的"专业"标准,即是对教师作为一个专业人员的素质要求的基本规定,也代表了当下中国社会和教育发展对教师素质的基本要求。基于其重要性,2012 年教育部为构建教师专业标准体系,建设高素质专业化教师队伍,制定了《幼儿园教师专业标准(试行)》《小学教师专业标准(试行)》和《中学教师专业标准(试行)》(以下合称《专业标准》)。

专业标准是国家对合格教师专业素质的基本要求,规定的是教师必须达到的基本专业素养和教师开展教育活动的基本规范,同时又是引领教师专业发展的基本准则,为教师专业发展提供方向性的指引和导航,教师应按标准中所提出的专业要求,不断提升专业发展水平。同时专业标准有利于有关部门严把教师行业入口关,确定教师管理制度,保证教师的质量。

《专业标准》将基本理念、专业理念与师德、专业知识和专业能力四方面作为教师必备的基本素质与条件。

1 基本理念

1）师德为先

热爱教育事业，具有职业理想，践行社会主义核心价值体系，履行教师职业道德规范，依法执教；关爱学生，尊重学生人格，富有爱心、责任心、耐心和细心；为人师表，教书育人，自尊自律，以人格魅力和学识魅力教育感染学生，做学生健康成长的指导者和引路人。

2）学生为本

尊重学生权益，以学生为主体，充分调动和发挥学生的主动性；遵循学生身心发展特点和教育教学规律，提供适合的教育，促进学生生动活泼学习、健康快乐成长，全面而有个性的发展。

3）能力为重

把学科知识、教育理论与教育实践相结合，突出教书育人实践能力；研究学生，遵循学生成长规律，提升教育教学专业化水平；坚持实践、反思、再实践、再反思，不断提高专业能力。

4）终身学习

学习先进学教育理论，了解国内外教育改革与发展的经验和做法；优化知识结构，提高文化素养；具有终身学习与持续发展的意识和能力，做终身学习的典范。

2 专业理念与师德

专业理念与师德，是《专业标准》的灵魂与核心，明确了教师这一职业所担负的责任、使命和自身的要求，以及教师通过教育教学活动有目的地培养社会主义接班人的目标。

1）职业理解与认识

（1）贯彻党和国家教育方针政策，遵守教育法律法规。

（2）理解教育工作的意义，热爱教育事业，具有职业理想和敬业精神。

（3）认同教师的专业性和独特性，注重自身专业发展。

（4）具有良好职业道德修养，为人师表。

（5）具有团队合作精神，积极开展协作与交流。

2）对学生的态度和行为

（1）关爱学生，重视学生身心健康，将保护学生生命安全放在首位。

（2）尊重学生人格，维护学生合法权益，平等对待每一个学生。不讽刺、挖苦、歧视学生，不体罚或变相体罚学生。

（3）信任学生，尊重个体差异，主动了解和满足有益于学生身心发展的不同需求。

（4）积极创造条件，让学生拥有快乐的学校生活。

3）个人修养与行为

（1）富有爱心、责任心、耐心和细心。

（2）乐观向上、热情开朗，有亲和力。

(3)善于自我调节情绪,保持平和心态。

(4)勤于学习,不断进取。

(5)衣着整洁得体,语言规范健康,举止文明礼貌。

4)教育教学的态度与行为

(1)树立育人为本、德育为先的理念,将学生的知识学习、能力发展与品德养成相结合,重视学生全面发展。

(2)尊重教育规律和学生身心发展规律,为每一个学生提供适合的教育。

(3)引导学生体验学习乐趣,保护学生的求知欲和好奇心,培养学生的广泛兴趣、动手能力和探究精神。

3 专业知识

专业知识这一维度从学生发展知识、学科知识、教育教学知识、通识性知识四个部分进行相关要求和阐述,要求教师通过对教育学、心理学、学科系统知识和其他文化素养的学习达到能够实施教育教学的基础目标和潜在要求。

1)学生发展知识

(1)了解关于学生生存、发展和保护的有关法律法规及政策规定。

(2)了解不同年龄及有特殊需要的学生身心发展特点和规律,掌握保护和促进学生身心健康发展的策略与方法。

(3)了解不同年龄学生学习的特点,掌握学生良好行为习惯养成的知识。

(4)了解学生安全防护的知识,掌握针对学生可能出现的各种侵犯与伤害行为的预防与应对方法。

2)学科知识

(1)适应学段综合性教学的要求,了解多学科知识。

(2)掌握所教学科知识体系、基本思想与方法。

(3)了解所教学科与社会实践的联系,了解与其他学科的联系。

3)教育教学知识

(1)掌握教育教学基本理论。

(2)掌握学生品行养成的特点和规律。

(3)掌握不同年龄学生的认知规律。

(4)掌握所教学科的课程标准和教学知识。

4)通识性知识

(1)具有相应的自然科学和人文社会科学知识。

(2)了解中国教育基本情况。

(3)具有相应的艺术欣赏与表现知识。

(4)具有适应教育内容、教学手段和方法的现代化信息技术知识。

4 专业能力

专业能力这一维度从教育教学设计、组织与实施、激励与评价、沟通与合作、反思与发展五个部分进行相关要求和阐述,明确实践教学活动的组织实施能力,同时侧重沟通交流的策略和方法的使用,有效地完成教学、活动任务。

1）教育教学设计

（1）合理制订学生个体与集体的教育教学计划。

（2）合理利用教学资源,科学编写教学方案。

（3）合理设计丰富多彩的班队活动。

2）组织与实施

（1）建立良好的师生关系,帮助学生建立良好的同伴关系。

（2）创设适宜的教学情境,根据学生的反应及时调整教学活动。

（3）调动学生学习积极性,结合学生已有的知识和经验激发其学习兴趣。

（4）发挥学生主体性,灵活运用启发式、探究式、讨论式、参与式等教学方式。

（5）将现代教育技术手段渗透运用到教学中。

（6）较好地使用口头语言、肢体语言与书面语言,使用普通话教学,能够规范书写钢笔字、粉笔字、毛笔字。

（7）妥善应对突发事件。

（8）鉴别学生行为和思想动向,用科学的方法防止和有效矫正不良行为。

3）激励与评价

（1）对学生日常表现进行观察与判断,发现和赏识每一个学生的点滴进步。

（2）灵活使用多元评价方式,给予学生恰当的评价和指导。

（3）引导学生进行积极的自我评价。

（4）利用评价结果不断改进教育教学工作。

4）沟通与合作

（1）使用符合学生特点的语言进行教育教学工作。

（2）善于倾听,和蔼可亲,与学生进行有效沟通。

（3）与同事合作交流,分享经验和资源,共同发展。

（4）与家长进行有效沟通合作,共同促进学生发展。

（5）协助学校与社区建立合作互助的良好关系。

5）反思与发展

（1）主动收集分析相关信息,不断进行反思,改进教育教学工作。

（2）针对教育教学工作中的现实需要与问题,进行探索和研究。

（3）制定专业发展规划,不断提高自身专业素质。

三、导游的概念及职业标准

(一) 导游的概念

导游人员是指依法取得导游证、接受旅行社委派,为旅游者提供向导、讲解及相关旅游服务的人员。导游分为中文导游和外语导游,英文叫 Tour Guide 或 Guide。按照具体工作内容不同,可以分为领队、全陪、地陪。一般来说景点讲解员也是属于导游人员范畴的。

(二) 导游的职业标准

导游的职业标准当然有着自身职业的规定和要求。导游是一种专业化的工作,需要从业人员德、智、体、美、劳全面发展,具有良好的职业道德和人文素养,掌握导游基础知识和执业操作规范,具备较强的导游讲解、旅游接待服务和处理突发事件的能力。导游包括从事景区(点)讲解、地陪导游、全陪导游、出境领队、旅游咨询等工作的高素质技术技能人才。1994年国家旅游局(现文化和旅游部)基于职业规范化队伍的创建,制定了《导游员职业等级标准》《关于对全国导游员实行等级评定的意见》和《关于试点单位导游员等级评定的实施细则》,对从事导游工作的专兼职人员进行了初、中、高、特级标准的核定。1996年原国家技术监督局颁布了《导游服务质量》。2011年国家发布了《导游服务规范》,代替1996年出版的《导游服务质量》,规定了导游服务质量的新要求,提出了导游服务过程中若干问题的处理原则。

结合上述文件精神和对导游标准和从业的具体要求,将从政治素质、思想素质、技能素质、文化素质、身体素质、心理素质六个部分进行阐述。

1 政治素质

(1) 高度拥护中国共产党的领导,热爱祖国。

(2) 自觉维护国家利益和民族尊严,遵守国家有关法律法规。

(3) 恪守职业道德,遵守旅游行业规章,严守国家机密和商业秘密,维护国家和旅行社的利益。

2 思想素质

(1) 有优秀的道德品质和高尚的情操,遵守社会公德,尽职敬业。

(2) 不断学习,提高判断是非、识别善恶的能力。

(3) 讲文明、讲礼貌、讲礼节、举止大方、端庄稳重、表情自然、诚恳和蔼,努力克服不合礼仪的生活习惯。

3 技能素质

(1) 具备过硬的语言表达能力、娴熟的导游讲解技巧和强烈的礼貌语言使用意识。

(2)具备独立工作能力、组织协调能力、人际交往能力和应急问题处理能力。

(3)掌握法律法规常识、旅行常识、政治经济和社会知识,以及旅游地历史、地理、文化与民俗知识和心理学与美学知识。

(4)具备较强的组织、协调、应变等工作能力和语言表达能力。

(5)能妥善地独立处理意外事故。

(6)能正确理解旅游者的服务要求,有针对性地进行导游服务。

(7)掌握有关客源市场的重要知识及其接待服务规律。

4 文化素质

(1)掌握较广泛的基本知识,尤其是政治、经济、历史、地理以及国情、风土人情、民俗等方面的知识。

(2)表达清楚、流畅,语音语调正确、亲切。

(3)领会《中华人民共和国旅游法》以及与旅行社及其经营有关的法律法规、与导游人员有关的法律法规、与消费者权益保护有关的法律法规、旅游服务质量方面的行业规章、与侵权责任有关的法律法规、导游服务质量方面的国家标准及旅游行业标准,以及旅游行业内的时事政治等。

(4)全面掌握当地主要游览点的导游知识,了解我国主要旅游景点、线路的有关知识。

(5)合理运用心理学和美学知识。

5 身体素质

(1)具有健康的体魄和充沛的体力。

(2)未患有任何重大疾病及传染病。

6 心理素质

(1)善于掌握和调节旅游者心理情绪的能力。

(2)具备良好的观察能力和感知能力。

(3)拥有健康的思想状态。

任务实施

表 2-1 所示为任务实施方案表。

表 2-1 任务实施方案表

活动目的	结合拓展阅读资料,进行角色扮演和讨论,掌握教师的专业标准在实际教育教学运用中的重要性
活动要求	学生按要求分组进行角色扮演,感受教师职业的特色

续表

活动步骤	(1)教师出示教学案例； (2)请各组分别进行角色扮演； (3)各组成员分别谈感悟，体会教师的成就感和快乐； (4)最后教师通过案例引出教师需要具备的标准进行核心知识的巩固
活动评价	学生自评说感悟、小组互评谈操作、教师评价、总结归纳

16 年后《导游管理办法》首次改版 五大变化彰显时代特色

任务二　研学旅行导师的职业定位

2020 年昆明市开展导游综合素质提升培训，分为 14 期开展。每期培训 3 天，包括 2 天线下理论培训、半天线上理论培训和半天现场实操教学。除了"云南红色旅游的经典线路""云南旅游市场整治下导游涉旅政策法规解读"等导游、领队相关业务知识，以及近年来各省市相关旅游法律法规和条例措施的解读外，培训还设置了"与压力同在——压力与情绪管理"等帮助导游、领队进行心理压力疏导和心理调适的课程，以及"研学旅行概述""短视频时代的文化旅游传播"等热门专题课程。

44 岁的帅国华是一名从业 21 年的昆明资深导游，参加培训后感慨，要想让职业生涯可持续地发展下去，导游不能再只盯着传统跟团游这个市场了。云南有丰富的旅游资源，研学旅行、户外运动旅游都有很大的发展潜力。

昆明市旅游培训中心说，自 2018 年以来，昆明市文化和旅游局每年都拨出专项经费对全市 1 万多名导游、领队开展免费的素质提升培训。今年培训增加了研学旅行、短视频直播等课程，就是希望导游学习、了解相关知识，在今后执业中能多条路选择。（资料来源：昆明市文化和旅游局，2020 年 12 月）

任务剖析

研学旅行这一行业的横空出世,标志着我们面临着新职业的探索、新旧职业的过渡等问题。我们作为研学旅行专业人才,更应该认真剖析研学旅行导师的职业标准,在职业生涯中才能够更好地完成各项任务。

一、研学旅行导师的职业形成

(一) 研学旅行发展现状

随着一系列鼓励研学旅行的政策的发布,国内以及国外的研学旅行市场发展迅速,呈现出如火如荼的态势。具体特点如下:

❶ 研学旅行的国家政策逐步推行

自2013年开始,从国家层面至各级政府对研学旅行的重视程度不断增加;2014年,国务院发文要求"支持研学旅行发展,把研学旅行纳入学生素质教育范畴";2016—2017年,原国家旅游局(现文化和旅游部)以及教育部先后推出一系列政策,给研学旅行的发展提供了沃土。

❷ 研学旅行的市场热度持续上升

研学旅行行业在政策扶持的大环境中不断地强化其同素质教育之间的有机联系。根据教育部相关规定,每个中小学每年必须开展一次研学旅行活动。并且,基于我国人口基数大的特点和情况,国内中小学在校生人数超过两亿,在"旅游+教育"新型教育产品全面快速发展的机遇期,研学旅行市场潜力非常可观。

❸ 国内旅游资源价值高

中国地大物博,五千年深厚的历史文化和种类繁多的自然景观为我们提供了丰富的旅游资源,中国是当之无愧的旅游强国以及旅游资源大国。截至2018年10月,我国5A级旅游景区数量为260个;截至2019年7月,中国世界遗产已达55项,是与意大利并列拥有世界遗产最多的国家,同时,中国也是世界上拥有世界遗产类别非常齐全的国家之一。因此,中国有众多的旅游资源可供深入挖掘,能够支撑多样化研学旅行产品的开发。

(二) 研学旅行发展存在的问题

我国的研学旅行在各种优势与机遇的伴随下,发展态势迅猛,但仍处于起步阶段,在研学旅行市场的有序发展方面,虽然组建了符合自己特色的研学旅行部门,发展了一批业务

能力强的研学旅行导师,但是也出现了一些不可忽视的问题。具体问题如下:

1 研学旅行容易流于形式

研学旅行以旅行为载体,以研学为主旨。虽然这一活动纳入了教学计划,但由于专业师资匮乏等各方面现实条件的制约,容易出现课程目标不明确,主题选择不清晰,运行形式不规范,导致学生缺乏学习的主动性和积极性等问题,使教学流于形式,效果不佳,有违初衷。

2 学生安全问题难以保障

大量的学生集体外出参与研学旅行,学校的组织管理和安全保障压力很大。大量的学生集体外出,涉及饮食、住宿、交通以及各种参观考察等活动,随时都可能出现各种意外,而一旦出现安全问题,就要面临多方压力。

3 研学旅行产品缺乏专业性

研学旅行本身是基于"旅游+教育"的新型教育产品,不仅包含了教育服务体系中对教师的职责要求,同样也具有传统旅游产品的属性,因此无论是教育机构还是旅行社、基地(营地)等都难以独立承担研学旅行产品的定制和运营工作,而在此之前,跨界融合机制尚未健全。

4 研学旅行专业人才偏少

研学旅行作为校内教育活动的一种扩充形式,其内在本质还是教育活动。但是在近些年发展的过程中,由于缺乏"教育+导游"背景的复合型人才,行业的高效发展受到了限制。

(三)研学旅行导师新职业

2013年2月2日,国务院办公厅全国印发了《国民旅游休闲纲要(2013—2020年)》,纲要中提出"逐步推行研学旅行"的设想。此前我国许多地区都有尝试把研学旅行作为推进素质教育的一个重要内容来开展。随着研学旅行逐步的推行,研学旅行导师这个行业逐渐兴起。

研学旅行导师,顾名思义就是指导中小学生开展研学旅行活动的老师,在研学旅行的过程中,研学旅行导师起着至关重要的作用,研学旅行导师不仅仅要根据学生需求确定教学目标,设计既有体验性又有教育意义的课程内容和形式,更要负责中小学生在研学旅行过程中的教育及安全。

研学旅行导师的主要职责是在研学旅行旅途中引导中小学生认知中华优秀文化,建立完整的人格、性格与品格,获得有益的学习经验,促进其身心全面和谐发展,提升自理能力、创新精神和实践能力。研学旅行导师在研学旅行过程中不只是知识的传递者,更是中小学生研学旅行的支持者、合作者、引导者。

（四）研学旅行人才缺口

当下，研学旅行已被广大中小学校列入必修课程，将进入"井喷"式发展阶段，未来的发展前景不可限量。中国旅游研究院发布的《中国研学旅行发展报告》显示，2018年的国内研学旅行人数已达到400万人次，人均消费3117元/次，研学旅行机构数量已达12000家。但是大部分学校对研学活动课程开发经验和信心不足。

结合国内现有情况，研学旅行的职业特征来源于教育和旅行两大模块。

国内中小学教师更适合于学科系统性教学，擅长对学生知识素养和思维能力的培养。但对于研学旅行中所涉及的户外活动，安排吃住行等环节都有着一定的困难。而无论研学旅行、综合实践或劳动教育等，都需要在真实复杂的环境解决问题，都需要跨学科来解决问题，这样让广大教师很难适应。

导游大多缺乏教育学和心理学的基础，对教学方法、认知规律、学生身心发展特点不清楚，对课程标准更是不了解。同时普遍来讲，导游文化水平参差不齐，角色定位偏向服务性质，在学科相关知识方面帮助极小。

2019年10月18日教育部明确了在《普通高等学校高等职业教育（专科）专业目录》新增"研学旅行管理与服务"专业，2020年正式执行，全国共有32所高职院校进行该专业学生的招收，以此逐渐弥补研学旅行专业化人才不足的缺口。

二、研学旅行导师的职业定位

研学旅行导师作为一个新兴的职业，需要从业者认识到研学旅行的意义，热爱研学旅行导师事业，具有职业理想和敬业精神，注重用人格魅力和学识魅力教育及感染学生，做学生健康成长的指导者和引路人。

现阶段研学旅行导师的职业定位标准融合了教师职业素养、冬夏令营辅导员职业素养、导游职业素养等，归纳为以"四才"为核心的职业定位，即懂业务的研学管理人才、懂教育的研学课程开发人才、懂教学的课程实操人才以及懂安全的统筹协调人才。

（一）懂业务的研学管理人才

负责研学旅行企业的研学旅行项目开发与运营、风控管理、选人用人等领域，应具备以下能力。

1 项目开发与运营

(1) 能拟订详细活动计划，并按管理权限向教育行政部门备案。

(2) 能与学生、家长和校长较好地沟通，明确活动目标与其他相关事宜。

(3) 能事先做好计划，对涉及的人员、物品、费用等做好预算和规划。

(4)能每天实时播报计划完成进度,对风险点及时排除解决。

(5)能将整个活动运营做成标准化运营手册。

(6)能参照运营手册,打造后备人才。

2 风控管理

(1)熟悉并掌握信息化知识、信息操作技术和大数据。

(2)能根据预设线路和项目做整个活动预算表。

(3)能严格参照预算表标准执行,超过预算时需单独报批审核后,方可进行后续操作。

(4)能做好预算外的备案,以备不时之需,确保万无一失。

(5)能将"凡是有可能发生的危险事项"消灭在萌芽状态。

3 选人用人

(1)选择有一定的教育背景和旅游背景的职员。

(2)热爱研学旅行事业,有责任感和奉献精神。

(3)选择具备师德为先、学生为本、以身作则、持续学习的职业素养的职员。

(4)能安排合适的人在合适的岗位上,确保人尽其才。

(二)懂教育的研学课程开发人才

研学旅行导师要能将知识、能力和情感(价值观)三维目标设计在研学旅行课程方案中,并能融合在研学旅行的行前、行中和行后各个阶段。

1 研学旅行前

(1)了解研学旅行活动课程设计的基本原则和方法。

(2)掌握课程四个核心要素,熟悉课程设计的基本思路和规律。

(3)能独立设计具有特色的研学旅行活动课程。

(4)能梳理明确学生、家长、教师和校长的需求。

(5)了解各学段内课程体系目标的具体要求。

2 研学旅行中

(1)能以小见大,围绕主题挖掘生活中常见教具,验证原理和拓展应用。

(2)能清晰定义课程目标,判断成果是否达成。

3 研学旅行后

(1)根据实际情况,有针对性地对课程的内容和结构进行补充完善。

(2)及时掌握学生、家长、教师和校长的反馈。

(三)懂教学的课程实操人才

研学旅行导师需要熟悉教育教学规律,熟悉学生的认知规律和教育心理学的基本原则和方法,熟悉课程资源开发、管理与利用的方法,掌握研学旅行课程教学知识。

(1) 能组织学生深入社会，亲近自然，发现问题、分析问题和解决问题。
(2) 能指导学生组建课题研究小组，探究有价值的课题。
(3) 熟悉 PBL 教学法，能指导学生开展 PBL 项目式学习。
(4) 能指导学生开展 STEAM 学习，能运用人工智能技术手段，提升科学素养。
(5) 掌握过程性、表现性和档案袋评价方法。
(6) 能明确评价活动目的、评价内容、涉及时间区间，能筛选合适的评价要素，确定评价指标，选择适用的方法进行评价。

(四) 懂安全的统筹协调人才

研学旅行导师应掌握研学旅行安全风险管理知识，能完成安全检查落实与应急处理，能制定安全预案并在突发情况下进行应急安全管理。

1 安全风险管理知识

(1) 熟悉基本的安全防护救护知识与灾害应急常识。
(2) 能教会学生识别并拒食危险食品，不食用冷荤类食品、生食类食品、裱花蛋糕、野生蘑菇、发芽土豆等。
(3) 掌握研学旅行安全风险防控和管理知识。
(4) 能坚守安全第一的原则，始终把安全放在第一位。
(5) 能识别和判断人员、基地、营地、食宿、交通、教具、设施、设备、生物等风险并做出准确的预警和预防。
(6) 能指导所在单位签署研学旅行活动合同和安全责任书，明确承办单位、学校、家长及学生的责任和权利。
(7) 组织开展安全教育和安全消防、应急疏散演练。
(8) 能教会学生掌握安全知识，牢记重要联系方式和财物保管技巧。

2 检查落实

(1) 能判断合适的险种是否需购买，督促检查落实保险购买情况。
(2) 能备好常用非处方药品和安全急救用品。
(3) 能及时开展安全巡查，清查人数，保证学生不离开视野范围。

3 应急处理

(1) 能就具体研学旅行项目讲解安全须知、防范救护、风险管理与灾害应急注意事项。
(2) 能提醒学生做好安全防护措施，保护学生的财物、隐私和人身安全。
(3) 能执行研学旅行安全标准和细则。
(4) 能对常见疾病预防及治疗，能对学生摔伤、割伤、撞伤、烫伤、烧伤、咬伤、异物进气管等意外事故进行应急处理。

任务实施

研学旅行开展得如火如荼,某基地从自身教育特点和潜在教育价值出发,特制定了以"白酒小匠人"为主题的课程。为了让学生在研学旅行的过程中掌握一定的知识和能力,请大家运用以"四才"为核心的职业定位来指导针对小学生的研学旅行。表2-2所示为任务实施方案表。

表 2-2 任务实施方案表

活动目的	加强对"四才"为核心的职业定位的理解,产生对职业的良好认知和热爱
活动要求	学生按要求分组进行任务认领,通过交流讨论、思考分析,进行体验,产生对职业的良好认知,萌发内心的热爱之情
活动步骤	(1)各组分领任务,进行资料的整理; (2)组内讨论,初步形成意见统一; (3)分组交流,进行意见和指导意见的完善; (4)研究形成班级研究成果,进行班级展示
活动评价	学生自评说感悟、小组互评谈操作、教师评价总归纳

拓展阅读

从中国走向世界,研学旅游标准和导则全球首发
——专访世界研学旅游组织执行主席杨振之

任务三 研学旅行导师的职业标准

任务引入

2020年,山西省市场监督管理局批准发布了《中小学生红色文化研学基地建设规范》和《研学旅行导师专业要求》。

研学基地是研学旅行中的重要载体,研学旅行导师是研学实践教育活动的真正执行者,在中小学生研学实践活动中均发挥着不可或缺的作用。

文件对中小学生红色文化研学基地的基础设施、人员配备、课程要求、安全保障、基地评估及研学导师的基本要求、专业知识、专业能力、能力提升等方面都进行了规定。

据悉,山西省科教研学旅行综合实践研究院作为两项文件的起草单位,在中国红色文化研究会研学旅行工作委员会的指导和支持下,充分调研、积极探索,组织编写团队对国内多家中小学生研学实践教育基地(营地)进行实地考察,在山西省旅游标准化技术委员会的积极推进下,经省市场监督管理局组织专家评审和公示后,正式发布并实施。标准的实施将为研学旅行提供有力保障,并作为纽带形成有效联动。循序渐进地推进实施和运用地方标准,将对促进行业发展、发挥专业支撑,起到引领和示范作用!

任务剖析

你认为作为一名研学旅行导师,应该要遵循哪些职业标准呢?

一、政府部门制定的地方标准

(一) 地方标准的概念

地方标准是指由地方(省、自治区、直辖市)标准化主管机构或专业主管部门批准、发布,在某一地区范围内统一实施的标准。制定地方标准一般有利于发挥地区优势,有利于提高地方产品的质量和竞争能力,同时也更符合地方实际,有利于标准的贯彻执行。

(二) 研学旅行导师地方相关文件汇总

(1)山西省市场监督管理局批准发布了《中小学生红色文化研学基地建设规范》和《研学旅行导师专业要求》。

该文件对中小学生红色文化研学旅行基地基础设施、人员配备、课程要求、安全保障、基地评估及研学旅行导师基本要求、专业知识、专业能力、能力提升等方面都进行了规定。

(2)武汉市旅游发展委员会、武汉市教育局共同发布了《武汉市中小学生研学旅行标准编制》(以下简称《标准编制》),该标准于2018年9月30日起实施。

武汉此次颁布的《标准编制》分为三个部分:第一部分:服务机构评定与服务规范,第二部分:基地(营地)评定与服务规范,第三部分:导师评定与服务规范。三部分分别对研学旅行服务机构,研学旅行基地(营地)的定义、总则、服务资质,以及等级评定条件等给出了详细标准。其中研学旅行的课程体系和质量是这两类机构评级的重要认定标准。

(三) 研学旅行导师地方职业标准共性

根据各地方政府颁发的关于研学旅行导师的文件，标准中存在一定的共性，主要从基本要求、专业知识、专业能力和反思发展四个方面进行说明。

1 基本要求

基本要求是地方政府对合格研学旅行导师专业素质的基本规定，也是研学旅行导师开展工作的基本规范和基本专业素养，为其专业发展提供方向性的指引和导航。

(1) 应正确理解国家开展研学旅行的重要意义、基本原则、课程性质、主要任务和保障实施等内容。理解国家研学旅行课程性质、重要意义、课程目标、基本原则、主要任务和实施要求。

(2) 应了解《中华人民共和国义务教育法》《中华人民共和国教师法》《中华人民共和国未成年人保护法》《中华人民共和国预防未成年人犯罪法》等法律法规内容。

(3) 应遵守《中华人民共和国中小学教师专业标准》和《导游服务规范》[GB/T 15971] 的职业行为规范。

2 专业知识

专业知识这一维度从研学旅行知识、教育教学知识、通识性知识三个部分进行相关要求和阐述。更好地为后期研学旅行活动的开展打好良好基础。

1) 研学旅行知识

(1) 应掌握研学旅行政策法规知识，根据《研学旅行服务规范》要求，掌握研学旅行相关的组织和服务知识、文明旅游知识。

(2) 熟悉地域特色，掌握相关研学旅行目的地、基地及营地的情况。

(3) 应树立安全意识，掌握研学旅行安全风险管理知识，熟悉基本的安全防护救护知识与灾害应急常识。

2) 教育教学知识

(1) 应了解中小学教育教学理论，熟悉学生的认知规律和教育心理学，掌握中小学教育的基本原则和方法。

(2) 应了解新课程改革方向，掌握新课程中的教学观、学生观、师生观。

(3) 应了解中小学课程结构和课程类型、课程标准，熟悉中小学综合实践活动课程内容，明确研学实践课程与学科课程的关系。

(4) 应了解中小学生教育新课程改革方向，熟悉课程资源开发、管理与利用的方法，掌握研学旅行课程教学知识。

3) 通识性知识

(1) 了解保护青少年健康成长方面的相关法律法规、学校教育法律法规、研学实践相关法律法规,熟悉中小学教育的基本情况。

(2)了解我国各类非物质遗产和各民族风俗,掌握相应的乡情、县情、省情和国情。

(3)了解相应的自然、人文、社会科学知识,掌握与研学旅行课程方案直接相关的学科内容。

❸ 专业能力

专业能力这一维度从课程方案设计、活动组织与实施、沟通与合作、反思与发展五个部分进行相关要求和阐述,明确实践教学活动的组织实施能力,同时侧重沟通的策略和方法的使用,有效地完成教学、活动任务。

1)课程方案设计

(1)具有较强的语言文字组织能力,正确设计或修订完善研学旅行课程方案,保证方案的教育目标正确,教育主题鲜明,教学内容丰富。

(2)应针对学生认知能力和社会实际整合开发课程,根据不同年龄段的学生设计研学旅行课程方案。

(3)将知识和能力、过程和方法、情感态度和价值观三个维度的目标设计在研学旅行课程方案中。

(4)遵循教育性、实践性、安全性、公益性四大原则设计研学旅行课程方案。

(5)合理利用各种资源,开发自然类、历史类、地理类、科技类、人文类、体验类等多种类型的活动课程。

(6)设计的课程方案能体现出自主性、探究性、体验性、互动性、趣味性等特点。

2)活动组织与实施

(1)应具备良好的组织管理能力、沟通协调能力、教育教学能力和安全保障能力,确保研学旅行活动安全有序地实施。

(2)应充分做好研学旅行前的准备工作,认真检查各项课程准备工作,确保万无一失。

(3)应做好研学旅行中组织监督管理工作,按照课程计划完成研学任务,严格执行课程计划,确保研学活动安全、有序地实施。

(4)做好研学旅行后总结评价工作。应灵活运用多种评价方法,客观公正反馈研学成绩,根据情况反馈评估,完善研学旅行课程方案以及研学旅行组织工作。

❹ 反思与发展

(1)总结反思、实事求是,不断收集、分析、反馈研学旅行相关知识,改进研学旅行教学指导工作。

(2)不断学习研学旅行实践相关领域的最新知识,探索研学旅行工作新理念、新模式,寻找提高研学旅行效果的新方法,提升研学旅行实践课程开发与实施能力。

(3)不断更新自身对旅游和教育领域的知识储备,对研学旅行知识进行重组整合,开创研学旅行工作新的模式与途径。

二、社会组织或科研院所制定的团体标准

(一) 团体标准概念

团体标准,是由具有法人资格,且具备相应专业技术能力、标准化工作能力和组织管理能力的学会、协会、商会、联合会和产业技术联盟等社会团体,按照团体确立的标准制定程序自主制定发布,并由社会自愿采用的标准。

团体标准的出现是为了改善我国标准制定、标准供给的一些体制机制瓶颈问题。国家市场监管总局印发了《深化标准化工作改革方案》,将政府单一供给的现行标准体系,转变为由政府主导制定的标准和市场自主制定的标准共同构成的新型标准体系,更有效加强市场自身活力,促进企业创新和规范化管理。

(二)《研学旅行指导师(中小学)专业标准》颁布的意义

中国旅行社协会(英文名称 China Association Of Travel Services 缩写:CATS)成立于1997年10月,是由中国境内的旅行社、各地区性旅行社协会等单位,按照平等自愿的原则结成的全国旅行社行业的专业性协会,是经民政部门登记注册的全国性社团组织,具有独立的社团法人资格,代表和维护旅行社行业的共同利益和会员的合法权益,努力为会员服务,为行业服务,在政府和会员之间发挥桥梁和纽带作用,为中国旅行社行业的健康发展作出积极贡献。

2019年2月26—27日,在中国旅行社协会研学旅行分会一届二次会员代表大会暨中国(齐齐哈尔)首届研学旅行峰会期间,中国旅行社协会与高校毕业生就业协会联合发布《研学旅行指导师(中小学)专业标准》,自2019年3月1日起实施。

《研学旅行指导师(中小学)专业标准》作为我国由社会组织团体撰写的标准,有着极大的借鉴和指导意义,对研学旅行中研学旅行导师专业素养提出了基本要求,使研学旅行导师在实施研学旅行教育活动时有了基本的准则,对引领研学旅行导师的专业发展以及研学旅行导师的培养、准入、培训、考核等工作的开展具有重要意义。

(三)《研学旅行指导师(中小学)专业标准》具体内容

根据中国旅行社协会颁发的《研学旅行导师(中小学)专业标准》,从专业态度、专业知识、专业能力和专业发展四个方面进行说明。

研学旅行指导师(中小学)专业标准

1 专业态度

专业态度特指从事行业工作的人员对职业的看法及在行为举止方面反应的倾向。这一维度从专业认识、专业准则两个部分进行相关阐述,为更好地塑造研学旅行导师人才奠定良好基础。

1)专业认知

(1)认识开展研学旅行的意义,热爱研学旅行导师事业,具有职业理想和敬业精神。

研学旅行是一种符合时代要求的创新教育方式,旨在培养学生综合素质,让学生在更丰富的生活中全面发展、快乐成长。这是时代赋予的责任和使命。

(2)认同研学旅行导师的专业性和独特性,注重自身专业发展,具有终身学习的意识。

当素质教育日渐受到重视,甚至与升学挂钩时,研学旅行导师应始终专注教学,不因名利的因素影响工作的初心。

(3)重视学生身心健康,将保护学生生命安全放在首位,促进学生的全面发展。

研学旅行要注重体验性。研学旅行是让学生走出教室,走向自然,走向社会,让学生在亲力亲为的实践和体验中增长知识,实现人文素养的内化,因此要对研学旅行活动进行精心设计和安排,让学生有动脑的机会、动手的机会、表达的机会,引导学生一起活动,共同体验,相互研讨,在过程参与和旅行体验中去拓宽视野、了解社会、亲近自然,培养团队合作能力和社会实践能力。

研学旅行要坚持安全第一原则,建立安全保障机制,明确安全保障责任,落实安全保障措施,确保学生安全。

(4)注重人格魅力和学识魅力教育感染学生,做学生健康成长的指导者和引路人。

研学旅行导师是帮助学生成长的角色,而不是监督或管理的角色,因此用引导和启发的方式比对学生施加压力的方式更可取,也不需要用成绩来给学生贴标签分等级,只需注重学生自身的成长进步。在研学过程中,学生们会接触到研学旅行导师生活中的状态,容易受其影响,因此研学旅行导师自身必须树立正确的人生观、价值观,养成良好的道德习惯,成为学生的榜样,起到正面的示范作用。每一位研学旅行导师需要做到:关注学生、了解学生、发掘学生的闪光点,用心去爱每一个学生。

2)专业准则

(1)维护学生合法权益,尊重个体差异,平等对待每一位学生,不讽刺、嘲笑、歧视学生。

研学旅行要结合学生身心特点、接受能力和实际需要,注重系统性、知识性、科学性和趣味性,为学生全面发展提供良好成长空间。研学旅行要因地制宜,呈现地域特色,引导学生走出校园,在与日常生活不同的环境中拓宽视野、丰富知识、了解社会、亲近自然、参与体验。研学旅行不得开展以营利为目的的经营性创收,对贫困家庭学生要减免费用。

(2)遵守教师和导游的职业行为规范,品行端正,为人师表,身心健康,无传染性疾病,仪容仪表举止得体。

研学旅行作为一种特殊形式的教育实践活动。不管是有目的、有计划的教育教学活动,还是日常生活活动,研学旅行导师都要时刻做好表率行为,让学生在隐形的教育影响中形成良好学习习惯和品质。

(3)精心制定和实施研学旅行课程方案,完成研学目标、确保安全,让学生拥有快乐有意义的研学旅行生活。

研学旅行的课程内容与传统课程相比更加丰富,教学方式也与传统课程的讲授型教学方式不同,以学生自主学习为主,导师起到引导和指导作用。研学旅行导师的教师职业道德最重要的体现就是敬业精神,不断更新自己的教育理念,探究更适合学生的引导方式。

(4)在研学旅行活动中,不得出现违背党的路线方针政策的言行,不得发表错误观点和编造散布虚假信息、不良信息,不得出现损害国家利益、社会公共利益或违背社会公序良俗的行为。

在2018年全国教育大会上,习近平总书记发表重要讲话。坚持党对教育事业的全面领导,是不断使教育同党和国家事业发展要求相适应的重要手段。作为研学旅行导师,必须要坚守正确的政治思想立场,深刻领会"为谁培养人"这一重要问题。

2 专业知识

专业知识这一维度从研学旅行知识、教育教学知识、通识性知识三个部分进行相关要求和阐述,更好地为后期研学活动的开展打下良好基础。

1)研学旅行知识

(1)掌握研学旅行政策法规知识,掌握相关研学旅行目的地及基(营)地的情况。

研学旅行必须依托活动基地才能实施,研学旅行活动基地开展研学旅行需要由旅游目的地提供各类自然和人文旅游资源。研学旅行目的地要提供能让学生认知并体验乡情、市情、省情、国情的旅游载体和平台。国务院《关于促进旅游业改革发展的若干意见》指出,"支持各地依托自然和文化遗产资源、大型公共设施、知名院校、工矿企业、科研机构,建设一批研学旅行基地,逐步完善接待体系。"我国有的省市已经组建了研学旅行基地联盟,有的地区已经建立了专门的研学旅行基地。

(2)掌握研学旅行组织和服务知识、文明旅游知识和旅行常识。

研学旅行导师需要具体负责团队的食、住、行、游、购、娱等各项工作,要让团队能按照合同约定的内容享受各项服务。在这个工作过程中,需要联络协调多个有关单位,如景区、餐厅、车辆等,以确保接待计划的执行情况和落实质量。因为研学旅行团队的特殊性,团队成员主要是中小学生,研学旅行导师团队接待工作的内容比一般团队更加繁杂。尤其是接待年龄较小的客人,因为没有家长随行,研学旅行导师还要特别细心地关照每个孩子的具体情况,如有没有好好吃饭,有没有好好睡觉,有没有受伤或是生病,这些普通团队导游一般不需要考虑的问题,也会成为研学旅行导师日常必须警惕的内容。孩子独自在外,为了让家长们安心,研学旅行导师通常还需要为学生们拍摄各种照片和视频,及时上传网络,方便家长查看。

(3)掌握研学旅行安全风险管理知识,熟悉基本的安全防护救护知识与灾害应急常识。

和接待普通团队一样,研学旅行导师也要负责维护团队旅游过程中的人身和财产安全,做好安全提示工作,防范各类安全事故的发生。因为研学旅行导师面对的是中小学生组成的团队,保障安全的责任更为重大。尤其是小学生,精力充沛,安全意识却很薄弱,容易发生各种安全事故。不管事先的准备工作做得有多充分,团队都有可能会遇到一些意外或事故。遇到这种情况,研学旅行导师作为现场第一负责人,需要进行现场处置,快速解决问题。

(4)掌握研学旅行课程方案设计、课程及体验活动实施等知识。

研学旅行既有研学,又有旅行,二者缺一不可。作为中小学教育教学实践的重要组成部分,研学旅行如何更好地体现教育功能是一个需要重点关注的问题。正如《意见》所指出的,研学旅行要结合学生身心特点、接受能力和实际需要,注重系统性、知识性、科学性和趣味性,为学生全面发展提供良好成长空间。

2)教育教学知识

(1)了解中小学教育教学理论,熟悉学生的认知规律和教育心理学的基本原则和方法。

研学旅行不仅是经济活动、旅游活动,也是教育活动,是否遵循教育规律、运用教育模式、达成教育效果是研学旅行是否成功的重要标尺。美国著名哲学家、教育学家杜威的"教育即生活"理论认为,从生活中学习到的经验和知识才是最好的教育,研学旅行导师要将促进学生思考而获得知识的原则应用于教学活动的全过程,包括教学过程、方法和组织形式。我国的教育大家陶行知先生在杜威的教育理论基础上提出了教育要做到"教学做"三者合一,他认为教学方法的选用要符合目的、依据经验、共同生活、注重启发等原则。"读万卷书,行万里路"和"寓教于乐"这两种理论都可以作为研学旅行的相关理论基础,体现"教学做"和"教育即生活"这两大理论,通过教育资源和其他形式的相互融合,促进研学旅行的受众得到全面发展。

(2)了解新课程改革方向和相关理论,掌握新课程中的教学观和学生观。

目前我国研学旅行的发展还是试点阶段,无既成的规律可循,研学旅行导师就需要根据学生年龄特征和身心发展规律以及研学旅行目的地实际情况制定研学课程内容,紧密结合自然、历史、科技、人文等多学科、多类型的实践项目。要根据学生的性别、认知水平、学习能力、个人兴趣等因素平衡分配各小组学生,每组设立小组长1名,协助研学旅行导师管理小组开展活动。充分发挥小组内成员作用,增强团队的合作精神,开展一定的探讨、交流活动,增强其在研学实践中的独立性、积极性和探索性。

(3)了解中小学课程结构和课程类型,熟悉中小学综合实践活动课程内容。

研学旅行导师需要在团队参观游览时,负责导游讲解工作。看景不如听景,没有讲解的游览是不完整的。通过研学旅行导师的讲解,中小学生才能更加清楚地了解自己家乡甚至祖国的优秀传统文化,更加明确地认识自己家乡甚至祖国的美丽大好河山。研学旅行导师还可以在游览中及时解答中小学生提出的各种问题,为大家答疑解惑,使学生们在游览中收获更多。

(4)熟悉课程资源开发、管理与利用的方法,掌握研学旅行课程教学知识。

研学旅行导师带的不是普通团队,这类团队的特点就是团队活动中特有的研学旅行课程。研学旅行课程的准备、内容的讲授、活动的有序开展都有赖于研学旅行导师的整体推进。

研学旅行导师要通过预设的各种类型的课程及活动,引导学生进行探究式、体验式学习。还可以在旅行过程中将旅行知识、人生智慧等元素巧妙地融入。这才是研学旅行的核心之所在。

3)通识性知识

(1)了解保护青少年健康成长方面的有关法律法规知识,熟悉中小学教育的基本情况。

研学旅行实施的关键,除了了解学生身心发展的特点之外,更要熟悉当前中小学学生知识、能力等方面掌握的情况。这样才能更好地通过旅行实践性活动,帮助他们加强对知识和文化的深层次理解。

(2)了解我国各类非物质遗产和各民族风俗,掌握相应的乡情、县情、省情和国情。

研学旅行的过程是帮助学生们开阔眼界,是通过参观、实践、操作等方式理解知识的一种途径和手段。在研学旅行过程中,研学旅行导师只有掌握祖国的优秀传统文化,才能将这种文化自信植根于学生,使他们形成良好的价值观。

(3)了解相应的自然、人文、社会科学知识,掌握与研学旅行课程方案直接相关的学科内容。

研学旅行课程体系是区别于学校内的学科逻辑体系,被称为综合性实践课程,这就要求研学旅行导师在进行课程设计时,不再仅仅是强调学习单一的理论学科知识,而是要将其同生活各方面知识相结合,通过体验、操作、游戏等方式提高学生的综合能力。

(4)熟悉现代化的信息技术知识。

良好的信息技术的运用,不仅能够在学习过程中提高学生的关注度,提高其活动的参与度,从自身来讲,也是结合国家教育信息化发展的潮流,有利于教育理念的不断革新。

❸ 专业能力

专业能力这一维度从研学旅行课程方案设计、研学旅行组织与实施、研学旅行激励与评价三个部分进行相关要求和阐述,明确实践教学活动的组织实施能力,同时侧重沟通交流的策略和方法的使用,有效地完成教学、活动任务。

1)研学旅行课程方案设计

(1)具有较强的语言文字表达能力,能正确设计或修订完善研学旅行课程方案,保证方案的教育目标正确,教育主题鲜明,教学内容丰富。

(2)能从校情和乡土乡情、县情市情、省情国情出发,能根据学校要求和基地(营地)拥有的资源两方面考虑,合理设计出适合不同年龄段学生的研学旅行课程方案。

(3)能将知识和能力、过程和方法、情感态度和价值观三个维度的目标设计在研学旅行课程方案中,并能融合在研学旅行的前、中和后各个阶段。

(4)应遵循教育性、实践性、安全性、公益性四大原则设计研学旅行课程方案,能引导和帮助学生设计完成课程研学计划。

(5)能合理利用各种资源,开发自然类、历史类、地理类、科技类、人文类、体验类等多种类型的活动课程,设计的研学旅行课程方案能体现出自主性、探究性、体验性、互动性、趣味性等特点。

2) 研学旅行组织与实施

(1) 具备良好的组织管理能力、沟通协调能力、教育教学能力和安全保障能力,能将研学旅行的教育目标落实到具体的课程计划中,确保研学旅行安全有序地实施。

(2) 充分做好行前准备工作。开好行前预备会议,向各方宣传解读研学旅行课程方案。检查各项课程准备工作,关键环节实地查看,确保万无一失。

(3) 做好行中的组织监督管理工作。应将预先设计课程内容和活动环节一一落实,在旅游车上组织好移动课堂,督促基地(营地)按方案执行,让所有学生完成预定的研学任务。

(4) 做好行后总结评价工作。应灵活运用多种评价方法,客观公正反馈研学成绩,组织好研学旅行成果汇报,利用评价结果促进学生全面发展和健康成长,同时完善研学旅行课程方案以及研学旅行组织工作。

3) 研学旅行激励与评价

(1) 运用过程性评价。应在研学方案中的每一个重要环节中适时设计评价,发现和赏识每位学生的进步,给予学生恰当的评价和指导,通过过程性评价激励学生进行积极的自我评价。

(2) 采用多元化评价。评价主体、评价对象、评价内容应多元化,对学生的研学态度、研学能力和方法、研学结果等方面进行综合性评价。宜采用激励性语言评价学生的研学过程,用描述性语言评价学生的研学成果。

(3) 发挥评价的激励作用。研学评价要从学生的原有基础出发,尊重学生的个性特点,强调以鼓励为主的发展性评价。宜采用研学任务卡、研学任务书、研究报告、游记、研学作品等多种形式对学生进行激励性评价。

4 专业发展

持续发展这一维度从反思提升、规范考核两个部分进行相关要求和阐述,明确工作中反思的重要性,同时对职业生涯的层次递升和考核要求有了明确的规定。

1) 反思提升

(1) 不断收集、分析、反馈相关信息,总结反思改进研学工作。

研学旅行导师不仅是课程的实施者,更是课程不断优化的引领者,每一次课程都需要结合学生的反馈,发现存在的不足和问题,及时对课程内容、课程形式、教学方法、教学手段进行不断地诊断和改进,才能更好地体现研学旅行地价值。

(2) 不断进行知识的重组融合,提高研学课程再开发的能力。

研学旅行课程是综合实践活动课程,学习的时间和空间的流动性大,具有鲜明的实践性特点。研学旅行课程又是选择性课程,不同地区、不同学校、不同年级对于课程的内容、时间、地点的要求各不相同,因而每一次研学旅行教学活动都是针对特定对象、选择特定内容的一种个性化学习指导，具有独特性。研学旅行学习内容涵盖所有学科课程、活动课程，又要融入研学基地或营地独立开发的特色课程，具有综合性的特点。上述这些特点决定了研学课程具有学校学科课程不一样的复杂性、综合性，其课程开发、课程实施、课程管理、课程评价的各个环节各个方面，都对队伍建设提出了前所未有的挑战。

（3）不断学习现代新技术、运用新技能，探索提高研学效果的新方法。

研学旅行导师应在旅行过程中结合活动内容、地区资源设置教学工作计划，通过小的学习内容设计来逐渐烘托出大的学习主题，能够处理好学生自主实践与研学旅行导师有效指导的关系。

（4）不断学习旅游和教育领域的最新知识，开创研学旅行工作新的模式与途径。

研学旅行导师要不断学习旅游和教育领域的最新知识，进行跨学科、跨专业进修，提升观察、研究、指导学生的能力，以更好地开展研学旅行服务。

2）规范考核

（1）研学旅行导师入职前培训和认定：在研学旅行中担当研学旅行导师职责的人员，应参加中国旅行社协会（或授权的培训机构）组织的研学旅行导师的培训，考核合格取得研学旅行导师证书。

（2）获取研学旅行导师证书的前置资格：大专及以上学历（含全日制在校大学生）、普通话标准、初级及以上导游证（或教练证、教师资格证或中高级职称证书）。

（3）研学旅行导师继续教育计划与实施：研学旅行导师应定期完成一定学时的培训。研学旅行导师根据相关考核和评审条件进行等级晋升。

任务实施

某研学旅行资深导师老王打算对今年新进的一批研学旅行导师进行培训，分小组对这节任务所学习的中央、地方、行业的政策进行归纳总结，帮助老王完成这一次的入职新人培训活动。表2-3所示为任务实施方案表。

表2-3　任务实施方案表

活动目的	加强对研学旅行政策的理解；建构自身的专业认知和对应思维导图
活动要求	学习研学旅行导师在中央、地方文件政策中的相关标准，从专业态度、专业知识、专业能力和专业发展四个方面进行梳理，进行知识点的总结和强化
活动步骤	（1）各组分领任务，进行资料的整理； （2）组内讨论，初步形成思维导图； （3）分组交流，进行思维导图完善； （4）研究形成班级研究成果，进行班级展示
活动评价	学生自评说感悟、小组互评谈操作、教师评价总归纳

 **项目结论**

本项目主要介绍了教师的职业标准、导游的职业标准和研学旅行导师的职业定位。教师的职业标准，主要以小学和中学教师专业标准为主。导游的职业标准主要是从基本素质、导游服务通用标准和导游服务特殊情况及改进、导游员职业等级标准进行分析。研学旅行导师的职业定位以"四才"为核心出发，有效全面地介绍了研学旅行导师职业的特性。

 项目训练

紧贴行业实务岗位训练　融通 1+X 职业技能等级证书考题

项目三 研学旅行导师的核心素养

 项目目标

职业知识目标

1. 了解研学旅行导师初、中、高三个阶段的核心素养内容。
2. 能够初步结合自身生活经验进行小组探讨理解研学旅行导师的核心素养这个概念。

职业能力目标

1. 把握研学旅行导师不同层次的核心素养,有效把握职业的不同要求和任务。
2. 通过问题情景的设置,有效解决情景中设置的问题,实现知识实践运用的能力。

职业素养目标

1. 根据研学旅行导师初、中、高三个阶段层次不同要求,培养有效制定符合自身职业发展规划的素养。
2. 通过对研学旅行导师核心素养的学习,形成对研学旅行导师的全方位理解,愿意通过努力不断提升行业综合素养。

知识框架

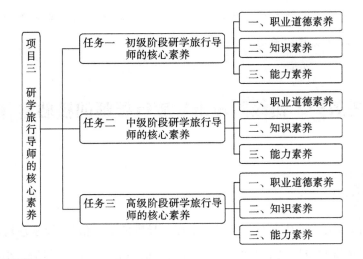

 教学重点

1. 掌握初、中、高三个阶段研学旅行导师核心素养具体内容。
2. 有效区分初、中、高三个阶段研学旅行导师核心素养。

 教学难点

初级阶段核心素养　中级阶段核心素养　高级阶段核心素养

 项目导入

  2019年10月,"落实《中小学综合实践活动指导纲要》,推进课程高质量实施"学术年会在南京举行。中小学综合实践活动师资研究与培训基地主任、首都师范大学副教授杨培禾指出,研学旅行目前存在不少乱象,比如:重游轻学,缺乏课程设计,有些学校甚至完全委托机构,教师都处于盲目状态;旅行过程中每日的考察活动缺乏任务驱动或问题引导,学生走马观花等等。

  "现在研学旅行行业急需的是导师人员,也就是一个能够在课外跟学生互动的实训老师,区别于在校老师,他们必须除了进行知识的传播,还要就一些旅游景点,和学生进行实训互动。"金陵高等职业技术学校旅游管理系主任王国芳说,她表示去年学校在五年高职的计划中就加入了研学导师这个概念,未来可能会增加教育学和心理学课程。

该新闻强调研学旅行管理与服务专业作为新设立的高职增补专业,一是为了填补校外教育的空白,另一方面是为了提升学生游学能力,增长见识,研学旅行导师究竟该具备何种核心素养才能够支撑其在工作中承担的对应任务,本项目分别来阐述不同阶段研学旅行导师应具备什么样的核心素养。

任务一　初级阶段研学旅行导师的核心素养

任务引入

湖北省宜昌市某旅行社发布了见习研学旅行导师的招聘信息,要求应聘者提交个人简历,并提供一封体现自身所具有的可以承担该岗位的核心素养的自荐信。小晨是大学应届毕业生,正在思考应该在这封推荐信里写些什么内容才能帮助自己更好地取得这份工作。接下来请大家一起帮助小晨来构思这封自荐信。

任务剖析

明晰作为见习或初级阶段研学旅行导师应具备哪些核心素养。

初级阶段研学旅行导师主要是一线研学旅行工作实施者,一般指从事研学旅行导师1—3年的阶段。主要职责是能为中小学生提供基础性安全落实、教学引导和服务管理,对中小学生进行基础性实践教育等服务活动。这个阶段需要研学旅行导师能够了解教育学、心理学基础理论知识,能按模板进行课程设计;具备专业学科知识,能协助课程研发,并独立带队指导学生完成研学任务;具有团队合作和客户服务意识,具备一定的应急救护和风险应对知识。

根据初级阶段研学旅行导师的整体工作要求,下面具体说明其应具备的核心素养。

一、职业道德素养

良好的职业道德素养是每一个优秀研学旅行导师必备的素质,是研学旅行活动实施机构对员工最基本的规范和要求,同时也是每个研学旅行导师担负起自己的工作责任必备的素质。那么,初级阶段研学旅行导师应该具备以下良好的职业道德素养。

(一) 爱国主义意识

爱国主义是社会主义精神文明建设的重要内容。研学旅行导师在行业精神文明建设中起着重要作用。研学旅行导师在向学生提供研学旅行服务时,要自觉维护国家的利益和民族的尊严。研学旅行导师发扬爱国主义精神,首先表现在要热爱祖国,拥护中国共产党,拥护社会主义制度。在讲解和课程教学中,要通过向参加研学的学生介绍祖国社会主义建设所取得的辉煌成就,加深学生对中国特色社会主义制度的了解。其次表现在热爱祖国的悠久历史、灿烂文化和壮丽山河。在研学过程中,要满怀激情,通过生动的讲解和精准的教学,向学生介绍中国五千年的历史文化,并提醒学生在研学过程中爱护研学旅行基地(营地)的一草一木。

(二) 爱岗敬业精神

爱岗敬业精神是公民基本道德规范,是从个人行为层面对社会主义核心价值观基本理念的凝练,是公民必须恪守的基本道德准则,也是评价公民道德行为选择的基本价值标准。研学旅行导师作为教育行业的新型岗位存在,应该忠诚于人民教育事业,志存高远,勤恳敬业,甘为人梯,乐于奉献。对工作高度负责,认真备课上课,教育引导学生树立正确的世界观、人生观、价值观,不得敷衍塞责。

(三) 强大的责任心

研学旅行导师服务对象主要是中小学生,也就是还没有具备完全民事行为能力的未成年人,在各个方面的判断力是有限的。研学旅行过程大多是需要出行的户外行程,这就自然存在了一些安全风险。研学旅行导师作为实施研学旅行教育方案,指导学生开展各类体验活动的专业人员,一定需要有强大的责任心,对学生的安全、学习效果等负起责任,这是保证研学旅行活动得以实施的基本。

(四) 自律性

研学旅行导师与学校教师一样也应做到为人师表。坚守高尚情操,知荣明耻,严于律己,以身作则。衣着得体,语言规范,举止文明。关心集体,团结协作,尊重同事,尊重学生。作风正派,廉洁奉公。自觉抵制额外非正常收入,不得利用职务之便谋取私利。

二、知识素养

作为一名研学旅行导师,需要有与该职业相关的知识素养储备,从而能够支撑研学旅行活动的开展实施,初级阶段的研学旅行导师应具备以下知识素养。

(一) 学科知识

学科知识主要指学科的主要知识体系,包括教师对任教学科的基本认识和理解,也含有本学科的重要概念、原理、定理、公式等陈述性内容,具有专业性和唯一性。教师在授课前储备大量的系统性的学科知识,很大程度上解决了"教什么"的困惑。研学旅行导师的教育教学活动不像学校教学中学科分界十分清晰,但每一个研学课程都有侧重的学科分类。

所以学科知识是支撑研学旅行导师正常教学的核心知识素养。

(二) 教育知识

研学旅行导师要掌握教育学、心理学、教育心理学知识，运用相关理论和知识来开展教学活动。

(三) 心理学知识

研学旅行导师承担了一部分传统导游的工作，向学生提供的服务从一定的意义上来说包含心理服务，这种服务是以学生的心理需求为基础的有针对性的服务。如果研学旅行导师能够洞察和了解学生在不同阶段、不同场合下的心理需求，就能较好地提供令学生满意的服务。所以，研学旅行导师需要学习和掌握心理学相关知识，并能将其成功地运用于研学旅行服务实践中。

(四) 语言知识

语言是研学旅行服务的必备工具，是研学旅行导师进行课程教学和学生进行信息传递、文化交流及情感沟通的主要手段。因此，掌握语言知识是研学旅行导师做好研学旅行服务工作的重要基础。

(五) 政治、经济和社会知识

在研学旅行活动中，学生对研学目的地相关的政治、经济和社会问题比较感兴趣，常常就这类问题发问，听听研学旅行导师的意见。如果研学旅行导师对这类问题事先没有知识准备，就不可能给学生满意的答复。因此，研学旅行导师应了解国情，熟悉国家、地区的政治、经济体制及其改革发展方向，了解国家、地区的人口政策、环境保护政策、少数民族政策、宗教政策等。

(六) 政策法律与法规知识

研学旅行导师在研学旅行服务过程中遇到的许多问题，往往需要依据国家的法律、法规，特别是旅游业和教育方面的法律和规章来解决和处理。所以，为了使自己的言行符合法律法规和规章的要求，研学旅行导师必须努力学习和掌握有关知识。研学旅行导师掌握相关的法律法规知识，一方面有助于自己在研学旅行服务过程中自觉地遵纪守法，防范错误的发生；另一方面便于按照有关法律、法规正确地处理学生在研学旅行过程中发生的某些涉法问题。

三、能力素养

能力素养包含了工作能力、组织能力、决策能力、应变能力和创新能力等素养，是影响职业发展的一种智能要素，初级阶段的研学旅行导师应具备以下能力素养。

(一) 课程实施能力

"一支粉笔,两袖清风,三尺讲台,四季耕耘。"这是我们用来形容学校老师的经典语句,其中描述了教育存在的场所、手段和意义。研学旅行教育虽然在场所上和学校教育有所不同,但相同的是,课程实施能力也占据了研学旅行导师能力素养的核心地位。课程实施是教育教学中普遍使用的一种手段,也是研学旅行导师给学生传授知识和技能的重要核心过程,它主要包括教师讲解、学生问答、教学活动以及教学过程中使用的所有教具。

(二) 沟通合作能力

研学旅行导师不仅如学校教师一样承担着教书育人的职能,同时也如导游一样要承担和学生在研学过程中的沟通职能,以及与研学旅行基地(营地)同事之间的协调、合作的职能。良好的沟通能力,能拉进与学生之间的关系,增强家庭和学校之间、学校和研学旅行基地(营地)之间的合作和相互理解,建立融洽的合作型工作模式。这样才能让工作顺利开展,这也是研学旅行导师应具备的重要能力之一。

(三) 语言表达能力

研学旅行服务离不开研学旅行服务人员和学生间的信息沟通和文化交流,信息沟通和文化交流主要通过语言来表达,而语言表达既是研学旅行导师的基本功,又是一门艺术。它包括语音、语速、语调以及语言的准确性、生动性、逻辑性等。研学旅行服务使用的语言以口头语言和体态语言为主。前者要求语音清晰,语意清楚,语速适中,语言流畅;后者虽是一种辅助语言,但若与前者配合得恰到好处,可以起到更好的表情达意效果。语言表达能力的强弱对研学旅行服务的效果会产生直接影响。因此,研学旅行导师应加强语言知识的学习,并在实践中不断锻炼,以在语言表达能力上打下扎实的功底。

(四) 亲和力

《研学旅行服务规范》中提到,研学旅行活动应寓教于游,着力培养学生的综合素质能力。寓教于游要求研学旅行导师在开展教学活动时更具亲和力。而所谓的亲和力源于人与人之间的认同和尊重,很多时候,亲和力所表达的不是人与人之间的物理距离的远近,而是心灵上的通达与投合。真实的亲和力,以善良的情怀和博爱的心胸为依托,是一种发自内心的特殊禀赋和素养。所以若研学旅行导师具有亲和力,学生能够在心理上与这个教育教学活动靠得更近,投入和吸收得也将更多。

(五) 应变协调能力

在研学旅行活动中,无法避免某些始料不及的突发事件或紧急情况,如在途中遇到自然原因导致的山体坍塌、泥石流阻塞道路,交通事故,食物中毒,财物被盗等,都需要研学旅行导师具有应变能力即处理紧急问题的能力、保持头脑清醒处变不乱的能力、快速分析和理智判断的能力以及运用经验和智慧合情、合理、合法处理问题的能力。在整个研学旅行行程中,研学旅行导师充任着组织者和协调者的角色。每一次研学旅行活动,都离不开研学旅行导师的组织以及与住宿酒店、餐馆、基地(营地)、交通部门和旅行社司机等方面的协调。为使研学旅行活动的各个环节能够紧密衔接、研学旅行计划的内容顺利地实施,研学旅行导师必须具备较强的组织和协调能力。在组织各项活动时要有较强的针对性,并留有余地。在与有关接待单位协调时要讲究方式方法,争取他们的配合。

(六) 专业学习能力

初级阶段研学旅行导师在从事教育教学的过程中,主要是按照已有的成熟教学方案来实施,执行力大于创造力。这就要求研学旅行导师具备专业学习能力,能够更精准地吃透成熟的教学方案中各种设计,明确教学目标,找准重难点,组织教学语言,完成教学组织各环节。在从业初期,能够通过专业学习能力增强执行力。

(七) 安全知识与急救能力

初级阶段研学旅行导师在开展教育教学的活动时,在前期设计时必须要将预防意外事故的措施放到最重要的位置,强化安全意识,同时也要学习应对处理一般安全事故的知识和必备的实操技能。结合实施的场所做好应急安全相关预案。

任务实施

结合拓展阅读资料,分组进行资料搜集,分析针对高职研学旅行服务与管理专业学生,结合本地研学市场,制作初级阶段研学旅行导师核心素养雷达图(见图 3-1),体现出各项核心素养及其占比。表 3-1 所示为任务实施方案表。

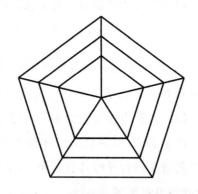

图 3-1　雷达图(可自行绘制)

表 3-1　任务实施方案表

活动目的	通过雷达图的绘制,理清初级阶段研学旅行导师应具备的核心素养
活动要求	实事求是;精准全面;小组合作

活动步骤	(1) 对本地研学市场的行业生态进行资料搜集； (2) 自我剖析自身已经具备的核心素养； (3) 小组各成员将收集的数据汇总后讨论共性，得出数据； (4) 根据数据绘制雷达图
活动评价	评价的第一个维度从是否包含了初级阶段研学旅行导师的职业道德素养、能力素养和知识素养三个大类的核心素养来进行；评价的第二个维度从是否结合了本地研学市场和学生个人实际情况来进行

任务二　中级阶段研学旅行导师的核心素养

某高校开设了一期面向研学机构的中级阶段研学旅行导师的专业培训，王教授是本次培训的授课讲师之一，他将要授课的主题是中级阶段研学旅行导师的核心素养。假设大家是王教授的教学助理，帮助他收集本次授课内容的前期资料，请大家列举资料收集的基础提纲。

明晰作为中级阶段研学旅行导师应具备哪些核心素养。

中级阶段研学旅行导师主要是研学旅行活动的策划控制岗位。一般指从事研学旅行导师4—6年，能够在履行初级职责的基础上，为中小学生提供针对性的安全管理、教学辅导，能够策划和管理中小学生研学旅行活动，掌握课程策划和设计等知识和技能。这个阶段的研学旅行导师有的负责研发方向的工作，也有的负责运营方向的工作，还有双向兼具的。这要求中级阶段研学旅行导师能够掌握教育与旅游相关理论知识，能够独立开发资源，完成某个系列的课程设计；精通课堂管理和学生管理各类技巧，能够独立完成500人以上团队课程运营管理；掌握项目组各方面的运营管理情况，能指导项目组成员开展合作、落地执行，使客户满意并能妥善应对可能的风险问题。

中级阶段研学旅行导师除了需要具备初级阶段研学旅行导师的核心素养以外，根据其工作内容的复杂性和全面性，还需具备以下核心素养。

一、职业道德素养

良好的职业道德素养是每一个优秀研学旅行导师必备的素质,是研学旅行活动实施机构对员工最基本的规范和要求,同时也是每个研学旅行导师担负起自己的工作责任必备的素质。中级阶段研学旅行导师应具备以下职业道德素养。

(一) 主动性

工作主动性是指职工根据一定的岗位要求和工作要求,在主体意识的积极支配下进行的活动。中级阶段研学旅行导师在机构中承担的是中层管理的职责,和初级阶段研学旅行导师需要高度的执行力不同,中级阶段研学旅行导师需要有较强的主动性,主动关注到工作中的一些细节,主动发现问题和解决问题,主动克服困难,勤于思考、善于总结,让自己在工作中有预见性,并能更及时准确地完成工作,做好团结协作,坚持工作创新。

(二) 忠诚度

中级阶段研学旅行导师已经了解和掌握了所在机构的相关核心研学线路设计理念、核心研学课程设计方案、相关合作机构的人脉资源以及机构内下属的情感依托等,换言之,也就是掌握了所在机构一部分的核心竞争力。因此,应该认可机构的文化、环境,相信机构将为其提供发展的机会和应得的物质回报,全身心地投入到工作中去,把个人的发展融入机构发展中去。

(三) 自信心

中级阶段研学旅行导师因在工作中负责研发和运营内容,在承担这部分工作的时候需要对自己的专业判断有足够的自信心,这样才能避免在工作中出现犹豫踟蹰、抉择困难、停滞不前、效率低下等问题。从心理学的角度来说,自信心对行为的心理作用效能程度从低到高可分为自我效能感、集体效能感、行为业绩感三个层次,其中低层次的信心被包含于高层次的信心之中。行为态度和行为信心在任务目标上的对立统一会形成个体的士气,或称之为积极主动性。因此,具有自信心对于工作更好地开展也有着至关重要的作用。

二、知识素养

作为一名中级研学旅行导师,需要有与该阶段职业发展相关的知识素养储备,从而能够支撑研学旅行活动的开展实施,中级阶段的研学旅行导师应具备以下知识素养。

(一) 历史文化知识

对于中级阶段研学旅行导师来说,课程研发就需要具备丰富的历史、地理、文化等背景知识。因为人文类研学旅行基地（营地）大多蕴含着丰富的文化内涵,具有其历史渊源,往往和一些历史典故、民间传说、名人逸事联系起来,自然类研学旅行基地（营地）大多与地理、物候、地质知识联系起来。中级阶段研学旅行导师要善于学习和积累诸如历史、地理、宗教、文学艺术、园林建筑等方面的知识,以便在课程研发的过程中能够更好地发现教学资源,做好跨学科知识链接,丰富研学课程的内涵。

（二）美学知识

研学旅行活动具有普通旅游活动的一些特质,本质上还是一种综合性的审美活动,学生外出研学旅行的一大目的是到异地从大自然、历史文化遗迹和民俗风情中领略美、感受美,满足审美的心理需求。中级阶段研学旅行导师只有掌握一定的美学知识,懂得什么是美,能认识和捕捉到研学旅行活动中的自然美、人文美,才能在研学课程研发和日常研学服务中把美的事物介绍给学生,使其在研学旅行活动中得到美的享受。

（三）旅行相关业务知识

在研学旅行活动中,由于需要带领学生外出,中级阶段研学旅行导师在进行研学旅行活动运营的时候就需要考虑到旅行相关的业务知识。除了带领学生参与研学课程外,还要安排好学生的交通、食宿等旅行生活事宜,并维护学生的安全。为此,中级阶段研学旅行导师应熟悉相关旅游服务的规程并掌握相关知识,如饭店、景区知识,民航票务、出入境手续的办理,航空行李托运,铁路交通运输等方面的知识,以及必要的卫生防病知识、货币知识、保险知识、安全救护知识等。懂得这些方面的知识,才能在研学线路设计和整体项目运营时更顺利地进行。

三、能力素养

能力素养包含了工作能力、组织能力、决策能力、应变能力和创新能力等素养,它是影响职业发展的一种智能要素,中级阶段的研学旅行导师应具备以下能力素养。

（一）教学研究能力

教育研究能力指教师对教育教学进行理论性分析和实践探索,以获得对教育教学更深层次理解的能力,是教师能否胜任教育教学的重要标志,是教师专业素养的重要体现。中级阶段研学旅行导师承担着研学课程研发工作,需要具备独立开发资源,完成某个系列课程设计的能力,且在某些时候还需要承担初级阶段研学旅行导师的培训工作,那么如何结合研学旅行基地（营地）的实际情况设计相关课程,如何针对不同年龄阶段参与研学旅行的学生设计适应性更强的课程,如何使教学目标更好地达成等问题都是需要依托教学研究能力来解决的,因此教学研究能力就成为中级阶段研学旅行导师核心能力素养。

(二) 系统思考能力

系统思考是解决复杂问题的工具、技术和方法的集合,是一套适当的、用来理解复杂系统及其相关性的工具包,同时也是促使我们协同工作的行动框架。中级阶段研学旅行导师需要承担团队课程运营管理,掌握项目组各方面的运营管理,能培养指导项目组成员合作和执行,那么这就要求其必须能有系统思考能力,也就是我们常说的要有大局意识,要从宏观角度来解决众多复杂的问题。

(三) 卓越讲解能力

作为研学课程实施的直接推动者,研学旅行导师除了应掌握扎实的教育、教学知识以外,也应该具备相关的导游讲解技巧。通过专业的讲解,告诉学生有关研学旅行基地(营地)的文化背景、趣闻轶事,这些可以有效地提升学生的兴趣度,满足学生的诉求。合理的讲解,一方面,可以交代研学旅行基地(营地)的有关文化信息情况,提升游览的趣味性;另一方面,可以指导学生更为安全、方便地展开研学旅行活动,保证活动开展的顺畅性。

(四) 归纳思维能力

古人云,吾日三省吾身。要想进步,归纳思维能力是非常重要的。归纳思维,就是在工作观察的基础上,从成功和失败的经验教训中,寻求出战胜工作难题的规律,从中借鉴和发扬好的方法,而对于自己的一些缺点和不足及时改正。每做完一件事情,每攻克一道难题,都要仔细回想自己战胜逆境的过程,总结经验,进而为下一次遇到困难提供经验上的支持。如果能及时归纳总结自己的知识系统、掌握知识联系、明晰知识规律,就有助于更好地构建自己的"知识体系"。通过归纳总结加强记忆和加深理解,有利于把知识转化为能力,为未来更好地工作打下长久的基础。

(五) 督导能力

中级阶段研学旅行导师完成的课程设计,主要是依靠一线的初级阶段研学旅行导师去实施,那么这就意味着研学课程设计中的教学目标是否达成除了跟课程设计相关以外,与实际的践行者即初级阶段研学旅行导师息息相关,而初级阶段研学旅行导师多为刚进入行业不久,实践经验不够丰富的新人,这就要求中级研学旅行导师能够具备督导能力。督导,顾名思义,就是监督与指导,也就是在初级阶段研学旅行导师工作过程中进行有效监督,针对工作中出现的一些问题要进行指导,帮助其改正优化,更加有效地完成研学旅行服务。

(六) 创新应变能力

现阶段可以说是我国研学旅行行业高速发展的阶段,众多新型研学旅行基地(营地)如雨后春笋般增长,也有许多传统的旅游景区转型加入研学中来,这就导致会出现很多同质化的基地(营地)。以湖北宜昌为例,由于宜昌众多地方产茶,以茶文化为主体的研学基地分布于宜昌的各个县市区,那么如何能在众多同质化的竞争对象中脱颖而出,这就要求负责课程研发和运营的中级阶段研学旅行导师能够具备创新应变的能力,找到自己基地(营地)的特色。同时也要根据不同时期政治、经济、社会、文化发展形势的变化及时出台应变措施,使客户满意,并能妥善应对可能的风险问题。

任务实施

小旻是本地一名已经工作了一年的初级阶段研学旅行导师,他想给自己制定一个五年职业规划,希望自己五年以后能成长为一名可以独立进行研学课程研发和运营的研学旅行导师,请大家帮助他一起来完成这份职业规划,主要从五年内需要逐步提升哪些核心素养着手。表 3-2 所示为任务实施方案表。

表 3-2　任务实施方案表

活动目的	结合拓展阅读资料,通过侧重与核心素养的职业规划制定,理清中级阶段研学旅行导师应具备哪些核心素养
活动要求	实事求是;精准全面;小组合作
活动步骤	(1)阅读课本明晰中级阶段研学旅行导师应具备哪些核心素养; (2)归纳总结已经工作了一年的初级阶段研学旅行导师已经具备有哪些核心素养; (3)小组各成员将收集的数据汇总后商讨出共性,得出数据; (4)根据数据制定职业规划
活动评价	评价的第一个维度从是否包含了中级阶段研学旅行导师的职业道德素养、能力素养和知识素养三个大类的核心素养来进行;评价的第二个维度从是否结合了初级阶段研学旅行导师已具备的核心素养和本地实际情况来进行

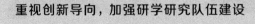

重视创新导向,加强研学研究队伍建设

 **拓展阅读**

优秀研学导师素质核心考点，记下来！

 ## 任务三　高级阶段研学旅行导师的核心素养

 任务引入

小云是一名从普通一线教师转行成长起来的研学旅行管理人员，刚上任的她遇到了一个烦心的事儿，旅行社让她牵头进行新课程的研发和团队的组建，但是小云认为自己只用负责教育教学的事情，团队组建的事情应该是旅行社的领导来承担和考虑。你认为她的想法正确吗？为什么？

 任务剖析

试分析高级阶段研学旅行导师应具备哪些核心素养。

高级阶段研学旅行导师主要是研学旅行活动运营的管理岗位，一般从事研学旅行导师6年以上，其主要职责是能够在履行中级职责的基础上，掌握中小学生的身心发展特点与培养方法，掌握安全机制、教学指导、运营管理的知识和技能素养，能对低级别研学旅行导师进行培训、指导。高级阶段研学旅行导师不仅能进行能结合学生的心理、生理特点针对性的开发课程和研究设计，更要具有良好的团队领导、建设能力，能大幅度提升团队的综合素质和能力，在真正地打造具有本地地域特色、优质精品课程的同时，加强培养他人的能力；同时对个人的控场能力、关注细节能力、全局统筹意识都有着一定的要求。

高级阶段研学旅行导师除了需要具备初、中级阶段研学旅行导师的核心素养以外，根据其工作内容的宏观性和统筹性，还需具备以下核心素养。

一、职业道德素养

良好的职业道德素养是每一个优秀研学旅行导师必备的素质，是研学旅行活动实施机构对员工最基本的规范和要求,同时也是每个研学旅行导师担负起自己的工作责任必备的素质。高级阶段研学旅行导师应具备以下职业道德素养。

(一) 诚信意识

高级阶段研学旅行导师作为研学旅行导师的最高等级,诚信是必须践行的职业素养。诚信是中华民族的传统美德。在认识、改造自然和社会的活动中,尊重客观事实,信守承诺。工作中出现的问题必须通过同学生、家长、教师进行有效的沟通和交流才能够解决,而诚信作为沟通的桥梁,是真正展现研学旅行导师职业道德素质的核心。只有通过自身示范带头作用影响周围的人,才能够让人人都以诚信原则要求和约束自己。

(二) 乐于奉献

高级阶段研学旅行导师是老师的一种新型形式,不仅要具备对待青少年群体的关爱之心和对其进行教育教学的耐心,更是要有乐于奉献的一颗赤子之心。教育是立国之本、强国之基。国家的强盛兴旺离不开教育——国运兴衰,系于教育;教育大计,教师为本。教师这一特殊群体,以培养人的根本目的区别于其他职业,肩负着为国家培养高素质人才的重任。

二、知识素养

高级阶段研学旅行导师,与初级和中级阶段所需要具备的知识素养储备已经有了很大的区别,为了能够更好地支撑研学旅行活动的开发策划,高级阶段的研学旅行导师应具备以下知识素养。

(一) 经济成本意识

高级阶段研学旅行导师在解决课程建设、团队组建、人手分配等问题时必须要构建经济成本意识。经济成本意识指节约成本与控制成本的观念,是"节省成本的观念,并了解成本管理的执行结果"。控制成本,可以有效地将成本控制在一定范围内,从而达到企业或个人的利益最大化。强调成本意识,并不是对各种成本不加区别地一概压缩,而是要牢固树立效率和效益观念,尽力降低成本、节约资源、减少浪费,进而提高工作质量,实现科学发展,能够在有限的资源中创造出最大的经济价值。

(二) 客户意识

高级阶段研学旅行导师的工作性质决定了我们就是全心全意为学生服务,决定我们的服务必须包含对客户服务至上的理念(根据企业中的规范叫法,此处对象统称为客户)。其同样要求高级阶段研学旅行导师应该具有服务前主动完成教学任务设计的态度、服务中为客户考虑的意识、热情周到的服务、服务后良好完成教学评价和问卷调查的意识。客户服务意识必须植根于思想认识中,只有提高了对客户服务的认识,增强了客户服务的意识,激发起人在客户服务过程中的主观能动性,搞好客户服务才有思想基础。

(三) 全局观念

全局观念是指一切从系统整体及其全过程出发的思想和准则,是调节系统内部个人和组织、组织和组织、上级和下级、局部和整体之间关系的行为规范。具有全局观念的人会从组织整体和长期的角度,进行考虑决策、开展工作,保证企业健康发展。高级阶段研学旅行导师要具备通盘考虑的全局观念来引领教育教学工作的设计、实施、评价。所谓全局,是事物诸要素相互联系、相互作用的发展过程。从空间上说具有广延性,是指关于整体的问题;从时间上说具有延续性,是指关于未来的问题。

(四) 风险防范意识

风险防范是指某一行动有多种可能的结果,而且事先估计到采取某种行动可能导致的结果以及每种结果出现的可能性,但行动的真正结果不能事先知道。高级阶段研学旅行导师所存在风险主要指地区的自然灾害的发生、交通行程中的安全问题、课程实施中学生可能会出现的意外伤害等一切难以预估的事件。而风险防范是有目的、有意识地通过计划、组织、控制和检查等活动来阻止防范风险损失的发生,削弱损失发生的影响程度,以获取最大利益。所以在实际工作中要提前做好风险预判,建立安全应急小组,购买医疗救护设备等。

三、能力素养

能力素养包含了工作能力、组织能力、决策能力、应变能力和创新能力等素养,是影响职业发展的一种智能要素,高级阶段的研学旅行导师应具备以下能力素养。

(一) 团队领导能力

领导力是领导者获得被领导者追随的能力,或影响人们的心理与行为,使人们心甘情愿地跟着他实现目标的能力。团队领导力是指担任团队或其他群体的领导者角色的意图,含有想要领导他人的意思。高级阶段研学旅行导师在进行课程团队组建后,需要承担起创新课程的研发和设计,并着力于大幅度提升团队的知名度和基地(营地)的美誉度。这就意味着,作为团队的领头羊,必须要具备一定的团队领导能力,引领其团队不断成长和提升,快速朝着同一目标而不断努力,达到由量变到质变的有效转变。

(二) 情绪管理能力

高级阶段研学旅行导师在完成团队组建后,在领导的过程中可能会在课程设计、团队管理、组织协调等实际问题方面出现不可预知的困难和情况,如若因为情绪的波动问题处理不当,必然会引起团队不和谐,甚至会导致团队的分崩离析。如何处理好事件发生的情绪管理,是至关重要的。作为管理者,高级阶段研学旅行导师必须很好地控制自己的情绪,特别是那些负面的情绪,如失落、愤怒、大喜、大悲等,这些负面情绪是影响自身能力发挥、击倒团队士气的杀伤性武器,同时团队也会大概率被这些情绪所牵引且做出不当的行为,所以一定要强调情绪管理能力的锻炼。

(三) 识人用人能力

一个能创造成绩的研学旅行服务团队必然是结合了每个成员的特长,发挥他们的优势。作为团队中的领导核心,高级阶段研学旅行导师必须要尊重每个成员,真诚对待他们。要为每个成员提供发挥其特长能力的机会,人尽其能。要有识人能力、量才而用。团队中谁是课程设计小组成员、谁负责统一协调、谁进行后勤保障服务、谁来进行课程教学对接等等,这些都是我们要思考的问题。有效利用每个人的能力特点,才能创造最大的经济价值。

(四) 信息捕捉能力

当今社会是知识爆炸、信息无限的时代,无论从事什么工作都需要掌握一定量的信息支撑。善于捕捉信息又善于归纳总结,这既是一种能力体现,也是一种极好的观察社会的习惯。作为高级阶段研学旅行导师,在团队的运行过程中,要强调对行业前沿消息、国家政策法规的超强信息捕捉力,能够带领团队走对路,定好航标。

(五) 目标管理能力

"目标管理"一词由美国管理学家德鲁克于20世纪50年代提出,被称为"管理中的管理"。一方面强调完成目标,实现工作成果;另一方面重视人的作用,强调员工自主参与目标的制定、实施、控制、检查和评价。研学旅行服务归根到底是服务行业,服务行业一个突出的特点就是异质性,服务对象总是不尽相同的,那么高级阶段研学旅行导师在管理下属时不应采用固化的管理方法,需要有目标管理能力,明确以服务为导向、以学生为中心的服务文化。

任务实施

知识问答竞赛设计。结合三个阶段不同的研学旅行导师具备的核心素养,设置竞赛设计并完成竞赛活动。表3-3所示为任务实施方案表。

表3-3 任务实施方案表

活动目的	集合拓展阅读资料,通过侧重与核心素养的职业规划制定,理清初、中、高三个阶段研学旅行导师具备的核心素养,同时形成等级目标递增的思维
活动要求	复习前知;精准全面;小组合作

续表

活动步骤	（1）阅读课本明晰高级阶段研学旅行导师应具备哪些核心素养； （2）复习课本中初级阶段、中级阶段研学旅行导师核心素养的要素； （3）分小组制定快问快答题干设置，各组交叉担任主考，另外小组完成比赛挑战
活动评价	结合学生自评、小组互评、教师总结的方式有效获得知识点

 拓展阅读

研学旅行，助力教育脱贫攻坚！

 拓展阅读

2021年了，研学旅行导师角色将迎来十大转变，再不跟上你就 OUT 了！

 项目小结

本项目从研学旅行导师初级、中级、高级三个不同阶段来进行研学旅行导师核心素养的剖析，旨在通过课程内容的不断深入，让学生逐步了解和掌握研学旅行导师实际工作中需要具备的职业素养、能力要求和知识储备，有效地进行整体把握。这对学生获得基本职业理解、树立良好职业规划、形成自我导向意识有着重要的意义。

 项目训练

紧贴行业实务岗位训练　融通 1+X 职业技能等级证书考题

项目四　研学旅行导师的岗位职责

 项目目标

职业知识目标
1. 明确中小学校研学旅行导师的岗位职责。
2. 明确基地(营地)研学旅行导师的岗位职责。
3. 明确旅行社研学旅行导师的岗位职责。

职业能力目标
1. 中小学校研学旅行导师、基地(营地)研学旅行导师和旅行社研学旅行导师在研学旅行中各自担负的岗位职责。
2. 三类研学旅行导师在准备阶段、实施阶段和总结阶段各自的工作重点。
3. 三类研学旅行导师在研学旅行中如何做到团结协助。

职业素养目标
研学旅行不仅是旅游活动,更是教育教学活动,培养三类研学旅行导师愿意履行研学旅行导师的岗位职责、团结协作共同达成综合实践育人效果的职业品质,并据此来提升职业素养。

知识框架

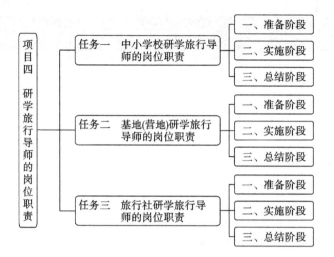

 教学重点

1. 中小学校研学旅行导师的岗位职责。
2. 基地(营地)研学旅行导师的岗位职责。
3. 旅行社研学旅行导师的岗位职责。

 教学难点

中小学校研学旅行导师　基地(营地)研学旅行导师　旅行社研学旅行导师

 项目导入

　　《研学旅行服务规范》规定每个研学旅行团队至少应配置一名研学旅行导师。研学旅行导师是在研学旅行过程中,具体制定或实施研学旅行教育方案,指导学生开展各类体验活动的专业人员,负责制定研学旅行教育工作计划,在带队老师、导游人员等工作人员的配合下提供研学旅行教育。研学旅行导师是随着研学旅行行业兴起的一种新兴的职业。随着市场的迅速发展,必然需要大量的专业人才。目前市场的研学旅行导师一般是老师转型、旅游从业人员转型。

　　中国教育学会名誉会长、北京师范大学资深教授顾明远认为:"学习中如果没有教师的话,那只能说是自学,不是教育。"研学旅行是校外教育活动,而教育是要影响中小学生身心发展的。也就是说,中小学生在全面发展过程中,成长过程中,需要研学旅行导师引导、纠偏、教育。

在实际研学活动过程中,一些组团研学机构怕得罪家长,得罪学校,无底线袒护孩子,掩盖孩子不好的行为方式和习惯,对诸如"不系安全带、吃雪糕、路边摊、乱扔垃圾、破坏文物"等行为视而不见,甚至指责那些纠正孩子错误行为的研学旅行导师。类似这种现象在亲子研学活动中更加普遍,如纵容孩子不参加集体活动,代替孩子去参加一些活动等。

当下的研学旅行导师大多停留在生活老师或服务员角色,带领学生玩好,在生活上提供帮助,但在学科相关知识方面帮助极小。顾客是上帝,但研学旅行导师不是服务员,而是教育工作者,对于孩子不合适的行为需要及时纠正。孩子需要爱,更需要合适的教育,教育的底线不能逾越。现在一些学校、家长更多关注学生吃得好不好、学得累不累,较少关注他们的收获、成长和突破。

任务一 中小学校研学旅行导师的岗位职责

A 中学"研学旅行"活动动员大会

——探寻千年文化,传承民族精神

为深入推进基础教育综合改革,让学生走出校园去认知社会、接触自然、体验益智增能的实践活动,培养学生的社会责任感、创新精神和实践能力,全面提升学生的综合素质。××年××月××日,A 中学召开了七年级研学旅行动员会,学校校长、副校长、德育处主任、研学全程负责人、全部学生及家长参加了会议。

研学旅行活动动员会由德育处主任主持,校长首先做了动员讲话。校长从研学旅行的目的、组织形式、活动内容等方面对研学旅行活动进行了介绍。

校长强调,研学旅行是研究性学习和旅游相结合的、一种新兴的、能够拓宽学生视野的学习活动。研学旅行从 2012 年就已在全国各地开展。今年,A 中学得到研学旅行经费,并且在七年级中挑选德学兼优的 60 名学生赴古都安阳参加为期三天的研学旅行活动。

校长指出,研学旅行不是旅游,真正的研学,是有组织、有目的、有课程、有计划、有方案、有收获的一种行走的学习,将学生在课堂上学的知识转化到大自然中、转化到历史文化积淀中的一种学习。这次研学的目标是让学生走出校园、走出课堂,开拓视野,培训孩子们的文化自信、爱国情怀和自立自强的能力。学校希望通过对安阳古都的探寻,让学生了解文字起源,比如殷墟甲骨文字。通过周易文化、精忠报国的岳飞庙宇、当代人精神史诗般的人工天河"红旗渠",让学生亲近并融入大自然,培养其爱国情怀。

接着,此次研学旅行的负责人王教官从八个方面对全体学生做了"研学"实践安全教育:听从指导、谨防意外、交通安全、住宿卫生、饮食安全、参观安全、安心研学、遇事不慌。

最后德育处主任，再次强调此次研学的纪律。

　　A中学这次研学活动，由校长亲自带队，他将与学生同吃、同住、同学，"读万卷书，行万里路""探寻千年文化，传承民族精神"，祝愿同学们在此次研学活动中，研有所获、学有所获，终生难忘。

　　中小学生研学旅行是由教育部门和学校有计划地组织安排，通过集体旅行、集中食宿方式开展的研究性学习和旅行体验相结合的校外教育活动。在以上案例中，A学校校长、副校长和德育处主任，全部出席研学旅行动员大会，校长亲自带队研学旅行，这充分说明学校对此项活动的高度重视。通过本任务的学习，我们将明确中小学校研学旅行导师在研学教育和服务中的职责，以及研学旅行活动中的具体流程和步骤。

一、准备阶段

（一）制定或者熟悉研学旅行课程教学方案

　　中小学校研学旅行导师是由研学主办方（中小学校）自己的教师通过培训取得证书上岗，代表中小学校实施研学旅行综合实践活动教学方案，并提供专业指导和教育服务的教师。

　　目前，由我国中小学校研学旅行导师独立制定的研学旅行课程方案比较少见，一般是由专业研学机构或者研学旅行社制定的。《关于推进中小学生研学旅行的意见》中就提到，中小学要结合学校及当地实际，把研学旅行纳入中小学教育教学计划，与综合实践活动课程统筹考虑，促进研学旅行和中小学校本课程有机融合，要精心设计研学旅行活动课程。研学旅行活动课程针对小学、初中和高中不同学段的学生，将语文、数学、品德、自然、科学、政治和历史等中小学课程知识点作为基础，使中小学各年级学生的课本知识，在校外综合实践中得到理解和提升。学生通过动手、动口、动脑等实践活动，积累丰富的直接经验，真正学有所获。运筹帷幄之中，决胜千里之外。中小学研学旅行导师在活动前必须要做好充分的准备工作。

　　中小学校研学旅行导师根据不同的课程类别，需了解研学旅行课程的具体时间地点，如每天的行程安排和活动的先后顺序；提前备课，分析本次研学旅行活动课程的教育主题和自己承担的角色；具体分析研究研学旅行活动的教学目标，包括学生要获取的知识目标、发现解决问题的能力目标和情感态度及价值观目标。中小学校研学旅行导师通过充分的备课，才可以做好即将开始的研学旅行行前动员，指导和教育学生如何更好地完成课程教育目标，才可以在研学旅行课程结束之后，根据每一个学生的表现进行评价打分。

(二) 同旅行社、基地(营地)研学旅行导师沟通协调

中小学一般会提前组建学校层面的研学旅行教师师资团队,首先依据总人数配备至少一名学校领导担任的领队(可以兼任中小学校研学旅行导师);学生划分研学课程小组后,每个小组应该配有一名研学旅行导师,他们和旅行社研学旅行导师、基地(营地)研学旅行导师共同组成研学旅行导师师资团队;建立管理体制,在研学旅行过程中做好分工协作,共同配合完成研学旅行综合实践课程教育教学目标。所以,中小学校研学旅行导师必须及时建立好沟通联系渠道,通过熟悉各方面研学旅行导师和相关人员,进而明确他们的工作职责,为研学旅行过程中的监督提供便利条件。中小学校研学旅行导师要做到同旅行社研学旅行导师、基地(营地)研学旅行导师保持良好顺畅的沟通,通过建立研学旅行师资团队合作交流群,随时对本次研学旅行教育事项进行沟通和讨论。

研学旅行导师师资团队(中小学校研学旅行导师、旅行社研学旅行导师和基地(营地)研学旅行导师)以及安全员等人员,必须符合国家关于研学旅行从业人员要求的相关标准,必须符合本次研学旅行合同和双方合作协议。所以,中小学校研学旅行导师必须做好成员资质证件、旅行社和基地(营地)的接待资质等证件再次检查工作;在研学旅行活动过程中,还要督导旅行社研学旅行导师严格按招标协议进行行程安排,督导基地(营地)研学旅行导师严格按照课程方案进行研学指导。中小学校研学旅行导师应在研学出发当天,提前到集合地点,检查预定的研学出行车辆,主要检查车辆是否有运营资质、车辆座位数是否符合需求及车辆的安全性。

(三) 做好同学生家长的沟通协调事务

学生外出研学旅行的安全,是家长们最担心的问题。校方必须准备好"致家长的一封信",这封信是校方向家长发出的一封沟通信,让家长了解中小学开展研学旅行的重要价值,明确本次研学旅行的具体时间、地点和流程安排,并询问家长是否同意自己的孩子参加研学综合实践课程。尤其要给家长明确以下要点:学生和家长要了解中小学的本次研学课程方案的教学目标,认真学习下发的学生研学手册,让家长和学校共同教育孩子,对本次课程做好充分的心理准备和知识准备;明确整个行程中的安全注意事项和细节,要求学生全程服从管理,遵守研学旅行的纪律要求;要求家长和学生提前准备好学生学习用品和身份证、学生证、常备药品等。如果要住宿,还要准备好换洗的衣服和洗漱用具;告知家长为学生购买的保险等等。

在研学旅行过程中,要做到通过直播视频、建立聊天交流群等方式,随时保持家长和学校之间的通畅沟通。让家长参与进来,对学生的表现有所了解,对学生的安全放心。

(四) 做好研学旅行出发前课程宣讲

中小学校研学旅行导师一般采取专题讲座等形式进行行前课,会分年级对学生进行行前课宣讲和动员。如果是第一次进行研学旅行学习的学生,中小学校研学旅行导师要介绍国家《中长期教育改革和发展规划纲要(2010—2020)》和《关于推进中小学生研学旅行的意

见》的文件精神,让学生认识到研学旅行是把教室搬到室外,在更广阔的空间进行学习,利用课程的形式,通过学生自己动手,与同伴合作达成学习知识和生活技能的目标;研学旅行不是老师带着班级学生出去玩,而是在更广阔的空间获取知识、增长见识的一种重要的方式,让学生在活动开始前做好充分心理准备。

中小学校研学旅行导师在进行研学实践课程行前专题讲座时,要讲解清楚本次研学课程设置的出发点,课程开设的意义和课程教学的教学目标,让学生明确知道本次行程中应该学习的关键知识点和环节,自己要上交给导师什么作业等。初中和高中等高年级学生要明确本次研究性学习的专题、目标、具体行程计划、研究性学习报告撰写的规范等。对小学低年级的学生的要求可以降低,让他们重点掌握学到的知识和技能,了解学到知识和技能的大概过程即可。

无论是去哪种场景进行研学旅行课程学习,学生都要做到文明出行和行为规范。中小学校研学旅行导师要针对本次行程包含的各个研学基地(营地),从交通工具、入场、参观游览全程、用餐以及人际交往等方面宣讲文明旅行行为规范。

学生们外出研学旅行,都是处于好奇和兴奋的状态,但是,从出发到返回学校全程的安全事项,是中小学校研学旅行导师必须时时讲、处处讲的。中小学校研学旅行导师在行前课中要强调个人财物的安全注意事项、交通工具的安全注意事项、住宿的安全注意事项、用餐的安全注意事项、户外活动的安全注意事项等,还要让学生明确自然灾害等突发的紧急事件基本的应对措施。

(五) 做好班级学生研学分组的组织管理

按照惯例,一个班级至少要有一名中小学校研学旅行导师,一个班级坐一辆大巴车。现实运行中,一个研学旅行基地(营地)往往有多个主题研学课程,中小学校研学旅行导师要组织学生,根据其兴趣爱好进行自主选择,组织建立互相帮助、团结协作和共同学习的研学小组。在一个班级中,每10名学生设置一个研学小组。每个研学小组要设置一名学生小组长,小组长由熟悉学生情况的中小学校研学旅行导师精心挑选,小组长会在后续的研学课程授课、交通出行、住宿管理和用餐管理等环节,协助研学旅行师资团队,发挥重要的作用。中小学校研学旅行导师应当引导学生在内部建立管理体制,例如设立小组长、记分员、记录员等职位,让全体小组同学都能够展示自己,锻炼自己。这种组织管理方式,为研学旅行实践课程达成教育教学目标,实行综合育人,提高学生综合素质打好了基础。中小学校研学旅行导师接着依据研学小组分组名单,做好乘坐车辆的班级方案,包括出发时间、集合地点等关键点,为出发做好准备。

二、实施阶段

中小学的每一次研学旅行教学过程,应该和学校、旅行社等方面签订的研学旅行服务合同相符合对应；中小学校研学旅行导师和旅行社研学旅行导师以及基地（营地）研学旅行导师，都应该熟知自己相对明确的工作职责和分工。旅行社研学旅行导师主要负责全程研学旅行实践活动；基地（营地）研学旅行导师主要负责本基地（营地）的主打课程的授课；中小学校研学旅行导师主要负责本班级学生的教学组织和管理，代表学校，对照研学旅行课程教学方案进行全程的监督和指导。

（一）做好班级学生出发管理工作

中小学校研学旅行导师做好准备工作，各班级学生在规定的时间点到达学校后，中小学校研学旅行导师还有一系列具体事项要督导和组织落实。出发当天，必须要比学生提前半小时抵达学校规定的集合地点。各班级研学旅行导师要根据出行学生名单迅速清点人数。为避免出现人数清点错误，一般的做法是清点完一个就让该学生转移到指定区域。

中小学校研学旅行导师核对清点班级学生人数后，要立即同旅行社研学旅行导师交接和沟通。同时，组织学生按照乘坐车辆的具体方案有序乘车，不得拥挤混乱。上车后，中小学校研学旅行导师和旅行社研学旅行导师必须再一次清点人数，帮助学生放好行李，逐一检查学生的安全带是否系好，并强调乘车注意事项。

在现实情况中，会出现学生临时请假、学生受伤等突发性情况，中小学校研学旅行导师也要做到心中有数，做好记录。在到达目的地前的路途之中，中小学校研学旅行导师还要再次检查话筒、车载电视等附属设施设备，是否可以正常使用，如果有问题要及时反馈。注重行程过程安全。例如，要向学生强调不能将脑袋和手伸出窗外，不朝车辆外乱丢废弃物等。一个有经验的规范驾驶的司机，是整车师生的安全保证，所以中小学校研学旅行导师要督导司机开车前不得饮酒，行程中不得擅自改变行程路线等，谨防出现有可能影响安全和正常驾驶的行为。

（二）做好学生研学旅行过程教育和引导

无论是学生在基地（营地）学习课程，还是学生在交通、住宿和饮食过程中，中小学校研学旅行导师都要始终做好全程的学生活动的秩序维持和纪律管理。由于学生们在研学旅行基地（营地）学习课程时都非常兴奋，整个班级甚至全体研学学生都会出现叽叽喳喳、嬉戏打闹的不易控制的场面。这时候，有经验的中小学校研学旅行导师会采取多种灵活的方式维持纪律。例如朝着调皮的学生看一眼或者轻微点头，或轻轻拍拍肩膀，或站在他身旁略为停留，一个姿势或者手势的出现都很有效果，既不会损伤调皮学生的自尊心，使得学生有所收敛，更不会影响基地（营地）授课导师的课堂。在现实情况中，基地（营地）的课程授课老师往往不是中小学的教师，相对缺乏学生管理经验。所以，中小学校研学旅行导师队伍中必须包括具有丰富学校育人经验的教育工作者。

基地（营地）研学旅行课程是综合实践课程，是典型的体验式学习课程。学生在做中学也在学中做,通过动手、动口、动脑等实践活动获得直接经验。中小学校研学旅行导师应该多思考如何去引导学生,在研学旅行中进行自主体验和探究性学习。例如,中小学校研学旅行导师要求学生小组中的每位同学,都要对课程内容提出一个问题,并对组员提出的问题发表自己的想法。这样就可以引导学生讨论,培养学生的自主思考学习习惯。

如某学校高二学生的中小学校研学旅行导师,在校期间就鼓励和引导学生以兴趣为前提,自由组成研学小组确立研究课题,鼓励同学们采用开题报告的方式来分析问题。这样,在进行研学旅行课程之前,高二学生们就有了明确的研究问题,学生自主通过网络、书籍等查阅资料,在研学过程中,学生们要按照课题研究的计划与要求,真正投入到课题研究之中。对于初中学生,中小学校研学旅行导师要督促他们在研学旅行中每天晚上进行学习内容记录。研学小组如何去写本小组课题报告,中小学校研学旅行导师只在旁边做引导,而不会去做具体的辅导。研学完成后,中小学校研学旅行导师组织同学们在班级或者学校进行课题研究汇报交流。

三、总结阶段

长达几天的研学旅行活动结束后,就进入了中小学校研学旅行导师对本次活动的总结评价阶段。

(一) 进行返校后的总结评价工作

在校学习过程中,教师检验一个学生学习效果如何,就看这门课程期末的总评分。但是,一次研学旅行综合课程,中小学校研学旅行导师的评价包含了学生从集合出发开始到回到学校为止,评价学生的表现只能是多维度、多方面的定性的综合评价。不仅包括课程学习过程和学习成果的评价,还包括活动全过程中,学生在各个环节表现出的思想品德和个人素质。在校学习好的学生,不一定研学旅行综合表现就很优秀;平时学习成绩平平的学生也许会因在研学旅行中的综合表现优异而获得导师的赞扬和夸奖。

在研学课程活动过程中,中小学校研学旅行导师每天都要督导学生尤其是高年级学生填写研学手册,包括活动计划、活动记录和学习感想等,也要鼓励学生用手机辅助记录活动有关的图片和视频。返校统一进行总结评价时,中小学校研学旅行导师需要根据学生的年龄、年级、根据实际情况,选择一种或两种学生可以完成的形式进行成果总结展示,例如一个活动总结、一份调查报告、一个自己制作的手工作品、一个主题演讲、一个演示文稿展示等等。

作为具有教育教学背景知识的中小学校研学旅行导师,一定要摒弃分数论,也不能把对书本知识和技能的掌握,作为唯一评价标准。在研学旅行活动过程中,每个学生表现出来的性格、兴趣、情感等各种外在表现，都是各自不同、独一无二的。例如，某学生是否积极主动参与每一项实践活动，是否能够完成自己的任务，是否有比较强的时间观念，是否在参观中注意文明规范，是否在研学小组内分工协助，是否愿意同其他同学沟通和交流问题，是否力所能及地帮助别人，同学关系是否融洽等方面。所以，中小学校研学旅行导师要科学合理地对每一个学生做出评价，发现每一个孩子在校学习看不到的闪光点，调动起每一个学生参加研学旅行活动的乐趣，促进发展学生多方面的素质和能力。

通过多维度的综合评价，对研学基地（营地）课程表现总体优秀的同学给予综合表彰奖励；对于在帮助他人、文明素养、团队协作和奇思妙想方面表现突出的同学给予单项风采表彰。返校后的综合表彰和单项表彰，是对优秀榜样的肯定，能让研学旅行表现有亮点的孩子有更大的热情去学习实践，让表现不够突出的孩子对照榜样提升自己。

（二）反思总结促提升

研学旅行结束以后，中小学校研学旅行导师团队要多反思多研究，总结经验，吸取教训，深化巩固研学旅行成果，为学校的研学课程设计建言献策。例如进一步修订本学校、本年级的研学旅行课程体系，进一步修订未来的每一门研学课程；中小学校也要加强班主任等科任教师成为研学旅行导师的专业化培养，促使教师不断提升执教学科的知识水平；在教师专业教育技能的基础上，增加研学旅行基地（营地）和研学能力的学习，不断推进研学课程改进，开发出真正切合学校发展宗旨和特色、有利于学生综合发展的校园课程。

任务实施

某城市中心小学计划在春季学期举行一次研学活动。活动时间是一天，活动地点在本地某农业实践基地，研学对象是三年级学生，11个班级，每班50人左右。该小学准备根据学校课程，自行设计研学课程方案。表4-1所示为任务实施方案表。

表4-1 任务实施方案表

活动目的	结合拓展阅读资料，在情景模拟中掌握中小学校研学旅行导师的部分工作职责
活动要求	根据任务一的知识点，分小组讨论和研究，制作一份简易研学课程方案
活动步骤	（1）教师布置任务，并做出任务说明； （2）学生分小组讨论，按照小组提交讨论结果； （3）小组成果提交展示； （4）教师做点评
活动评价	通过情景模拟，结合学生自评、小组互评、教师总结的方式进一步掌握本任务知识点

新加坡中小学开展研学旅行的价值意蕴(节选部分)

任务二　基地(营地)研学旅行导师的岗位职责

小熊同学的日记：

今天，我校开展了研学活动，我有幸成为其中一员。这次的目的地是××县的综合实践学校，下面就让我来介绍一下这次的研学之旅吧！

到达目的地后，老师带领我们参观了校园。学校里有一棵与校园同龄的大榕树、一套生态化的水循环系统，还有许多体验项目，每位同学都有机会选择自己喜欢的项目体验，各种工具一应俱全。

我去做了干花画，在制作干花画的旁边有一个花棚，里面有各种奇花异草，漂亮极了！这个大棚可以在手机上管理，还分为好几个区域。终于我拿到了我的材料，动手开始作画了。我先在脑海中构造一幅草图，找好所需要的干花，剪成需要的形状，再用热熔胶粘在画上就完成了，这样的画既好看又有一股淡淡的花香。

我还为妈妈做了一把木梳，我拿到的是半成品，木梳的形状和梳齿已经完成，但最后一步打磨梳齿是最考验人的一步。由于没有磨好，我只好拿回家慢慢磨，希望妈妈能喜欢我的礼物。

最后，大家集合在一起去了综合实践学校的"红色"纪念馆参观，还有小小讲解员为我们讲解呢！小演员们为我们表演了话剧《田载重》，话剧讲述了一位共产党员不畏牺牲的高贵品质。

五点左右，我们开始返程了，同学们个个流连忘返，不过也不得不回去了。这次研学之旅真是让我大开眼界，还开拓了我的视野。我了解到了许多传统文化，收获真大啊！

任务剖析

以上是节选某市某小学六年级学生在某某综合实践学校的研学体会和心得。可见，经过基地(营地)研学旅行导师的课程授课,学生收获丰富。中小学学生接受综合实践教育的主战场就是在各种类型的研学基地和营地。景区、博物馆、纪念馆、名人故居等都可能成为研学基地(营地)。通过本任务的学习,我们将明确基地(营地)研学旅行导师在研学教育和服务中的职责,活动的具体流程和步骤。

研学基地是指具有至少一类特定的主题课程资源,适合中小学生前往开展研究性学习和实践活动的优质研学资源单位;研学营地是指具有承担一定规模中小学生研学实践教育的活动组织、课程和线路研发、集中接待、协调服务等功能,能够为广大中小学生开展研学实践活动提供集中食宿和交通等服务的单位,一般要能够至少同时接待1000名学生集中食宿。从以上的论述可以看出,基地和营地最大的区别是,营地可以接待大规模学生吃饭和住宿,但是基地没有这个条件;在承担实践教学任务方面,二者是没有区别的。基地(营地)研学旅行导师也就是指取得研学旅行导师证书,接受符合政府教育主管部门认定的研学实践教育基地(营地)的委托,代表基地(营地)实施研学旅行综合实践活动课程教学方案,并提供专业指导和教育服务的研学旅行导师。

一、准备阶段

基地(营地)研学旅行导师是学生在校外课堂授课重要执行者,承担了体验式学习、探究式学习等新型学习方式的授课,切实推进了校内课堂有机延伸。通常,一个学校都是全年级学生集体出动,在同一个基地(营地)进行学习和实践,所以基地(营地)研学旅行导师需要提前分工对接各自的班级,按照团队小组的形式进行全程教学和服务。

(一)提前熟悉和分析学校与学生基本情况

基地(营地)研学旅行导师需要清楚知晓接待的是什么学校、什么年龄段的学生。小学、初中、高中学生年龄段不同,小学低年级和高年级的认识水平和心理特征也有差异,总之不同年龄段的学生的身心发展阶段不一样、感兴趣的领域不一样、理解和探究学习能力也是不一样的。基地(营地)研学旅行导师不能图简单,眉毛胡子一把抓,不分年龄段,不针对具体学生的学情差异而采用一个模子的授课方案。所以,基地(营地)需要针对接待学校学生的实际情况,做好分析准备工作。

基地(营地)研学旅行导师要采取以下多种方式,来提前了解和分析研学学生情况。基地(营地)研学旅行导师同中小学校研学旅行导师沟通联络,就可以明确学校本次主要的研学目标,诸如学校位于哪里,具体是哪个年龄段的学生,有什么学习背景,班级学生总体状况等都可以掌握清楚。

在基地(营地)研学旅行导师参与校内行前课时,或者基地(营地)研学旅行导师具体接待讲授课程时,可以通过细心认真的观察、同学生现场的交流谈话,自己进一步熟悉不同班级学生的总体情况和特点。基地(营地)研学旅行导师不仅接待不同年龄段的学生,相同年龄段的学生又来自不同风格的班级群体。也就是说,具体到每个班级学生的学习状态、纪律、活跃性和参与度是不同的,学生已有经验和现有水平也不相同。国内一些优秀的基地(营地)还会设计网络调查问卷,收集资料进行整理和分析。这样就做到了对学生的基本情况和学习状态了如指掌,方便随后的教学和评价工作。

(二)撰写符合本次研学旅行主题的课程教案

一般来说,掌握清楚拟接待学生的基本情况后,具体执行授课任务的基地(营地)研学旅行导师就需要准备认真撰写教案。校内教师上好每一节课要做好充足的备课工作,写好教案提前准备;校外的基地(营地)研学旅行导师同样需要如此。撰写教案,让基地(营地)研学旅行导师了解本课程对应哪几门学校课程和关联知识点,例如语文、数学、品德、自然、科学、政治、历史、地理、生物、化学和物理等。进而明确每一次课程要让学生掌握的教学知识点,接着设置科学合理的教学目标,并进行教学环节以及各环节时长的精心设置。一份优秀的基地(营地)研学旅行导师的课程教案,为顺利有效地开展授课,达到学校研学课程方案教育目标奠定坚实基础。

基地(营地)研学旅行导师在撰写教案时,尤其需要注意如下方面。基地(营地)研学旅行导师需要熟悉课程对应的中小学各学科的知识结构,依照研学课程主题,选择课程需要研究的知识点,符合总体方案的教育目标,需谨记的是不允许出现知识性错误。基地(营地)研学旅行导师的探索活动设计,一定要立意高远,引导学生多维度全面发展,以学生为本,自主、合作、探究式的研学活动是活动设计的重点。基地(营地)研学旅行导师怎么指导、怎么参与、怎么组织活动、怎么进行小组点评等都用文字的形式记录下来。教案要具体设计如何发挥学生主观能动性,去主动实践和探索导师提出的问题或者布置的观察、操作、实验的任务;让学生在导师的启发引导下,通过自己的动手实践,来进一步验证学校课堂上所灌输的课本知识,培养学生的发散思维和创新意识,在实践中发现快乐。此外,教案中必须关注引导学生之间团结合作、小组探究性学习等素质教育,引导学生树立团队意识,培养团队品质,锻炼小组成员的交往能力。最后,计划赶不上变化,基地(营地)研学旅行导师在撰写教案时一定要充分考虑从实际需要出发,在备课时,应该预判研学活动中可能出现的突发问题,对应地设置几种应对措施,保证课程教案在实际执行中具有可操作性和灵活性。

(三)认真准备本次课程必备教学用品

基地(营地)研学旅行导师必须为即将实施的课程准备好教学用品,导师在领取研学教具时,不仅要清点好物品的数量,还要看看有无破损或安全隐患。第一种是方便学生研学旅行活动中学习知识、技能掌握等相关的物品,如各种工具包、素材包等。例如要带领学生学会四种装订古书的方法,基地(营地)研学旅行导师就要提前准备好线装书封面、空白页面、针线、固体胶、尺子和剪刀等教学用具。教学用具确保生产厂家正规,材质和设计科学合理,这样只要学生按照培训正确使用,就不会出现不顺利的小插曲,更不会引起安全事故。第二种是方便培养学生分组分工合作,充分发挥团队协作能力的有关物品。例如,引导学生小组集体打稻谷就需要提前设置好犁耙、筛子、麻袋、绳子、扁担、斗等农作工具。在购买教学用具时要注意其材质、设计、质量都符合研学旅行标准,在指导使用时随时注意观察学生,防止出现安全问题。基地(营地)研学旅行导师自己要掌握熟练使用以上物品的正确使用方法,遇有故障和难题要在行前及时解决,保证研学旅行活动中的演示能够顺利进行。

(四)根据接待流程认真查看各活动现场

基地(营地)研学旅行导师不仅仅要熟悉课程的接待流程,更要在每次正式接待之前亲自前往各个流程所在的场所和场景进行实地检查,保证学生在课程授课过程中所有有关的设施、设备以及食堂等后勤都能够保障教学正常顺利开展。

基地(营地)研学旅行导师首先要同各项目工作人员确定是否做好了接待准备。例如餐饮部门是否知晓接待人数和计划并做好食材准备;保管器材、钥匙、电力设施等后勤服务人员是否都提前做好准备等;基地(营地)研学旅行导师虽然对本基地硬件条件很熟悉,但是还是要亲自到现场考察课程现场的位置和大小,确认是否能够满足本次接待学校和年级教学要求。由于学校进行研学旅行活动常常是整个年级千名学生全体出动,活动场地是否能够同一时间容纳各个班级?如果容纳不下怎么进行合理安排,从一个场地到另一个场地如何科学转场?这些都是要提前做好充分准备,否则正式接待时可能出现混乱。

学生在活动期间如果乱走乱跑可能出现安全问题,所以基地(营地)研学旅行导师要马不停蹄地再次检查本单位周边可能存在的危险地点和区域,确认基地(营地)是否在危险区域设立足够的防护网,是否在显著位置设置警示牌,基地(营地)的视频监控系统是否正常运行等。如果发现有安全隐患的地方,必须立刻上报要求整改。另外,大量的学生来到基地(营地)学习和生活,要确认卫生间是否够用,卫生间的标示是否清楚,饮水设施是否完好等。需要进行住宿的还要再次核查住宿安排方案是否都落实到位。

二、实施阶段

(一)热情进行接待服务

一个学校都是全年级的学生集体研学旅行,使用的大巴车辆比较多,所以基地(营地)研学旅行导师小组要明确自己接待哪一个车辆编号的大巴车,大巴车的班级学生数量和名单,以及随同前往的工作人员。更重要的是,同旅行社研学旅行导师电话沟通好具体情况,并保持沟通顺畅。这样如果研学旅行团临时有变化，基地（营地）研学旅行导师才能做好应对工作。

车辆抵达时，基地（营地）研学旅行导师要举起接站牌，以便旅行社研学旅行导师能迅速确认。还要迅速辨认自己要接待的大巴车，面带微笑主动迅速热情迎接。等大巴车停稳后，基地（营地）研学旅行导师迅速走到车门旁边，向旅行社研学旅行导师做简要自我介绍，掌握车辆上的总人数、中小学校研学旅行导师等人员具体情况，向旅行社研学旅行导师了解有无特殊情况或特殊要求。等车上学生都下车后，基地（营地）研学旅行导师要面带微笑热情地与学生打招呼，并引导学生在指定地点集合。

学生刚刚抵达基地（营地），此时基地（营地）研学旅行导师和接待班级彼此不认识，基地（营地）研学旅行导师在进行热情的自我介绍之后，要做到同所有的学生相互认识。所以，基地（营地）研学旅行导师要认真设置游戏和活动，让自己迅速认识学生，让学生对基地（营地）研学旅行导师熟悉，并逐渐信任和喜欢。这些环节能够促进基地（营地）研学旅行导师和学生在后续课程授课中良好达成教育教学目标。

（二）做好开营仪式各环节工作

基地（营地）在正式开始授课之前必须举行开营仪式，庄重的仪式感会使学生从内心认识到基地（营地）课程的重要价值，和对自己人生的重要意义；让学生珍惜在基地（营地）学习的美好时光，将来充满热忱地去面对学习生活。升旗仪式，就是一种常见的开营方式，整齐的队伍，嘹亮的国歌声，同学们齐刷刷地面向冉冉升起的五星红旗行注目礼，可以激发学生的爱国主义情怀，端正学生对待研学旅行课程的态度。

例如在某国学文化基地（营地）开营仪式上，基地（营地）研学旅行导师带领小学低年级学生全体立正面向先师孔子，带学生行拜师礼，用红色的朱砂在学生们的额头正中点上红点，这些国学启蒙仪式，让学生一下子进入古代学童角色，学生们会在庄严隆重的氛围中进行接下来的研学旅行课程。基地（营地）研学旅行导师在现场要介绍本次基地（营地）课程的设计思路，对学生表达美好的祝愿，也要讲清楚研学的纪律要求。基地（营地）研学旅行导师需要协助中小学校研学旅行导师对班级学生进行研学小组的划分，可以现场进行分组的确认仪式。

（三）遵照课程教案灵活实施研学课程

基地（营地）研学旅行导师上课和学校教师上课有很多差异。基地（营地）研学旅行导师与每次参加活动的学生接触只有短短几天的时间，所以要做到放下架子，以朋友的身份和学生们交流沟通，让宽松和谐的研学活动氛围贯穿始终。

基地（营地）研学旅行导师语言要友善亲切，态度要和蔼可亲，因为不是传统方式在校内上课，无论是讲授知识还是与学生交谈，以尊重和关注学生的问题和需要为根本。毕竟，学生只有在自由无拘束的宽松气氛下，才会充分发挥创造能力。

研学课程导入是研学实践课程的第一个环节。教师在校内上课要设置导入环节，研学课程更是如此。有经验的基地(营地)研学旅行导师，通过一个问题、一件实物、一个事例、一个谜语、一个故事或者和同学们的一段交谈吸引学生的注意力，激发学生投入听讲的积极性，参与实践等活动的兴趣，看似不经意，实际上却是经过认真设计出来的，为实现教学目标，共同完成一堂成功的研学旅行课程做好铺垫。优秀的基地(营地)研学旅行导师，会不断更新和设计新颖的导入方式，激发学生学习动机，让学生的注意力迅速指向本课程的研学任务。例如某竹文化研学基地，导师说出有关竹的谜题，学生们纷纷抢答，导师为答对者颁发小礼物。

> **知识链接**
>
> 有关竹的谜题
>
> 小时层层包，大时节节高；初生当菜吃，长大做材料；小时能吃味道鲜，老时能用有人砍。虽说不是钢和铁，浑身骨节压不弯。每攀登一步，都做一小结。

再如，在关于茶的基地(营地)课程中，为提高学生对茶的认识与理解，基地(营地)研学旅行导师给大家讲了神农尝百草的传说故事，理清茶叶发展的历史脉络。期间贯穿小问题，与学生随时进行互动，以激发学生对茶文化的兴趣。

可能有不少学生不能真正理解研学旅行的意义和目的，以为研学旅行就是学校组织的一场新型的旅游活动。基地(营地)研学旅行导师在授课过程中，要逐步引导学生理解和认同研学目的和课程目标。不同的学生，知识背景不一样，生活认知不一样，因而基地(营地)研学旅行导师每次授课的实际情况比预想的情况多变和复杂，基地(营地)研学旅行导师千万不能死板套用课程方案，而是要做到结合实际情况灵活处理和执行。基地(营地)研学旅行导师要能够合理地利用研学手册教学，对研学手册课程内容进行有目的的选择、整理，还要科学地加工研学手册，合理地组织学生在基地(营地)学习的全部过程和环节。

基地(营地)研学旅行导师一方面给学生教授知识和技能，另一方面重点是培养学生探索问题、获取知识和技能方法，即通过实践和体验，培养学生自主学习能力。授人以鱼不如授人以渔，学习方法才是学生学习能力的重要组成部分。基地(营地)研学旅行导师指导学生亲自实践和探索，引导学生在掌握知识的同时形成能力。基地(营地)研学旅行导师要让学生敢于提问，多提问，培养学生对现象和问题的探索精神。基地(营地)研学旅行导师要在短短的几天，甚至一天时间之内建立良好的师生关系，遇到问题共同协商和研讨，给学生充分自由表达的机会，但是面对学生的各种各样、不按常理出牌的提问，基地(营地)研学旅行导师要学会巧妙应对和及时引导。如果学生的问题导师自己也不会，应首先肯定学生的提问，对学生表示鼓励，接着如实承认自己需要斟酌，并在活动结束后和学生一起探讨问题的答案。基地(营地)研学旅行导师要指导学生根据研学课程内容，选择恰当的成果表现形式。对学生最后的成果展示和表现，尽量做到集体评价，评价要客观、全面和充满鼓励意味。

(四) 组织学生进行成果展示

根据学生的学习情况,基地(营地)研学旅行导师应该引导学生选择一种可以完成的研学成果呈现形式。课程成果检验和展示了学生在基地(营地)的学习效果;展示过程中学生彼此之间要相互交流,基地(营地)研学旅行导师进行评价。中小学校研学旅行导师和基地(营地)研学旅行导师需要互相配合,做好指导学生展示和评价成果的任务,要注意鼓励同学们发挥自己的创新性和想象力,不拘泥于对与错,允许学生发表不同观点,展示与众不同的成果。

一般而言,基地(营地)研学旅行导师可以组织学生们从以下几方面整理课程成果。不同类型的课程,基地(营地)对研学成果侧重点不同。学生人手一本的研学手册、完成的课程书面作业或者学生拍摄的照片视频等素材、学生制作的心得游记等是最常见的研学成果形式。例如,某基地的溶洞探秘主题课程,学生提交的成果是鼓励学生们写出钟乳石形成原因及特点,把小组实验用化学方程式表示出来。基地(营地)研学旅行导师最后按照研学小组收集调研报告,展示和评价后评选出每一个小组的优秀报告。如果是动手性很强的研学课程,基地(营地)研学旅行导师会要求学生们动手制作出一件成品,如科技小制作、手工作品、非物质文化遗产小作品、手工模型等。例如,某草编主题课程,基地(营地)研学旅行导师鼓励同学们发挥自己的想象力和创造性,现场用草编棕叶、剪刀、手工钳、细铁线等制作一个小蝴蝶、小兔子、小蚂蚱等,学生们会开心地把自己的作品带回家,充满成就感。

(五) 组织做好学生用餐和住宿等服务工作

基地(营地)接待用餐的学生众多,近一百桌的中小学集体就餐不是一件容易事,中小学校研学旅行导师需要配合基地(营地)研学旅行导师做好用餐过程的组织管理。餐饮部门根据接待总人数做好准备后,基地(营地)研学旅行导师和中小学校研学旅行导师根据用餐师生明细,按照10人一桌设置好用餐人员座位表,每桌设立号码牌,各班级学生对号入座,有序入场。研学学生集体用餐本身就是属于综合实践教育的一个环节,当前我国正大力倡导粮食安全和光盘行动,基地(营地)研学旅行导师需要在菜即将上齐之前进行简短的节约粮食教育,弘扬中华民族勤俭节约优良传统,培育学生正确的生活观和消费观。如果是小学生,要强调饭前清洗双手和用餐工具,吃饭喝汤时防止烫伤,餐后把随身垃圾放入垃圾袋中等。同时,提醒大家少讲话专心吃饭,规定用餐结束的时间和集合的地点。

同样的,基地(营地)研学旅行导师需要配合中小学校研学旅行导师做好学生住宿全程的安全管理。集体住宿也是中小学学生体验集体生活和综合实践教育的一个环节。基地(营地)研学旅行导师应该在入住之前,给全体学生介绍住宿设施的总体情况和逃生通道等布局,讲解清楚入住须知(房间物品的使用规则、房间安全注意事项、火灾预防预警等)。入住时,基地(营地)研学旅行导师协助中小学校研学旅行导师和旅行社研学旅行导师按照分房表分发房卡。

学生入住后,基地(营地)研学旅行导师、中小学校研学旅行导师和旅行社研学旅行导师三者需要协同分工进行查房。基地(营地)研学旅行导师和中小学校研学旅行导师再次核对学生是否按照安排表进入对应房间,房间基本情况是否正常。旅行社研学旅行导师可以再次说明研学旅行的后续安排。学生若有任何问题或者住宿时遇到困难,导师们都要及时回答并且热情提供帮助。

中小学生对集体住宿普遍具有很大新鲜感和好奇,可能晚上还到处串寝,在楼道疯闹,大声聊天,不按时睡觉等。这些状况都需要导师及时制止和管理。晚上,中小学校研学旅行导师要进行就寝情况检查,及时管理不遵守规则的学生。基地(营地)研学旅行导师和旅行社研学旅行导师协助进行住宿纪律管理。在学生们普遍入睡后,还要再次巡楼。

三、总结阶段

(一) 组织闭营仪式

学生们完成基地(营地)研学课程的当天,基地(营地)研学旅行导师要组织闭营仪式。对研学实践活动进行总结,展示优秀研学小组的学习成果,点评在基地(营地)表现突出的同学,在闭营仪式上进行正式的表彰。基地(营地)研学旅行导师还要启发同学们分析自己研学活动的收获,不仅包括学习成果方面的收获,还包括情感、价值、情操等心理感受。鼓励同学们发现自己的短处,学习优秀同学的长处。

(二) 整理资料存档

基地(营地)研学旅行导师团队在完成本次研学接待后,需要及时整理接待过程资料并整理档案存档。一般而言,中小学校都会提前要求基地(营地)做好全程或者部分视频拍摄,所以在研学接待活动中会产生大量图片和视频资料,例如基地(营地)研学旅行导师接待和授课活动拍摄的视频和照片。基地(营地)研学旅行导师团队应该分工合作,对繁杂的资料进行甄别,剔除没有价值的部分,剔除拍摄质量差的视频,留下对课程反思和改进接待质量有用的部分,进行整理和存档。建议基地(营地)研学旅行导师学会资料档案编号管理的方法,制作档案目录后进行电子存档和纸质存档。

(三) 总结反思研学课程

基地(营地)研学旅行导师团队最好集中召开一次总结反思讨论会,组长组织大家逐一发言。首要一条,总结反思基地(营地)课程教学方案本身的科学性和可操作性。对课程教学方案和执行进行总结,每个基地(营地)研学旅行导师依次总结,找出自己遇到的问题,分析问题产生的前因后果,集中大家的意见,为这门课程的教学方案的修订提供参考和依据。另外,总结反思自己接待过程中的表现和教学组织实施,包括对研学课程教学目标、课程导入设置、授课时间控制、应急问题处理和学生反馈评价进行分析总结和反思,互相借鉴好的课程授课技巧和经验,为更好地实现教育教学目标,获得学校、老师和学生的好评进一步努力。

基地(营地)研学旅行导师团队还需要对安全管理进行总结反思,包括安全注意事项、安全保障措施和应急预案等方面,为安全管理措施修订提供参考和依据。

任务实施

结合拓展阅读资料,按照小组分组实施情景模拟。假设你是某基地(营地)研学旅行导师,请你思考采取哪些方法,让所有的学生和基地(营地)研学旅行导师迅速熟悉起来。表4-2 所示为任务实施方案表。

表 4-2 任务实施方案表

活动目的	通过实践操作,让学生思考和锻炼研学旅行破冰行动的技巧和方法
活动要求	根据任务二的知识点,分小组讨论并进行演讲
活动步骤	(1)教师布置任务,并做出任务说明; (2)学生分小组讨论,按照小组提交; (3)小组成果提交展示; (4)教师做点评
活动评价	通过情景模拟,结合学生自评、小组互评、教师总结的方式进一步掌握本任务知识点

拓展阅读

全国中小学生研学实践教育三大示范营地之一:
宜昌市青少年综合实践学校

任务三　旅行社研学旅行导师的岗位职责

任务引入

某研学旅行社承办 A 市某小学五年级主题为"体验农民生活"的研学旅行活动,旅行社在前期多次与学校、基地（营地）等部门沟通协调，做好了充分的准备工作。学生小王是一名见习研学旅行导师，全程跟从经验丰富的旅行社研学旅行导师A带团。学生观察到，旅行社下发给A的出团计划书有比较多的信息需要填写。

接团方面：组团社名称、学校名称、班级、老师、学生人数、总人数、车辆信息、车型（座）、车贴号、接团时间、接团地点、送团时间、送团地点、老师和家长姓名及电话。

研学旅行导师领取的物品清单：工作装马甲、导师工作证、司机驾驶证、导师旗、旗杆、举牌、物品、车贴、横幅、帽子、对讲机、出团计划书、意见单、总控和各基地联系人等项目。

最后必须有导师亲笔签字确认和填写日期。

  任务剖析

旅行社研学旅行导师负责从学校出发到返回学校综合实践教学计划的全程服务和教学。通过本任务的学习，帮助学生们理解旅行社研学旅行导师在研学旅行出发前、研学旅行过程中和研学旅行后分别要承担哪些职责，有哪些工作流程。

根据《旅行社条例》的界定，旅行社是从事招徕、组织、接待游客等活动，为游客提供相关旅游服务，开展国内旅游业务、入境旅游业务或出境旅游业务的企业法人。旅行社是以营利为目的的企业，即通过向游客提供服务获取利润的服务性企业。

一、准备阶段

承接研学旅行接待的旅行社，应该符合《研学旅行服务规范》（LB/T 054—2016）的规范要求，在承办方人员配置中，为研学旅行活动配置一名项目组长，项目组长全程随团活动，负责统筹协调研学旅行各项工作；应为每个研学旅行团队至少配置一名安全员，安全员在研学旅行过程中随团开展安全教育和防控工作；应至少为每个研学旅行团队配置一名研学旅行导师，研学旅行导师负责制订研学旅行教育工作计划，在带队老师、导游员等工作人员的配合下提供研学旅行教育服务；应至少为每个研学旅行团队配置一名导游人员，导游人员负责提供导游服务，并配合相关工作人员提供研学旅行教育服务和生活保障服务。

研学旅行社应该严格按照研学服务合同要求，派出符合规范的旅行社研学旅行导师，全程保持和学校以及中小学校研学旅行导师畅通有效的沟通，与研学旅行基地（营地）团结协作处理问题，保障研学旅行按照方案顺利运行。

（一）做好同学校的沟通协调事务

旅行社研学旅行导师都必须准确掌握对方的学校名称，学校方面的研学联系人姓名和职务，研学的年级和班级等基本信息。不同的中小学有各自的办学特色和教育理念，这些学校的个性化特色，也是旅行社研学旅行导师必须掌握的。因为不同办学宗旨和特色的学校，对研学实践活动课程的要求和教育教学目标是有差异的。

掌握基本情况后，旅行社研学旅行导师还必须与中小学校研学旅行导师沟通确认研学课程教学具体要求，确认参加研学学生的明细，据此共同制定学生乘车、用餐、住宿房间等分配安排表。旅行社研学旅行导师在同中小学校研学旅行导师确认到校接学生日期和具体时间后，可能还要沟通确认开营活动方案，开营仪式也可以在研学旅行基地（营地）召开。旅行社研学旅行导师依靠学校导师，掌握研学班级学生基本情况，例如男女生比例情况、家庭背景、学校学习情况、心理素质、身体素质方面，为后面的研学旅行创造便利。

如前所述，旅行社研学旅行导师需要和中小学校研学旅行导师、基地（营地）研学旅行导师组成研学旅行导师师资团队，建立管理体制，在研学旅行过程中做好分工协作，通过建设研学旅行师资团队合作交流群，共同配合完成研学旅行综合实践课程教育和教学目标。

（二）做好同研学基地（营地）沟通协调事务

研学旅行社针对研学行程上的每个研学基地（营地），在前期准备环节中都会签订正式合作协议，确定接待方案。在研学活动开始前，为慎重起见，研学旅行社必须给每一个基地（营地）发送接待确认函。例如主题为：关于某月某日某旅行社组织某中小学某年级学生来某研学基地（营地）研学活动相关事项确认函。确认函中必须包括活动的具体时间，参与活动的师生总人数，在基地（营地）研学活动的具体环节，基地（营地）接待环境要求，教学用具的布置标准，师生餐饮住宿和交通接待标准、接待费用支付标准等方面。

旅行社研学旅行导师必须提前和基地（营地）研学旅行导师沟通，告知基地（营地）本次研学活动学校和学生的基本情况，本次研学课程的主题等细节信息；明确基地（营地）的相关信息，例如基地（营地）位置、课程场地容纳人数和课程授课细节；沟通协调好用餐、住宿的对接方案。旅行社研学旅行导师必须和基地（营地）研学旅行导师互相协作、愉快合作。

（三）做好相关环节的对接协调事务

研学旅行是一种集体食宿活动，全年级集体出动，全班同学一起住宿一起生活学习。家长们最关心的是自己的孩子在旅行中是否吃得好、是否睡得好、是否适应及安全方面的情况。所以，旅行社研学旅行导师必须明确研学旅行车队管理的负责人，保存好其电话号码，并且及时与研学旅行车队联系，进一步核对确定车型、车号、数量和驾驶员名单以及抵达学校的时间等；旅行社研学旅行导师必须提前落实负责研学用餐的对接人员，保存好其电话号码，并且告知研学旅行用餐日期和初步时间、用餐人数、用餐菜品安排，并强调保持电话畅通；旅行社研学旅行导师必须提前落实酒店住宿的对接人员，保存好其电话号码，明确抵达日期，做好预留房间和相关住宿安排的管理，保持电话畅通。

（四）熟悉研学手册和课程授课方案

一般而言，研学手册包括封面、前言、目录、课程目标、安全事项、行前准备、课程内容、课程实施、课程评价、成果展示这十个方面的内容。这十个方面涵盖从学校出发到返回学校全程的综合实践教学计划,旅行社研学旅行导师必须通读并做到熟悉和理解。例如,旅行社研学旅行导师必须把整个研学旅行行程的时间安排了然于胸,提前估算好每个行程花费的时间,确保研学旅行按照计划平稳有序推进。如果有不明确事宜,一定要同中小学校研学旅行导师负责人沟通确认。旅行社研学旅行导师必须明确这次研学旅行的主题和课程目标;掌握行程表上几个研学旅行目的地的地理、气候、经济、历史、名人和文化的背景知识,掌握景区、博物馆、植物园等基地(营地)的背景知识,尤其是和研学课程相关联的知识点,做好给学生讲解的准备;旅行社研学旅行导师必须设计好车辆上的沿途讲解词。因为是研学旅行,除了常规的旅游沿途讲解以外,研学旅行导师还必须掌握研学手册的重难点,理解研究性学习和体验性学习的标准答案,把这些知识储备都有机融入沿途讲解内容中。

旅行社研学旅行导师在准备阶段,就应该熟悉学生在基地(营地)停留时长和课程教学方式。在去往基地(营地)途中,配合基地(营地)研学旅行导师设计沿途讲解内容,例如在大巴车上讲解景区所在地的历史文化和地理背景,强调在基地(营地)需要注意的安全事项。研学旅行作为在路上的全程教育模式,旅行社研学旅行导师主要负责和旅行途中相关的课程授课,例如学生乘坐交通工具、集体用餐和住宿、公共场所参观等的秩序和文明礼仪规范都是由旅行社研学旅行导师直接担任课程主讲,所以旅行社研学旅行导师需要为这些方面的授课,设计科学有效的教学方式方法。例如,旅行社导师需要提前设置好导入的问题,引导学生自己在操作和情景中得出知识,而不是像在学校教学一样直接灌输知识。

此外,研学旅行社通常还要为研学团队准备必需的研学旅行用品,例如研学旅行的大横幅,研学旅行车队的车辆号牌,学生专用研学包和帽子,方便学生分组管理的各种颜色的标识或者防丢失手环,以及准备的小礼品等。

(五) 协助中小学校研学旅行导师做好行前课程宣讲

中小学校研学旅行导师的行前课一般采取专题讲座的形式,一般选在学校大会议室分年级对学生进行行前课宣讲和动员。中小学校研学旅行导师在此环节的职责在任务一中已经阐述,旅行社研学旅行导师也必须亲临现场,协助中小学校研学旅行导师上行前课。所以,旅行社研学旅行导师必须提前和学校协调相关事宜。

在行前课,使学生明确研学旅行是把课堂和课程搬到室外,在更广阔的空间获取知识、增长见识的一种重要的方式,让学生在活动开始前做好充分心理准备。旅行社研学旅行导师要发挥见多识广的优势,用多媒体形式预先介绍有关研学旅行目的地的气候、风景和历史文化概况等,以及基地(营地)的课程主题,让学生提前对研学旅行产生了解,激发学生研学旅行的愿望。

由于很多学生是第一次脱离父母独自出远门,其自理能力和自我约束能力有所欠缺。所以,旅行社研学旅行导师把宣讲的重点放在旅途中的交通、用餐和住宿等生活环节可能出现的困难和问题。通过旅行社研学旅行导师的讲解,学生明确了研学会去到哪些地方,也了解了具体的行程安排可以在研学手册之中查阅。旅行社研学旅行导师还要发挥自己外出旅行生活经验丰富的优势,可提前告诉学生们住宿的具体事项、吃饭的具体事项、旅行生活的小贴士等。例如在火车上中途站点不能下车,不能单独行动,如何防止晕车晕船,如何使用房间门锁等细节。旅行社研学旅行导师还要交代清楚可以携带的衣服和物品清单、禁止携带的衣服和物品清单,这些都是为了保证中小学学生研学旅行的安全。旅行社研学旅行导师要用自己的丰富经验随时解答学生现场提出的问题。

旅行社研学旅行导师通过行前课,强调和明确学生开展研学的具体时间安排及每个环节的学习任务是什么,一定要强调整个活动过程的纪律和规范要求,这是保证学习效果和学生安全的基本要求。

二、实施阶段

(一) 做好研学团队的接待工作

旅行社研学旅行导师必须至少在研学活动出发的前三天,落实学生出行车辆、集体住宿、集体用餐等方面工作。旅行社研学旅行导师必须提前与车辆管理单位联系,清楚接待车辆的车型、车牌号及车内设备的完好程度,并对以上情况做书面记录;最好按照班级人数确定车辆大小,尽量一个班一台车;与司机约定接头地点、出发时间(尽量准确估计时间,提前半小时到达学生出发地点);接待大型研学团队时,须在车上贴编号或醒目标记。旅行社研学旅行导师应向旅行社了解研学团队所住饭店位置、概况、服务设施和住宿标准,核实研学团队所订房型、房间数及是否含早餐等。如有必要,旅行社研学旅行导师应再次向酒店相关人员,了解团队排房情况,主动介绍该研学团队的特点,与饭店接待人员配合做好接待工作。旅行社研学旅行导师必须提前与各有关餐厅联系,在确认时,必须讲明研学团队名称、团号、人数、餐饮标准、用餐日期等,确认研学团队日程所安排的每一次用餐情况。

旅行社研学旅行导师需要提前三十分钟抵达机场或者火车站,飞机或火车抵达后,应在出站口醒目位置,展开接站横幅,准备接站。旅行社研学旅行导师必须及时与学校导师核实人数和名单,在核实人数和名单之后,旅行社研学旅行导师需要和中小学校研学旅行导师一起协助学生将行李集中放在指定位置,提醒学生检查行李是否完好无损,然后与中小学校研学旅行导师、研学学生小组长等共同清点行李,还要和中小学校研学旅行导师一起协助学生对行李箱进行编号,贴上姓名班级标签,注明联系方式。

(二) 组织学生有序乘车

旅行社研学旅行导师应与中小学校研学旅行导师确定发车时间,并及时通知司机,告知研学学生。如果有几辆旅游大巴,则每辆旅游大巴都要按顺序编号,集体编队出发。

各个研学班级在导师带领下按计划登上指定车辆,并按座次安排表入座,如没有特殊情况,不得随意更换座位,防止出现乱抢座位等情况。旅行社研学旅行导师必须讲解行李箱放置技巧,大件行李统一放大巴行李舱,小件随身行李可放车内部行李架上,还要提醒学学们确认清楚自己的行李的数量和位置。等全部学生坐定之后,中小学校研学旅行导师和旅行社研学旅行导师必须再一次清点人数。旅行社研学旅行导师必须给师生介绍乘车安全注意事项,演示安全带的正确使用,逐一来帮助学生系好安全带,并再一次强调乘车注意事项。如有晕车同学,提醒做好预防准备。

(三) 做好接团途中服务工作

为了使初次踏上异地的中小学生能够心情放松,知悉旅途的安排,旅行社研学旅行导师要在简明扼要的个人介绍中,尽快与学生建立起信任关系。所以,旅行社研学旅行导师在开场白介绍环节,必须面向师生,站在车厢前部靠近司机位置(自己站稳扶好),让大家都能够看到,以对广大师生表示尊重。

在研学旅行中,由于对象是学生,旅行社研学旅行导师的个人介绍千万不能死板沉闷,要有激情、有特点、有新意、有吸引力,要把学生的注意力吸引到自己身上来,缩短与学生的距离,使学生和旅行社研学旅行导师快速熟悉起来,这是旅行社研学旅行导师给学生留下良好第一印象的重要环节。旅行社研学旅行导师还负责研学指导教育工作,所以个人介绍还要注意加入一些故事或者谚语名言,展示自己丰富渊博的学识。自我介绍后要介绍司机,并代表所在旅行社欢迎学生们的到来。真诚地表达提供全程服务的意愿,最后预祝学生们在研学旅行中学有所成,愉快顺利。

旅行社研学旅行导师还要进行研学活动日程安排介绍,包括途中各站的主要行程安排,要突出介绍研学目标和研学课程。注意要与行前课相呼应,例如行前课的研学行程安排和研学目的地介绍设置需要学生思考的问题和查阅资料的任务,这时候可以再次提醒大家。

如果是坐火车,旅行社研学旅行导师必须提醒学生妥善保管好学生火车票,核对姓名后发放。进入火车站,要提醒学生安检时的注意事项,请中小学校研学旅行导师协助下达统一指令。当学生有序到达火车站台后,指挥学生安全迅速进入车厢,等到所有学生进入车厢后,研学旅行导师最后离开站台进入车厢。旅行社研学旅行导师要提醒学生找到自己座位,任何人不得私下调换座位,妥善保管好自己的贵重物品,中途停靠站不得下车等。出站前,以班级为单位在站台集合整队,清点人数,由中小学校研学旅行导师发出出站指令。通过电梯时,要强调学生彼此保持一定距离,行李箱放置在身后,关注前方,不要玩手机,不要聊天,避免发生安全事故。出站后,要再次清点人数并集合。

(四) 做好入住服务工作

研学车辆抵达入住地点后,旅行社研学旅行导师再次提醒同学拿下所有的行李,根据分房表到大厅集合准备入住,由组长负责收集该小组成员身份证原件,在这个环节中,如果研学旅行团队人数众多,一定要注意合理安排,有序进行,尽量减少在大厅逗留的时间,以免造成混乱的局面。为了避免大厅出现拥堵,一般请住宿地对接人员提前领取房卡,当研学车队进入停车场时,住宿地对接人员递交房卡给每辆大巴车上的旅行社研学旅行导师,在车上完成分发房卡工作。旅行社研学旅行导师必须给学生介绍住宿设施的总体情况和安全逃生通道的分布情况。在大部分学生都安顿好之后,旅行社研学旅行导师必须和中小学校研学旅行导师一起分工进行查房,讲解清楚房间物品的使用规则、房间安全注意事项、火灾预防预警等入住须知;强调住宿纪律规定和不允许私自外出。有的学生在夜晚还到处串寝,在楼道疯闹,大声聊天,不按时睡觉等,这些状况都需要随行的研学旅行导师们及时制止和管理。学生住宿中出现的任何困难,导师都要尽力帮助和解决。在学生们普遍入睡后,还要再次巡楼。

(五) 做好用餐服务工作

在用餐开始前半小时,要与餐厅对接人员联系,告知对方按用餐人数,准备好餐桌和摆放桌号牌。由于研学人数过多,为防止在用餐大厅出现混乱,一般都要求餐厅提前十分钟开始上菜;为防止中小学生鱼刺卡喉、食物没有做熟导致出现腹泻等突发问题,要求餐厅不做鱼、不做凉菜、不做容易食物中毒的四季豆等蔬菜。学生抵达用餐地点后,旅行社研学旅行导师协助中小学校研学旅行导师组织学生有序下车,按照用餐安排表进入餐厅就座用餐。

(六) 做好抵达研学地点前后的服务工作

目前不少研学基地(营地),本身就是对外经营的景区景点。旅行社研学旅行导师需要做好联系景区和预约购票的相关事宜。旅行社研学旅行导师在抵达研学地点之前,要教育学生们,在外注意自己的言行举止、爱护花草树木,不随地乱丢垃圾,不乱刻乱画,不大声喧哗等,这本身也是研学旅行教育的一个环节。中小学生理解力发展不成熟,自制能力较差,如果用说教的方式效果不一定好,所以旅行社研学旅行导师必须提前引导学生遵守文明参观等礼仪规范。

学生每抵达一个研学地点,旅行社研学旅行导师都要不厌其烦地组织整队,上车清点人数,下车清点人数。根据本次研学旅行总体方案,提前联系好基地(营地)研学旅行导师,协助基地(营地)研学旅行导师开始课程前的服务事项。

(七) 做好研学归途服务工作

经过几天充满新奇而又愉快的研学旅行活动,学生们就在旅行社研学旅行导师和中小学校研学旅行导师的陪同下准备返程回家了。在出发之前,旅行社研学旅行导师必须提醒学生们再次检查自己的行李等物品,以及身份证等证件是否有遗忘,有问题就现场处理。如果有重要物品遗忘,学生本人却已经离开遗留地点,可以做好详细记录,与遗失地点工作人员沟通确认,后期帮助找回。

在送行途中,旅行社研学旅行导师必须面向全体学生,站在最前方,简短总结这几天的研学旅行,给同学们一个积极的评价,尤其是注意点评和表扬在旅行途中表现精彩的学生,让全体学生在轻松愉快的氛围中结束研学旅行。

三、总结阶段

(一) 资料存档及个人总结反思

研学行程结束后,旅行社研学旅行导师必须回到旅行社,将整理后的账目和单据提交旅行社,并做好研学设备和教具的归还与存档。除此之外,旅行社研学旅行导师团队应该召开总结评价讨论会,组长组织大家逐一发言,总结整个研学旅行过程,对学生的管理与服务有哪些需要改进的地方。例如对中小学生的安全提醒、突发意外事件的处理等;总结反思在课程实施过程中,是否较好地协助了中小学校研学旅行导师执行研学课程总体方案,是否较好地完成研学旅行总目标,是否和交通、景区、用餐和住宿部门进行了有效沟通和协调等,是否有需要改进的地方等。

(二) 旅行社研学总体方案的完善

如前所述,研学旅行不仅是经济活动、旅游活动,更是重要的教育活动。遵循教育规律、运用教育模式、达成教育效果是研学旅行是否成功的重要标尺。旅行社研学旅行导师参与了研学旅行全程的服务和管理,对研学旅行线路的设置最有发言权,需要反思研学旅行线路规划中各个环节时间分配是否科学合理,研学线路上各基地(营地)的顺序是否有需要改进的地方。这些反思和意见,都是研学旅行社进一步修订旅行社研学旅行线路设计的一手资料。

任务实施

结合拓展阅读资料,按照本任务引入的案例,全班同学 10 人一组分成几个大组,小组长扮演旅行社研学旅行导师,其他小组同学扮演小学五年级学生群体。假设现在进入集合坐火车的环节。请思考旅行社研学旅行导师要做好哪些准备,做好哪些服务。表 4-3 所示为任务实施方案表。

表 4-3 任务实施方案表

活动目的	通过实践操作,让学生思考和锻炼集合等车环节的工作流程和职责
活动要求	根据任务三的知识点,分小组讨论并进行演讲
活动步骤	(1)教师布置任务,并作出任务说明; (2)学生分小组讨论,按照小组提交; (3)小组成果提交展示; (4)教师做点评

	续表
活动评价	通过情景模拟，结合学生自评、小组互评、教师总结的方式进一步掌握本任务知识点

 拓展阅读

论旅行社在研学旅行中的"内功修炼"——以武汉为例(节选部分)

 项目小结

广大中小学校已经结合学校及当地实际情况，把研学旅行纳入了中小学教育教学计划，将研学旅行划分到综合实践活动课程的范畴。一次规范意义上的研学旅行，需要的是一个分工配合的研学旅行导师的师资团队，分别是中小学校研学旅行导师、基地(营地)研学旅行导师和旅行社研学旅行导师。本项目带领学生从理论上了解了中小学校研学旅行导师、基地(营地)研学旅行导师和旅行社研学旅行导师在研学旅行活动准备阶段、研学旅行时实施阶段和研学旅行结束后总结阶段应该履行的岗位职责和服务流程的具体工作。

在实际工作中，旅行社研学旅行导师需要和中小学校研学旅行导师、基地(营地)研学旅行导师组成研学旅行导师师资团队，建立管理体制，在研学旅行过程中做好分工协作，共同配合完成研学旅行综合实践课程教育和教学目标。

 项目训练

紧贴行业实务岗位训练　融通 1+X 职业技能等级证书考题

项目五 研学旅行课程的设计、实施与评价

 项目目标

职业知识目标

1. 掌握研学旅行课程相关概念。
2. 掌握研学旅行课程的实施流程和方式。

职业能力目标

1. 掌握研学旅行课程设计、实施和评价的方法。
2. 能够设计不同主题的研学旅行课程评价方案。
3. 对接1+X证书,能够梳理研学旅行课程的设计、实施及评价相关知识点。

职业素养目标

1. 掌握研学旅行课程评价的价值取向。
2. 掌握研学旅行课程实施流程,努力提升专业水平。

知识框架

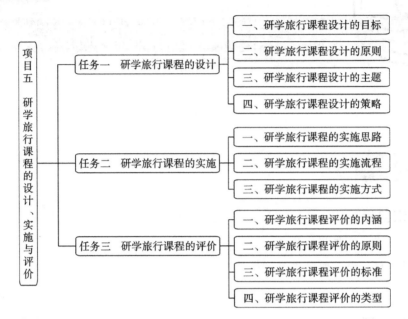

项目五 研学旅行课程的设计、实施与评价
- 任务一 研学旅行课程的设计
  - 一、研学旅行课程设计的目标
  - 二、研学旅行课程设计的原则
  - 三、研学旅行课程设计的主题
  - 四、研学旅行课程设计的策略
- 任务二 研学旅行课程的实施
  - 一、研学旅行课程的实施思路
  - 二、研学旅行课程的实施流程
  - 三、研学旅行课程的实施方式
- 任务三 研学旅行课程的评价
  - 一、研学旅行课程评价的内涵
  - 二、研学旅行课程评价的原则
  - 三、研学旅行课程评价的标准
  - 四、研学旅行课程评价的类型

教学重点

1. 研学旅行课程设计的目标、原则、主题和基本策略。
2. 研学旅行课程的实施思路、流程、方式。
3. 研学旅行课程评价的内涵、原则、标准和类型。

教学难点

研学旅行课程设计　研学旅行课程实施　研学旅行课程评价

项目导入

研学旅行课程是研学旅行的核心要素，课程的好坏直接影响研学旅行的成败。通过本项目的学习，引导学生了解研学旅行课程设计、课程实施、课程评价，能处理研学旅行课程中的常见误区，培养学生良好的感知和观察能力、沟通和表达能力，以及积极性、主动性和创造性。

任务一　研学旅行课程的设计

Y市在开发地方研学旅行课程时,制定了如下部分目标。请思考并讨论可以从课程目标中获得哪些信息?并尝试为研学旅行课程目标下定义。

(1)通过参观Y市图书馆、博物馆、图书城、知名制药企业、美术馆,使学生认识到Y市自改革开放以来在经济、文化、科技方面取得的重大成果,增强自信。

(2)通过游览三峡大坝、三峡大瀑布、百里荒等景点,感受Y市及其周边地区的自然地理风光和人文民俗,增强学生对家乡风土人情的了解与认识,从而更加热爱自己的家乡和祖国。

(3)通过游览龙泉古镇、博物馆、三峡茶旅小镇、屈原祠、昭君故里等地,感受中华传统文化与传统美德,提高学生的文化传承意识和爱国情怀。

上述课程目标包含了学生应该学习哪些方面的知识和技能,提高哪些能力,获得什么样的情感体验及其应达成的程度等信息。可以看出,研学旅行课程目标是教育者对学生在一定学习期限内学习结果的预期。通过本任务的学习,来进一步了解研学旅行课程目标在不同学段中的定位。

通过该任务的学习,我们将明确研学旅行课程设计的目标、原则、主题、策略。

一、研学旅行课程设计的目标

研学旅行课程设计是一个有目的、有计划、有结构的系统化活动,目的是为参与研学旅行的学生制订全面发展的,具有教育性、探究性的计划活动方案。

(一) 总目标

学生能从个体生活、社会生活及与大自然的接触中获得丰富的实践经验,并逐步提升对自然、社会和自我之内在联系的整体认识,培养价值体认、责任担当、问题解决、创意物化等方面的意识和能力。

(二) 学段目标

《关于推进中小学生研学旅行的意见》要求:"学校根据教育教学计划灵活安排研学旅

行时间,一般安排在小学四到六年级、初中一到二年级、高中一到二年级,尽量错开旅游高峰期。"因此,根据小学阶段、初中阶段、高中阶段三个不同的学段应设计不同的目标。

1 小学阶段具体目标

(1)价值体认:通过亲历、参与少先队活动、场馆活动和主题教育活动,参观爱国主义教育基地等,获得有积极意义的价值体验。理解并遵守公共空间的基本行为规范,初步形成集体思想、组织观念,培养对中国共产党的朴素感情,为自己是中国人感到自豪。

(2)责任担当:围绕日常生活开展服务活动,能处理生活中的基本事务,初步养成自理能力、自立精神、热爱生活的态度,具有积极参与学校和社区生活的意愿。

(3)问题解决:能在研学旅行导师的引导下,结合学校、家庭生活中的现象,发现并提出自己感兴趣的问题。能将问题转化为研究小课题,体验课题研究的过程与方法,提出自己的想法,形成对问题的初步解释。

(4)创意物化:通过动手操作实践,初步掌握手工设计与制作的基本技能。学会运用信息技术,设计并制作有一定创意的数字作品。运用常见、简单的信息技术解决实际问题,服务于学习和生活。

2 初中阶段具体目标

(1)价值体认:积极参加班团队活动、场馆体验、"红色之旅"等,亲历社会实践,加深有积极意义的价值体验。能主动分享体验和感受,与老师、同伴交流思想认识,形成国家认同,热爱中国共产党。通过职业体验活动,发展兴趣专长,形成积极的劳动观念和态度,具有初步的生涯规划意识和能力。

(2)责任担当:观察周围的生活环境,围绕家庭、学校、社区的需要开展服务活动,增强服务意识,养成独立的生活习惯;愿意参与学校服务活动,增强服务学校的行动能力;初步形成探究社区问题的意识,愿意参与社区服务,初步形成对自我、学校、社区负责任的态度和社会公德意识,初步具备法治观念。

(3)问题解决:能关注自然、社会、生活中的现象,深入思考并提出有价值的问题,将问题转化为有价值的研究课题,学会运用科学方法开展研究。能主动运用所学知识理解与解决问题,并做出基于证据的解释,形成基本符合规范的研究报告或其他形式的研究成果。

(4)创意物化:运用一定的操作技能解决生活中的问题,将一定的想法或创意付诸实践,通过设计、制作或装配等,制作和不断改进较为复杂的制品或用品,发展实践创新意识和审美意识,提高创意实现能力。通过学习信息技术,提高利用信息技术进行分析和解决问题的能力以及设计与制作数字化产品的能力。

3 高中阶段具体目标

(1)价值体认:通过自觉参加班团活动、走访模范人物、研学旅行、职业体验活动,组织社团活动,深化社会规则体验、国家认同、文化自信,初步体悟个人成长与职业世界、社会进步、国家发展和人类命运共同体之间的关系,增强根据自身兴趣专长进行生涯规划和职业选择的能力,强化对中国共产党的认识和感情,具有中国特色社会主义共同理想和国际视野。

(2) 责任担当:关心他人、社区和社会发展,能持续地参与社区服务与社会实践活动,关注社区及社会存在的主要问题,热心参与志愿者活动和公益活动,增强社会责任意识和法治观念,形成主动服务他人、服务社会的情怀,理解并践行社会公德,提高社会服务能力。

(3) 问题解决:能对个人感兴趣的领域开展广泛的实践探索,提出具有一定新意和深度的问题,综合运用知识分析问题,用科学方法开展研究,增强解决实际问题的能力。能及时对研究过程及研究结果进行审视、反思并优化调整,建构基于证据、具有说服力的解释,形成比较规范的研究报告或其他形式的研究成果。

(4) 创意物化:积极参与动手操作实践,熟练掌握多种操作技能,综合运用技能解决生活中的复杂问题。增强创意设计、动手操作、技术应用和物化能力。形成在实践操作中学习的意识,提高综合解决问题的能力。

二、研学旅行课程设计的原则

由于研学旅行活动具有开放的教育目标、综合性强的活动内容和生动活泼的实施方式,强调学生在主动实践的过程中,获得充分的体验并得到多方面的教育经验,这决定了研学旅行课程的设计不能简单地照搬目标模式,而应该结合自身的特点,寻求研学旅行课程设计的原则。

(一) 自主性原则

自主性原则是指行为主体按自己意愿行事。柏拉图在《理想国》中指出:"教育无需强迫,也不能强迫,更无法强迫。任何填鸭式的教育方式只会让人们头脑空空,一无所获。"只有让学生成为活动的主体,才能实现学生在知识能力和情感方面真正的飞跃,研学旅行活动要充分尊重学生的兴趣爱好,要求学生主动参与,积极发现问题、探索问题和解决问题,鼓励学生自主发展,充分发挥学生的主动性、选择性、想象力和创造性。在研学旅行活动中,研学旅行导师不是单一的知识传授者和灌输者,而是学生活动的开发者、引导者、组织者、参与者、协调者和评价者。同时为学生开展研学旅行活动创设良好的自主学习情境,并且要考虑到学生的个体差异性,鼓励学生选择适合自己的方式开展研学旅行活动。

在开发主题和选择活动内容时,要重视学生自身的发展需求,尊重学生的自主选择。当代学生的生活丰富多彩,接受知识和了解社会的渠道繁多,同时他们的兴趣、爱好各不相同。因此,在开展选题时,由学生自发提出有价值、有创意的研究课题,研学旅行导师通过观察、调查问卷、热点讨论等多种形式走近学生,敏锐地发现他们的兴趣点,研学旅行导师要善于引导学生围绕活动主题,从特定的角度切入,选择具体的活动内容,并自定活动目标和任务,提升自主规划和管理能力。同时,要善于捕捉和利用课程实施过程中生成的有价值的问题,指导学生深化活动主题,不断完善活动内容。只有抓住学生的兴趣点,并以包容的心态让学生自主选择活动的主题,学生的参与热情才会高涨,研学旅行活动也才会收到事半功倍的效果。

(二) 实践性原则

实践性原则是指人们在进行创造性思维的过程中,必须参与实践,必须在实践中促进思维能力的进一步发展,在实践中检验思维成果的正确性。研学旅行活动是基于学生的直接经验,密切联系学生的自身生活和社会生活,体现对知识的综合运用的实践性课程。研学旅行活动课程设置的指导思想,就是学生要参与社会实践当中,它的课程价值就在于学生通过参与多种形式的社会实践活动,在全身心参与的活动中发现、分析和解决问题,体验和感受生活,发展实践创新能力。研学旅行强调学生的亲身经历,要求学生参与到各项活动当中,摆脱教育和生活脱离、学生与课程对立的状态,切实做到让学生在实践中体验,在体验中领悟,在领悟中获得知识经验。

陶行知曾说:"生活即教育,学生即社会,教学做合一。"学生是实践活动的主体,要想获得真知,重要的是强化实践,也就是动手动脑的过程。课堂教学是学生接受知识的有效途径,但当课堂教学变成学生获得知识的唯一方式时,会造成学生与社会脱离、与日常社会生活隔绝的情况,并且学生的社会认知、社会生活体验、创新意识逐渐被消耗掉。实践活动的开展,就是要给每个学生的主动探究搭建平台,满足每位学生的个性需求,强化学生乐于探究、勤于动手、勇于实践,在教育实践中亲身感受成功的快乐,体会研学旅行过程的艰辛,实现学习方式的革新。

(三) 整合性原则

整合性原则是指把零散的东西衔接起来,从而实现信息系统的资源共享和协同工作,形成有价值有效率的一个整体。研学旅行活动的设计不应该是孤立和封闭的,而是应该围绕一个主题,选择加工、改造和综合相关内容、材料与活动,将之融合成一个有机的、完整的、具有多功能的教育活动。研学旅行是综合实践活动课程的重要形式,《中小学综合实践活动课程指导纲要》中指出:"综合实践活动课程的内容组织,要结合学生发展的年龄特点和个性特征,以促进学生的综合素质发展为核心,均衡考虑学生与自然的关系、学生与他人和社会的关系、学生与自我的关系这三方面的内容。对活动主题的探究和体验,要体现个人、社会、自然的内在联系,强化科技、艺术、道德等方面的内在整合。"

遵循整合性原则,要注意以下几个问题:第一,活动主题不能太单一、狭小,应尽量避免学科化,以保证活动主题具有一定的宽度和容量。当然,简单的主题也可以进行多方位的内容挖掘,从不同角度切入,凸显主题的多面性、复杂性。第二,活动内容的选择与组织应保持较大的开放度与时代性,突破单一的学科视界,进行多学科的交叉与融合,融合科学、历史、艺术、文化多个领域的内容,进行整合设计。第三,加强活动内容与当代社会生活、与学生经验实际的联系,促进课内与课外、学习与生活、学校与社会的有机联系,实现知识、社会与学生的融合。

(四) 生成性原则

生成性原则是指在学习过程中要利用学习策略对学习的材料进行重新加工,产生某种新的东西。研学旅行活动侧重于课程实施动态运行过程之中学生多方面经验的获得,由于活动情境是复杂多变的,学生在活动过程之中的学习行为和心理活动是独特的,所以在活动开始之前,很难预测学生的发展变化,而预设的目标也不一定能够准确无误地达成。因此,研学旅行活动的设计不能像学科课程一样明确具体,研学旅行活动设计也不是简单的知识再现、转换或聚合,而应该把重点放在有利于教育性经验生成的情境创设上,放在相关活动的呈现及操作方式的提示等方面。在实施过程中,随着活动的不断展开,在研学旅行导师指导下,学生可根据实际需要,对活动的目标与内容、组织与方法、过程与步骤等做出动态调整,使活动不断深化。

由于研学旅行活动强调学生在活动过程中的主动参与和探究,如何有效地激发学生探究的欲望、调动学生参与活动的积极性,就是研学旅行活动设计时需要重点思考的问题。

(五) 开放性原则

开放性原则要求给学生更大更广的活动和思考空间。研学旅行课程面向学生的生活,具体活动内容具有开放性。研学旅行导师要基于学生已有经验和兴趣特长,打破学科界限,选择综合性活动内容,鼓励学生跨领域、跨学科学习,为学生自主活动留出余地。构建开放性的学习时间和空间,引导学生把自己成长的环境作为学习场所,在与家庭、学校、社区的持续互动中,不断拓展活动时空和活动内容,显现学生的个性特征,发展其服务精神,提高其实践能力和社会责任感。

研学旅行导师对研学旅行活动的设计应该有开放的思路,坚持学生是实践活动的主体。将研学旅行导师的角色从单一的信息传递者改变为"学习伙伴""引导者""合作者""问题咨询者"等角色。要学会在活动开展的过程中创造性地利用各种教育因素捕捉恰当的教育时机,善于运用教育机制处理各种突发状况,从而凸显研学旅行活动的教育性,使更多的学生在研学旅行活动中学有所悟、学有所得。

(六) 循序渐进原则

循序渐进原则是指研究旅行活动的设计应该基于学生可持续发展的要求,以学生能力发展规律为基础,设计长短期相结合的主题活动,体现由低到高、由易到难的顺序,将研学旅行活动设计为一个层次清楚、排列有序的系统。要促使活动内容由简单走向复杂,使活动主题向纵深发展,不断丰富活动内容、拓展活动范围,促进学生综合素养的持续发展。

尽管研学旅行活动的设计不像学科课程一样强调内在的逻辑顺序,但是注意到活动与活动之间的顺序性,可能更有利于活动的开展并取得预期的成效,要避免安排随意、东拼西凑、难度不当的活动出现。一个研学旅行主题活动可以设计多方面的内容,尽量包含一些具体的能力训练点,如观察能力、动手操作能力、语言表达能力和思维能力等。通过研学旅行活动,学生在达到其他目标的同时,循序渐进地对各方面的能力进行训练。同时,在能力训练方面,活动与活动之间,能力训练可以逐步加强,同一个能力点可以通过多次活动逐渐提高;能力训练也可以逐步扩展,按照活动安排的顺序,能力的训练可以由简单走向复杂,由局部走向整体。比如在培养学生的创造能力方面,可以将创造能力分解为一些基本能力要素,如想象能力、思维能力、动手操作能力、表达能力等,设计一系列的研学旅行活动,各项活动兼顾多项教育目标,同时,有意识地将某项能力训练点融入活动中,随着活动的实施,某项能力得到锻炼,而多项活动共同努力,可以使学生的创造能力得到充分训练。

三、研学旅行课程设计的主题

(一) 按照学段分

研学旅行活动课程需要在小学四到六年级,初中一到二年级,高中一到二年级这三个学段、七个年级实施。原则上要逐步建立和完善小学阶段以乡土乡情为主,初中阶段以县情市情为主,高中阶段以省情国情为主的研学旅行活动课程体系,在完成学校要求的研学旅行课程后,学生可以结合本地本校的实际情况适当拓展,如果条件成熟,小学生也可以走出家乡开展国内的研学旅行,甚至到境外进行研学旅行。

❶ 小学段以乡土乡情设计课程

根据中小学生所在乡镇的实际情况,充分挖掘当地的风土人情、历史典故、自然资源、科技资源进行课程开发。基于乡土特点和学生学情进行本土化的改造。加上自己的地方特色,形成有乡村特色的研学课程,同时不需要重新开发自己的校本教材,是一种扬长避短、节约精力的方法。

❷ 初中段以县情市情设计课程

了解当地县市区的基本情况,结合资源开发课程,充分认识每个县市区的优势和局限,在充分考虑适应性的基础上进行权衡、做出选择,收集描述性资料,找到专业人物并开始设计,实施参与性观察,进行归纳提炼,以收集各种佐证,在充分沟通的基础上总结并修订,最终形成一个完整的课程设计。

❸ 高中段以省情国情设计课程

充分利用知名院校、科研机构等社会资源,结合本土地质、水文、自然等环境,开发具有趣味性、科学性的研学旅行课程,培养学生创新意识,发展学生的创新思维。

(二) 常见研学旅行课程主题

❶ 优秀传统文化主题

引导学生传承中华优秀传统文化核心思想理念、中华传统美德、中华人文精神,坚定学生的文化自觉和文化自信。

❷ 革命传统教育主题

引导学生了解革命历史,增长革命斗争知识,激发奋斗意志,培育新的时代精神,树立国家安全意识和国防意识。

❸ 国情市情区(县)情教育主题

引导学生了解基本国情及中国特色社会主义建设成就,激发学生爱党、爱国、爱家乡之情,融入理想信念教育和乡土乡情教育。

❹ 科技知识主题

引导学生学习科学知识,培养科学兴趣,掌握科学方法,增强科学精神。

❺ 自然生态主题

引导学生感受祖国大好河山,树立爱护自然、保护生态的意识。

❻ 生命教育主题

引导学生了解自身成长特点,树立正确的生命安全和健康意识,掌握基本的生活和生存技能、自我保护和应对突发事件的基本技能、医疗卫生常识;学会感知生命、热爱生命、珍爱生命,通过劳动磨炼意志品质,铸就生命梦想,创造人生价值。

四、研学旅行课程设计的策略

(一) 研学旅行课程开发的出发点

学习过程是一种"在场"体验,也是一种反思与建构的过程,因此,在教育活动中,必须创造条件,让学生"在场"。而研学旅行活动有利于改变学校教育的"圈养"模式,是中小学生发展核心素养的行动路径之一,并逐步成为中小学课程体系中的一个部分。

❶ 学校教育与社会生活相结合,促进学生全面发展

研学旅行是通过研究性学习与旅行体验相结合的方式学习,是全面培养人的有效方式之一,它是一种全方位、立体式的学习方式,是学校教育重要环节,是校园内学习方式的有益补充,在这一学习方式之中能够达到物我相融相通,改变整个学习活动仅仅在学校内或课堂内完成的现象,将书本知识与现实生活联系起来,在体验中感受,在实践中接

受教育。研学旅行将学生的发展纳入真实的社会环境中,将学生从校园内推向社区和社会文化生活之中,将学生从以认知为主的单一生活,转变为以体验为主的丰富多彩的现实生活之中,有利于调动学生学习积极性,激发学生学习兴趣,最大程度发挥学生的主动性、积极性;将学生与书本、与学科知识的关系转变为学生与丰富多彩的社会文化生活的关系。研学旅行可以开启和展开学生对书本知识的理解与运用,并在研学旅行过程中深化和提高,拓展书本知识的边界,让学习内容综合化,使学生在综合化的学习活动中,习得社会生活知识。通过体验学习,使学生学会与人相处,学会分享与合作,学会健康的生活方式,培养学生的创新精神和创新能力,促进发展核心素养形成。研学旅行将学校教育与现实生活融通,带领学生理解生活、感悟人生,提升学生综合素养,为学生全面发展奠基。

❷ 学会交流协作,提升社会参与能力

在研学旅行中,学生自主参与活动,形成学习共同体。通过自由合作关系,在旅行的活动中,体验相互交流、相互帮助过程中心灵的相通相融。学会相互学习、合作与交流,丰富学生的社会文化生活阅历,形成高效率学习团体,提高学习效率。通过研学旅行,学生在旅行活动中,在群体的合作与交流中,提高合作能力。同时,在研学旅行中,通过观察、了解与主动参与探究、体验,将课堂中学习的学科知识和鲜活的社会生活联系起来,学生的学习方式从被动的接受式转变为主动式的体验、探究与合作,获得生存体验,提高生存能力和社会参与能力。

❸ 自主探究与学会学习,培养自主发展能力

在研学旅行中,学生可以根据自己的兴趣爱好,选择适合自己的研学旅行处所,自主选择与决定研学旅行方案、活动路线、活动时间,以及活动伙伴等。研学旅行导师只是引导者、研学旅行的伙伴、学生安全的护卫者,在整个研学施行活动中,学生始终处于主体地位。关于研学旅行主题的选择,研学旅行方案的设计,学生都是主角,学生将根据自己的兴趣选择研学旅行区域和内容。学生将从多种新视角、多种途径,在具体的研学旅行活动中感受与体验,在自然的状态下获得知识,了解与认识自然、社会与自我,积极开放地思考问题,在群体的活动中解决问题,获得知识,形成技能。学生应该在活动现场以自由自觉的状态去寻求、体味、创造生活的意义,充分发挥想象力,发现并捕捉灵感,超越课堂预设,跨越学科边界,进行有效的学习。研学旅行为学生的自主发展提供宽松的、自由的时空,学生在参与活动时,积极思考与探究,获得真情体验,充分发挥个体的潜能,提升自我发展能力。

❹ 体验社会文化生活,增强社会责任感

通过研学旅行,学生深入社会文化生活之中,这有利于增强学生的社会责任感。因为学习者的社会责任感需要在具体的社会文化生活中,通过体验,才能感悟,进而增强。通过研学旅行活动,学习者能够了解社会、了解自然、了解历史、了解国情以及了解城乡的差异,充分利用社会教育,增强自己的民族自豪感和社会责任感。同时,在研学旅行过程中,思考人类与自然的和谐相处,以利于人类与自然可持续发展,从而形成积极的人生态度。可以通过科技馆、少年宫等场所的研学旅行活动,让学生认识科学的进步对于自然、社会与人的意义和价值,以增强学生的科学意识、理性思维,让学生理解和掌握基本的科学原理和方法等,提升学生的探究与实践能力。

5 学科综合,夯实发展的基本素养

研学旅行是一种通过旅行和在场观察开展的一种体验式的学习活动。在研学旅行过程中,将所学的知识与社会实际文化生活联系起来,将各门学科知识融为一体,在综合的基础上进行分析与思考,以获得真情体验,习得知识与技能。在研学旅行过程中,将所学的知识融会贯通,优化知识结构,从而形成概括性、综合化、更高级的知识信息。在封闭的校园教育活动中,通过课堂教学,在一定程度上有利于学生掌握系统的学科知识,但会导致学生生存技能和生活能力不强。通过多样化的研学旅行活动,学生将学习的理论知识与现实的社会文化生活结合起来,从而加深对事物的认识与理解,将多学科的知识结合起来进行综合分析,解决现实的社会生活问题,有利于夯实发展核心素养基础。

(二) 研学旅行课程开发的准备

1 了解学生学情

研学旅行课程是在研学旅行导师的引导下,由学生自主进行的综合性学习活动,是基于学生的直接经验,密切联系学生生活和社会实践,体现对知识综合应用的实践性课程。学生是课程的主体,他们的生活经验、知识基础、能力水平等因素决定了活动的广度和深度;学生的兴趣爱好、个性特点、学习风格等则会影响活动的方式。因此,研学旅行课程的设计应重视准备工作,其中了解学生是一项不可忽略的内容。研学旅行导师进行研学旅行课程设计前必须从以下几个方面加强了解。

1)了解学生的知识基础和知识结构

研学旅行导师在活动设计前可以进行以下工作:查阅学生所使用的各学科的课本,分析各年级、各学科的知识点和知识结构;访谈部分学生,了解学生已经接触到哪些知识,哪些基础知识对学生来说已经实现了内化,哪些基础知识对学生来说已经可以熟练运用;和各学科研学旅行导师沟通,了解各学科的教学进度和学生的掌握程度。

2)了解学生已有的生活经验

学生的学习不是简单的知识迁移和传递,而是学生将知识与自己的直觉经验联系起来,主动构建新知识的过程。在研学旅行活动课程设计前,研学旅行导师要通过与其他学科研学旅行导师的交谈、与学生家长的交谈、对学生在校行为的观察、指导学生主动回忆个人经验等方式了解学生已有的生活经验。

3）了解学生的学习方式

学习方式是指学生在教学活动中的参与方式，既包括学生的行为参与、情感参与，又包括认知参与，是学习、认知和情感参与的总和。研学旅行导师要了解学生学习方式的多样性、差异性和选择性，使学生在研学旅行活动中能灵活运用自己的学习方式，并使之得以尽情地发挥。有研究表明，学生在听研学旅行导师讲课时学习效率最低，而在自己积极参与到学习活动中时学习效率最高。研学旅行导师要真正从学生的学情出发，设计活动内容，实现学生的多向交互合作学习，让学生真正经历学习的具体过程，从而获得学习质量的提升。

4）了解学生的兴趣爱好和发展需要

研学旅行课程设计必须针对学生的兴趣爱好和发展需要。学生的发展是实施教育的直接目的，是课程设计的根本方向。只有了解学生最缺什么、最需要什么，研学旅行课程设计才能促进学生的发展。

5）了解学生的个性特点

个性是指在一定社会条件和教育影响下形成的一个人比较固定的特征。每个学生的个性都是不同的，研学旅行导师通过对学生个性的全面了解，可以为分组探究、相互促进的设计打好基础。

2 梳理和评估研学资源

教育部等11部门联合印发的《关于推进中小学生研学旅行的意见》指出："让广大中小学生在研学旅行中感受祖国大好河山，感受中华传统美德，感受革命光荣历史，感受改革开放伟大成就，增强对坚定'四个自信'的理解与认同；同时学会动手动脑，学会生存生活，学会做人做事，促进身心健康、体魄强健、意志坚强，促进形成正确的世界观、人生观、价值观，培养他们成为德智体美全面发展的社会主义建设者和接班人。""依托自然和文化遗产资源、红色教育资源和综合实践基地、大型公共设施、知名院校、工矿企业、科研机构等，遴选建设一批安全适宜的中小学生研学旅行基地。"

各基地要突出祖国大好风光、民族悠久历史、优良革命传统和现代化建设成就等，有针对性地开发自然类、历史类、地理类、科技类、人文类、体验类等多种类型的活动课程。参照"六大核心素养"的总体培养目标，对目的地区域内一切可能用于研学旅行的各种资源、场景、条件进行充分考察，评估这些资源在素质教育中的特色性、可用性以及接待条件。

（三）研学旅行课程开发的一般过程

1 确定活动主题

研学旅行课程强调从学生的真实生活和发展需要出发，从生活情境中发现问题，将其转化为活动主题，以问题的发生、探索与解决为主线串起各个活动。学生在学习和生活中会遇到形形色色的问题，并不是所有的问题都值得探究，也并不是所有的问题都需要转化为课程进行探索。那么,活动主题该如何确定呢?

1)选题的基本原则

(1)立足学生综合素养培养的需要。

研学旅行课程是培养学生综合素养的跨学科实践性课程,在选择主题时要从学生自身成长需要出发,精选生活中对学生综合素养发展有价值、有意义的内容,引导学生从日常学习生活、社会生活或与大自然的接触中提出具有教育意义的活动主题,通过探究、服务、制作、体验等方式,使学生形成价值体认、责任担当、问题解决、创意物化等方面的意识和能力。

(2)体现综合实践活动课程的本质特征。

主题活动要落实《中小学综合实践活动课程指导纲要》的基本要求,把综合实践活动的内容和活动方式具体化。因此,主题活动必须体现综合实践活动的本质特征:回归生活、立足实践、着眼创新、体现开放。根据综合实践活动课程的理论和目标,尽可能从学生的真实生活和发展需要出发进行选题,使学生能结合主题开展各种实践活动,发现、分析并解决问题,体验和感受生活,发展实践创新能力。

(3)反映时代发展和科技创新的要求。

科学技术迅猛发展,科学知识日新月异,研学旅行课程的实施,要密切联系当前学生的生活实际,关注社会的热点问题,反映社会发展对教育的要求,如可以设计"我是非遗小传人"反映传统文化教育的主题,通过开源机器人体验,3D设计与打印技术的初步应用,清洁能源发展现状调查及推广,创办学生公司等活动,提高学生的技术意识,培养学生的环保素养、公民素养及财经素养。

(4)贴近学生的生活实际和年龄特征。

研学旅行活动要求从学生的生活情境中选题,因此主题选择一方面要贴近学生的生活实际,关注并充分利用学生的生活经验;另一方面也要考虑学生的年龄特点,从学生的年龄特点出发,设置不同难度的活动主题,由浅入深,循序渐进,反映学生成长的需求,使活动具有可行性。

2)选题的主要方向

选题从人与自然、社会、自我三个维度进行选择。研学旅行活动主题有很多,按组织线索,可以从"我与自然""我与社会""我与自己"三个维度确立课程主题。自然方面的选题主要引导学生走进自然、感受自然、探究自然,针对身边的自然资源、生态环境、能源利用、科技发展等问题开展研究,如"我与蔬菜交朋友""神奇的影子"等。社会方面的选题主要引导学生关注和探究社会发展、社会保障、公共设施、传统文化等方面的社会热点问题,如"生活垃圾的研究""我看家乡新变化"等。学生自身生活方面的选题主要引导学生反思自我、认识自我、发展自我,针对现实生活中的问题与烦恼开展研究,分析问题产生的原因,探索解决问题的方法,养成负责任的生活态度,实现积极、健康的发展,如"生活自理我能行""今天我当家"等。

2 制定活动方案

1) 活动方案要安全可靠

在活动实施中,学校对师生走出校园开展研学旅行活动是有顾虑的,因为学校和研学旅行导师首先必须对学生的人身安全负责。安全问题虽然不是研学旅行课程本身的问题,却有可能成为该课程设计与实施的一个障碍,所以必须考虑活动各个环节的安全可靠措施。一是要加强安全教育,让学生学会对自己的行为负责。二是让家长参与研学旅行活动,认识研学旅行活动,了解活动的安全措施和规章制度,以赢得家长的支持。

2) 活动方案要切实可行,可操作性强

活动方案是否切实可行,主要取决于方案是否完整合理,如:活动目标是否符合有关规定以及学生的身心发展特点;活动内容是否符合整合的理念,是否体现学生的生活学习经验、兴趣爱好;活动方式是否多种多样,学生是否有体验的安排等。学生是研学旅行活动的主体,活动方案所设计的活动步骤、活动方式要有可操作性,如设计调查、观察、种养、制作、展示、反思等,这样中小学生才有操作性可言。

3) 活动方案要特色鲜明,体现创新

(1) 内容特色。

每一个设计,无论是活动主题的提出,还是活动的开展过程,都有独特的地方,因为设计研学旅行活动要充分考虑基地(营地)特有的资源优势,充分挖掘自然条件、社会经济、民俗文化等方面的课程资源,形成具有地方特色的研学旅行课程。

(2) 目标特色。

每个地方的资源都具有地域性、独特性和多样性的特点,这为研学旅行活动的特色开发提供了丰富、便捷的素材源泉,在充分理解本地地域优势的基础上,巧用本地资源,发挥其不可多得的教育功能,能够真正让研学旅行课程与学生的生活紧密相连,让实践活动的特色化开展事半功倍。如以乡村自然资源为源泉开发研学旅行课程,可以让学生回归大自然,在感受自然中提高自身的能力;以认识乡村、改造自然的活动来开发研学旅行课程,可以培养学生热爱劳动的品格,锻炼学生的动手能力;从学生的现实生活出发,将身边影响力较大的名人和榜样作为课程资源进行开发,能够起到理论和实践相结合、弘扬美德文化的效果。

(3) 活动方式特色。

研学旅行活动让学生大胆实践、充分地发现以及发挥个性和能力,它不是针对个别学生,而是面向全体学生,并且在研学旅行活动中,每位学生的个性以及需求都应该得到尊重,这是其他课程教学无法实现的。所以在设计研学旅行活动时,研学旅行导师要更多地以研究性学习或项目式学习方式展开活动,让学生能够根据自身的特长和兴趣展开研究,在学习的过程中培养综合运用各学科知识解决问题的能力。

4)活动方案要突出参与、探究与体验

(1)参与。

研学旅行活动充分体现了对学生的全面教育功能,设计时要考虑学生有参与的机会,首先要做到全员参与。研学旅行活动应面向全体学生,让每一位学生都有机会参与实践过程,从而获得体验与发展。其次要做到全程参与。学生要参与研学旅行活动的全部过程,在全过程中感受、体验、探究、发展。再次要全身心主动参与。学生要积极和主动地参与研学旅行活动。要创设全员参与、全程参与的情境,让每一个学生切实经历主题活动实施的全过程。一是给予每一位学生自主学习的时间,让学生有充足的时间去探索、去思考、去交流;设计活动的准备阶段,引导每一位学生自主地关注生活中和学习中的各种现象,从中提出自己感兴趣的问题,让学生自主制定活动方案,并为活动的开展做好充足的准备,发挥他们规划与组织的能力。二是给每一位学生质疑的权利和机会,欢迎学生的独立见解,保护学生的创新精神。三是研学旅行导师要加强对学生探究过程与探究方法的指导。

(2)探究。

"探究"是研学旅行活动的手段和途径,"问题"是进行探究的起点。研学旅行活动的探究,既是学生发现问题和解决问题的过程,也是研学旅行导师指导学生进行探究的过程。通过自主探究,学生的学习兴趣得到激发,而这种兴趣正是学生持续探究的源泉。在探究的过程中,学生一般会选用合适的方法进行独立思考和操作,会调动自己的情感和意志等因素维持探究活动的进行。具体来说,研学旅行导师指导学生进行探究的策略主要有以下几个:一是为学生提供必要的指导说明。在学生对探究活动的程序和方法还不熟悉时,老师要为学生提供必要的指导说明。比如,研学旅行导师为学生提供探究活动过程的大概框架,并且说明进行某种活动的大致过程。二是指导学生收集、整理相关资料。考虑到学生已有经验是有限的,所以研学旅行导师还要给学生提供资料,指导学生查阅文献资料,进行认证;指导学生分析、研究取得的资料,得出结果。三是采用多方互动、合作的策略,让学生的探究更加深入。师生之间、学生之间、学生和社会各界人士之间的互动合作是学生深入探究的策略。在学生进行合作探究的过程中,研学旅行导师可以提供问题引发学生思考,生成新问题,提出不同的意见,从而激发学生的思维,通过共同探究,解决深层次问题。

(3)体验。

研学旅行活动要求学生积极参与到各项实践活动中去,在"考察探究""社会服务""设计制作""职业体验"等一系列活动中应用知识,感悟人生,积累经验,认识事物之间的联系和关系,建构活动的意义,获得整体发展。研学旅行活动使学生有深刻体验,要做到以下几点:一是贴近学生的经验基础和知识结构,学生要亲力亲为。研学旅行活动主题要建立在学生切实感受的基础上,适应学生的年龄特点和成长要求,使学生能够在生活中进行探究和体验;让学生亲力亲为,使学生在各种活动中获得真实感受,这种内心的真实感受是学生形成认识、转化为行为能力的原动力,也是他们的情感、态度与价值观健康发展的基础。二是应用多种活动方式,提供多种途径。研学旅行活动设计要引导学生运用多种活动方式,如尽量采用参观、访问、调查、实验、测量、记录、采访、宣传、义务劳动、公益服务、设计、制作等能调动学生多种感官参与、动手与动脑相结合的活动方式。三是要善于组织学生反思和体验分享。所谓善于组织是在实施的过程中,要引导学生总结活动中的实际感受,总结分析活动过程中成功或者失败的原因、形成的各种观点和认识、具体方法和程序的合理性。反思是重要的学习方式,通过反思可以发现一些独特或者深刻的体验,在反思交流活动中,要做到学思结合,学生要学会倾听、慎思、明辨、合作。

3 编写研学手册

研学手册相当于研学旅行中的"路线图"或"口袋书",其使用贯穿了整个研学旅行过程,包括出行前、出行中和出行后。研学手册作为学生旅行过程中最重要的学习载体,不仅内容设计要科学,能够给学生提供学习的引领,还要让学习过程有趣味,激发学生研究探索的欲望。主体内容应遵循中小学课程设计原则,需含有课程目标、课程安排、课程内容、课程实施、课程评价等基本内容。研学旅行重在"学什么""怎么学",这是研学的核心,旅行是实现学习的一种手段。

研学手册的主体是课程内容,手册中应呈现目的地简介与总体行程安排,也要有每日行程及学习目标。课程安排会将每日行程细化,当日的行程就是一个学习小节,让学生在当日的课程中明确自己的学习任务和要求。手册中还应有学习内容提示和学习方式引导。研学旅行要以小组合作的形式,在探究和体验中完成自己的研学小课题。其学习过程包含了观察、调研、假设、实验、搜集证据、论证、得出结论,要经历完整的科学研究的思维过程。

为了便于学生自学,研学手册中通常还会提供一些基本的学习资料。学习资料主要包括:研学目的地历史文化、自然环境、与所学知识的联系,完成任务所需的材料,学习导航等。还有的会提供学习资源,比如阅读书目或网站,供学生学习过程中参考。

此外,研学手册中还应该有行为规范指导,由于研学旅行课程是在校外进行,因此在实施前,需要对研学中的纪律、交通、用餐、住宿等方面的行为规范加以特别强调和约束。

结合拓展阅读资料,在研学旅行导师的策划下,在班级中召开"研学旅行高峰论坛",分小组收集研学旅行相关政策文件、查阅资料,对研学旅行的概念、学科性质、教育目标、课程开发原则和依据等进行交流汇报。表 5-1 所示为任务实施方案表。

表 5-1 任务实施方案表

活动目的	(1)增强对研学旅行的概念、学科性质和教育目标的认识; (2)理解掌握研学旅行课程开发原则和依据; (3)提升学生收集材料、梳理信息、总结归纳以及合作交流的能力

活动要求	（1）选定小组组长，明确小组任务； （2）合作学习、分工明确，资料来源有依据，真实可靠； （3）形成小组研究物化成果，并进行交流汇报
活动步骤	（1）8—10人一组、选定组长，明确小组任务分工； （2）各小组分组查阅资料，收集梳理； （3）组内讨论，归纳总结，初步形成研究成果； （4）研学旅行导师指导，提出修改意见，完善研究成果； （5）召开"研学旅行高峰论坛"，各小组交流并汇报研究成果； （6）在研学旅行导师的指导下，形成班级研究成果
活动评价	（1）通力合作，分工明确，团结互助； （2）资料收集全面，梳理有序，归纳完整； （3）有完整的书面汇报材料，结构合理，思路清晰； （4）发言积极，仪态大方，乐于与同学分享成果

拓展阅读

研学旅行课程的课程结构、课程内容的参考标准

任务二　研学旅行课程的实施

北京市海淀实验中学组织学生到海南省文昌市开展"中国梦·航天情"研学旅行活动。来到海南省文昌市的第二天上午，同学们参观了航天科普馆。展览内容包括中国航天的历史沿革和发展成就，纪念人民科学家钱学森及"两弹一星"元勋事迹。参观后，同学们开始学习制作水火箭。学习的过程紧张而有趣，先听老师讲解，然后确定小组分工、制定方案、

动手实践、检验测试,当每组展示制作的水火箭冲上高空时,大家都欢呼雀跃。

推动研学旅行课程的实施,是研学旅行导师的基本工作,也是落实实践育人的关键。研学旅行导师要掌握研学旅行课程的思路、实施流程和实施方式,提升专业水平。

一、研学旅行课程的实施思路

(一)明确学生主体

明确学生主体,也就是学情分析,即对研学旅行班级学生的情况进行分析,包含研学知识点分析、学生对本次所讲授知识点和探究问题的掌握情况、学生在研学本节内容时有可能遇到的困难、研学预期效果以及解决问题的策略等。

学情分析是课程设计的有机组成部分,是研学目标设定的基础。如何做好学情分析,是研学旅行导师应该关注的问题。我们可以从以下几个方面进行学情分析:

一是从学生现有知识经验和心理认知特点进行学情分析。因为只有真正了解学生的现有知识经验和心理认知特点,才能确定学生在不同领域、不同学科和不同学习活动中的发展水平。学情分析是研学旅行活动的重要依据,没有学情分析的研学,往往是一盘散沙,因为只有针对具体学生才能界定内容的重点、难点和关键点,学情分析是研学策略选择和研学活动设计的落脚点,没有学情分析的研学策略往往是研学旅行导师一厢情愿的自我表演,因为没有学生的知识经验基础,任何讲解、操作、练习等都可能难以实现。

二是从学生的个体差异进行学情分析。学情涉及的内容非常广,学生各方面情况都有可能影响学生的研学,包括学生现有的知识结构、学生的兴趣点、学生的思维情况、学生的认知状况和发展规律、学生的心理及生理状况、学生个性及其发展状况和发展前景、学生的学习动机、学生的兴趣、学习内容、学习方式、学习时间、学习效果、学习环境、学生的感受、学生的成就感等,这些都是学情分析的切入点。

(二)明确研学任务

2016年11月30日,教育部等11部门联合印发了《关于推进中小学生研学旅行的意见》,文件中明确指出:"开展研学旅行,有利于促进学生培育和践行社会主义核心价值观,激发学生对党、对国家、对人民的热爱之情;有利于推动全面实施素质教育,创新人才培养模式,引导学生主动适应社会,促进书本知识和生活经验的深度融合;有利于加快提高人民生活质量,满足学生日益增长的旅游需求,从小培养学生文明旅游意识,养成文明旅游行为习惯。"

由此可见,研学旅行兼具旅游和教育等多种功能。开展研学旅行,可以让学生开阔视野、增强认知、提升素质。学生是研学旅行活动的主体,"以生为本"开展研学是有效实施研学旅行活动的关键。在组织研学旅行活动过程中,我们始终要让每一位学生明确本次研学旅行活动的内容、方式和目标。

(1)对学生们来说,参与研学旅行活动不但能开拓自己的视野,增长见识,还能结识新同学,体验集体出行的乐趣,分享研学途中的点点收获。参与研学旅行活动能有效提升学生动手实践及解决问题的能力,培训学生的组织、协调能力和决策判断能力,丰富学生的生活体验等,引导学生将课本知识融入社会实践中。研学旅行还可以培育学生独立自主的思想意识,让学生明白自己肩上的重任和义务,使他们更加自信地去面对未来成长过程中的挑战。

(2)对学生家长来说,研学旅行对孩子具有更强的教育价值和功能。孩子在研学旅行中不仅能游览祖国的大好河山,感受中华文明的传统美德,体会改革开放的伟大成就,还能学会独立生活,树立集体观念,锻炼意志等。研学旅行作为加强青少年思想道德建设的重要载体,成为学生道德实践和文明素养展示的重要过程。

(3)对学校来说,研学旅行是推进素质教育的一项重要举措,是课堂教学的延伸扩展。研学旅行有助于培养学生们的社会责任感、集体主义精神,加深学生们对大自然、社会、传统文化以及革命历史的理解认识,丰富教育的内涵,这是课堂学习无法比拟的。

(三) 选定研学方法

要切实根据《关于推进中小学生研学旅行的意见》实施研学旅行课程,转变学习方式,把学习过程中的发现、探究、研讨等认识活动凸显出来。改变基础教育课程单一的接受性学习方式,倡导自主、合作、探究的学习方式,让学生成为学习的主人,促进学生知识与技能、情感态度与价值观的整体发展,这对培养未来需要的创新人才具有重要意义。

研学旅行导师应该选择切实可行的教学方法,引导学生主动参与研学的各个环节。

(1)依据基地(营地)课程的现状、结合基础课程,提出课程实施设计思路;以提高学生的科学素养为主旨;重视科学、技术与社会的相互联系;倡导多样化的学习方式;强化评价的诊断、激励与发展功能。

(2)通过知识与技能、过程与方法、情感态度与价值观三个方面来具体体现课程对学生科学素养的要求,制定研学旅行课程目标和课程内容,提出课程实施建议。

(3)依据学生的已有经验、心理发展水平和全面发展的需求选择研学课程内容,力求反映研学的特点,重视科学、技术与社会的联系,以"科学探究""身边的事物""物质构成的奥秘""物质的变化"和"社会发展"为主题,规定具体的研学旅行课程内容。这些内容是学生终身学习和适应现代社会生活所必需的基础知识,也是对学生进行科学方法和情感、态度、价值观教育的载体。

(4)科学探究是一种重要而有效的学习方式,在研学旅行课程内容中单独设立主题,明确提出发展科学探究能力所包含的内容及要求。在研学旅行课程内容的学习主题中设置"活动与探究建议",旨在转变学生的学习方式,突出学生的实践活动,使学生积极主动地获取知识,培养创新精神和实践能力。研学是学生学习知识、进行科学探究的重要途径,调查、资料收集、阅读、讨论和探究等都是积极的学习方式。这些活动本身也是研学旅行课程目标和课程内容的有机组成部分。

(5)为帮助研学旅行导师更好地理解研学旅行课程内容,实施研学旅行活动,在课程内容的相关主题中设置可供选择的探究情景素材,包括史料、日常生活中生动的自然现象和事实、科学与技术发展及应用的重大成就、对社会发展产生影响的事件等。研学旅行导师可利用这些素材来创设探究情景,生动地进行爱国主义教育,增强学生的社会责任感,充分调动学生学习的主动性和积极性,帮助学生理解研学内容,认识技术、社会、环境的相互关系,引导学生理解人与自然的关系,认识研学在促进社会可持续发展中的重要作用。

(6)研学旅行课程目标要求分为认知性学习目标、技能性学习目标和体验性学习目标。按照课程目标的要求设有不同的水平层次,用一系列词语来描述不同层次研学水平的要求。这些词语中有的是对研学结果目标的描述,有的是对研学过程目标的描述。其中,认知性目标主要涉及比较具体的知识内容,体验性目标主要涉及情感态度与价值观内容。

二、研学旅行课程的实施流程

研学旅行按照"三段式"课程实施,结合校内外教育优势,分为行前课程、行中课程和行后课程。在实现课程目标的前提下,不同阶段有不同侧重点,例如行前课程是研学旅行的准备阶段,突出安全和规则意识的培养;行中课程是研学旅行的实施阶段,突出培养实践探究意识和能力;行后课程是研学旅行的总结阶段,突出反思和评价。

(一)行前阶段

《关于推进中小学生研学旅行的意见》指出,规范研学旅行组织管理,各地教育行政部门和中小学要探索制定中小学生研学旅行工作规程,做到:"活动有方案,行前有备案,应急有预案。"其中,"活动有方案"中的方案包括活动主题、活动对象、活动目的及意义、活动时间、活动地点、活动形式、活动内容概述、行程安排、组织机构和职责分工、安全教育措施和安全责任人联系方式等。"行前有备案"中的备案包括家长通知书、学生集体外出备案表、学生外出活动安全责任书、踩点说明、就餐方案、营地(基地)营业执照、交通工具信息等。"应急有预案"中的预案包括食品安全、交通安全、外出活动安全、住宿安全等方面的应急预案。

行前部分对研学旅行至关重要,学校、年级和班级要具体落实如下内容:
(1)拟发"致家长的一封信",摸底调查学生情况(民族、疾病史、家庭情况等)。

(2) 学校与校外服务机构签订责任书，并在当地教委备案。

(3) 进行随行教师动员，明确教师责任分工和跟岗要求。

(4) 设计研学旅行课程、研学旅行课题和研学手册。组织教师与服务机构完成上述设计，要体现学科性、实践性，具有育人价值。

(5) 确定研学旅行课程评价标准，可从时间观念、纪律意识、文明礼仪、实践效果、团队意识等不同方面展开，采用多元评价方式。

(6) 召开年级家长会，向家长介绍研学旅行课程、责任说明、报名方式、信息统计和缴费事宜等。

(7) 召开年级学生行前动员会，具体包含安全教育、研学日程安排、研学旅行课程要求、评价方案解读、活动组织形式、文明素养教育、集体荣誉教育等。

(8) 出发前的各项准备工作，包括研学通讯录、个人行李清单（证件、常用药品、日常用品、服装鞋帽等）、学生活动分组（成员及责任分工）、宿舍分组、就餐分组、乘坐交通工具分组。

(9) 安全事项说明。

(10) 具体的行程安排。

(二) 行中阶段

研学旅行的行中阶段，就是通过实践落实行前方案，避免只游不学，重视课程目标的实现。结合实际情况采取多样化的教与学的方式，让学生成为研学旅行的主人，促进学生不断发挥主体性、能动性和创造性，培养学生的实践能力、创新精神和社会责任感。

在每日研学旅行过程中，适时适度的措施能够有效地控制风险，这是推进研学旅行的基本保障。例如：每日行前准备好一日用品；明确当日的具体行程安排；详细说明研学目的地情况以及活动组织形式；上下车清点人数，分组活动要明确集合时间；要求全员通信畅通；食宿地点安排合理，饮食卫生，安全有保障；宿营地夜间管理到位，避免出现学生私自外出等安全隐患；关注学生日常表现，注意疏导学生因遇到困难、不适应集中食宿和离家等产生的心理困扰。

另外，为了在研学旅行过程中及时发现问题、解决问题，除常规的沟通之外，每日还要反思、反馈当日问题，与学校或校外服务机构达成共识并及时做出调整。例如：行程中研学点之间的衔接（车辆衔接、研学旅行导师衔接等）；研学旅行活动的内容、组织形式分析（风险与难度、师生比等）；一日三餐的标准与学生的反馈；当日学生的异常表现；次日行程中的注意事项；学校与家长的沟通情况；个别现象或个别学生需指定研学旅行导师特别关注等。

(三) 行后阶段

研学旅行课程行后部分主要是在校内对研学旅行情况进行集中反馈，帮助学生梳理研学过程中的收获。例如路途分享、小组研讨、个人完成研学手册以及小组归纳研究成果。

可以采用汇报演讲或作品展览的形式,可以由学科教师组织学生进行主题写作、作品创作,也可以以班级或年级为单位,收集照片、影像、学生总结和家长感言等,将其发布到微信公众号。①

三、研学旅行课程的实施方式

研学旅行课程的实施主要有两种方式:一种是学校自行开展,一种是委托开展。学校自行开展即从组织到课程实施的整个过程均由学校负责,适合于行程相对较近的研学旅行活动。好处在于了解学生的具体情况,能够有针对性地设计课程,如由有经验的综合实践活动研学旅行导师进行组织和指导,活动的实效性可能会更强一些。委托开展即由学校组织或联系,其余的部分均由被委托方来执行,较适合于行程相对较远的研学旅行活动。好处在于出行、食宿等问题较容易解决,缺点在于被委托方对学生的具体情况不是很熟悉,课程的设计不一定是有针对性的。

不管是学校自行开展,还是委托开展,都离不开研学旅行课程实施的核心人物——研学旅行导师。研学旅行课程的实施方式主要有情景式教学、合作学习、实践探究。

(一) 情景式教学

情景式教学是以案例或情景为载体,引导学生自主探究性学习,以提高学生分析和解决实际问题的能力,对培养学生情感,启迪学生思维,发展学生想象,开发学生智力等方面有独到之处。情景式教学有以下几个好处:

1 情景式教学形象逼真

情景并不是实体的复现,而是简化的模拟。能获得与实体相似的形象,所以给学生以真实感。

2 情景式教学情深意长

情景式教学是以生动形象的场景,激起学生学习和练习的情感体验。情景式教学倡导"情趣"和"意象",为学生创设和开拓了一个广阔的想象空间。情景式教学所具有的广远性,能促进学生更深刻地理解和掌握教材,激发学生的想象力。

3 情景式教学做到知、情、意、行融成一体

情景式教学为了创设一定的教学情境,就要运用生活显示情境、实物演示情境、音乐渲染情境、直观再现情境、角色扮演情境、语言描绘情境等方法,把学生引入一定的情境之中,使他们产生一定的内心感受和情绪体验,从而克服一定的困难和障碍,形成一定的志向,积

---

① 魏巴德,邓青.研学旅行实操手册[M].北京:教育科学出版社,2020.

极地进行练习，这样就能把知、情、意、行融成一个整体。

研学旅行过程中所处的真实环境，为情景式教学提供了条件，激发了学生的学习热情和学习愿望。通过设置合理的探究问题，辅以小组讨论、角色扮演等方法，能够充分地实现研学旅行的目的、意义和教育效果。例如，让学生身处屯溪老街扮演徽商，亲赴井冈山感触红色精神等。

（二）合作学习

合作学习是指学生在小组或团队中为了完成共同的任务，有明确责任分工的互助性学习，是相对个体学习而言的。合作学习将个人之间的竞争转化为小组之间的竞争，有助于培养学生的合作精神和竞争意识，有助于因材施教，分层教学，弥补研学旅行导师难以面向众多学生教学的不足，从而使每个学生都得到发展。合作动机和个人责任，是合作学习产生学习效果的关键。

研学旅行是集中食宿的教育活动，在体验生活、实践探索方面，合作是必不可少的学习方式。合作学习有以下好处：

1 培养合作精神

从客观上看，世界各国的教育都在强调合作，人类今后所面临的问题越来越复杂，要解决这些问题，光靠个人力量很难实现，因此，当代教育必须重视培养学生的合作意识与合作能力，而学生大多是独生子女，缺少形成这种意识的氛围，而合作学习无疑是这种能力培养的最佳途径。由4人或6人组成的学习小组，小组要想在整个班级中取得优异成绩，组员之间就必须精诚合作，将个人融入这个小小的集体中，一切以集体利益为出发点，经过长时间的培养，学习的合作能力肯定会大大提高。

2 培养交往能力

社会越发展，人际交往的重要性就越明显。在合作学习的过程中，学生增强了交往，形成了初步的社交能力，小组合作学习是同学之间互教互学、彼此交流知识的过程，也是互爱互助、相互沟通情感的过程。此过程促进了学生交往能力的提高，使学生既能"忘情"投入，又能规范、约束和指导自己的课堂行为。

3 培养创新精神

释放学生的创造力是当今教育的重要目的之一。对于作为学习主体的学生来说，教学不应当是传道，教学必须是伴随着喜悦与感动的探究发现过程，或是伴随着惊异的问题解决过程。合作学习由于采用的是异质分组方式，每个学生的学习能力、学习兴趣、知识面宽度都不一致，因此在学习过程中，学生间、师生间的互相启发、相互讨论，都会将另一些同学的思维导向一个新的领域，出现一些新的视角，提出一些值得争论的问题。可以肯定，这样一个知识不断生成、不断建构、具有创造性的过程，要比传授性教学更受学生欢迎，更有利于提高学生素质。

❹ 培养竞争意识

当今社会无处不存在着激烈的竞争,学校作为劳动力再生产的基础,应该培养学生的竞争意识,使之成为具有较强的上进心、能够适应未来社会发展需要的人才。合作学习将整个班级分为若干个小组,在问题的讨论与解决过程中,组与组之间不可避免地存在着竞争。在这一过程中,学生的竞争意识会逐渐增强。班级可以看作是社会的缩影,在这个小社会中培养出的竞争意识,对学生们进入未来的大社会,无疑是大有裨益的。

❺ 培养平等意识

在学校里,每个班级中都存在着歧视性、阶层性的结构,如性别的男与女、体力的强与弱、长相的美与丑、家庭的贫与富、能力的高与低,尤其是学习成绩的好与差等差异与对立。这样一来,创建民主平等型集体的任务,尤显突出。在合作学习中采用异质分组的方式,将不同学习能力、学习兴趣、性别、个性的学生分配在同一组内,同学们可以相互启发、补充,不存在谁更行、谁更聪明的问题,大家都是讨论成员之一。这样,学生之间的关系会更平等,更民主,更有利于形成一个良好的班集体。

❻ 培养承受能力

无论我们在学习中、生活中还是在工作中,失败总是比成功要多。失败是一种常见的挫折,挫折可以使一个人彻底消沉、忧郁,从此一蹶不振,也可以使人激发其潜力,取得更大的成功。所以,一个人对挫折的心理承受力越高,其成就的事业也就越大。在合作学习的过程中,学生在组内真诚地合作,组织公平竞争,在合作与竞争过程中逐步完善人格,养成良好的心理素质。

❼ 激励主动学习

合作学习能使学生把被动学习变为主动参加。在教学过程中,研学旅行导师把一些问题放手让小组合作讨论,这时学生已主动参与了学习。在合作讨论中,学生或多或少都会得到一些结论,这些结论的特别之处就在于它是学生在合作讨论中得出来的。如果没有完全解决问题,研学旅行导师稍加点拨,学生对方法、结论会留下深刻的印象。因为这其中有自己的学习成果。

(三) 实践探究

探究学习是学生在研学旅行导师的指导下,以类似研究的方式进行学习,对自主、合作学习中遇到的问题进行探究,在探究中主动地获取知识,应用知识,解决问题。它是相对于"接受学习"而言的,和接受学习相比,它具有更强的问题性、实践性、参与性和开放性。它是建立在自主、合作学习基础上的以探究为主、接受为辅的学习。

组织实践探究,应坚持以人为本的原则,研学旅行导师应成为组织者和引导者,促进学生素质全面提高。

❶ 创设情境，营造"问题"氛围，引导学生自主探究

"学起于思，思源于疑"，是让学生对所学内容充满疑惑，产生强烈的求知欲望。在研学过程中，研学旅行导师可根据学生的认知特点和心理特征，有意识地创设情境、营造"问题"氛围，培养学生质疑的习惯，由好奇引发需要，因需要而思考，使学生不断地发现问题，自觉地在学中问，在问中学。例如组织学生在高科技农业园研学时，可询问同学们"如果你是农林科学家，能否在戈壁滩或盐碱地上种植西瓜？"从而引发对无土栽培技术的探索；询问"如果你是园艺工程师，能否在橘树上开出茶花？"引发学生对嫁接技术的求知。组织学生参观三峡大坝时询问"如果你是大坝设计者，能否让轮船快速坐电梯过大坝？"引导学生探究升船机的奥秘；询问"如果你是大坝的建设者，截留长江用的填埋物最好做成什么形状？"引发学生对四面体混凝土构件的探索。这些问题有利于促进学生自主学习，积极探索，提高学生研学的兴趣。

❷ 唤起原知，搭设平台，让学生学会合作学习

学生学习的过程，不是被动吸取、记忆练习的过程，而是调动原有的知识和经验，用积极的心态去尝试解决新问题，同化新知识，健全知识体系的过程。研学旅行导师要相信学生的能力，让学生自主地发现规律和结论，学会倾听、思考、讨论、实践和表达。小组合作前，研学旅行导师要为学生留出独立思考的时空；合作过程中，研学旅行导师要给足学生讨论交流的时空，让不同学生的智慧都得到尽情的发挥；合作完成后，研学旅行导师要给足学生发言、补充、更正甚至辩论的时间，这是学生思维火花最易闪现的时候。如组织学生在神农架研学基地研学，我们将学生分成若干研究小组，每个小组的研究任务不同，分别定义为"树木科考队""花卉科考队""草本科考队"和"地质科考队"，每组开展分项调查，在完成合作探究后，再将研究成果与大家分享。这种以小组合作、组间竞争的研学方式有效地激发了学生研学的兴趣，促进了学生合作探究的主动意识，让学生学会了合作与交流。

❸ 加强指导，促进自主探究与合作交流的形成和完善

自主、合作、探究学习不应是"放羊式"的盲目自动，而是要加强研学旅行导师的组织、引导、帮助与促进作用。在研学过程中，研学旅行导师应鼓励和引导学生提出问题、探究问题和解决问题，把质疑、释疑作为教学中的重要组成部分，通过对学生质疑问难的指导，让学生带着问题去科学探索。例如：许多科技类研学基地的航模课程，传统的教学模式是老师先做一架飞机模型，学生仔细观察后，再动手做一架飞机模型。而创新的教学方式是，老师先仔细讲解飞机上各个主要部件的功能和特性，然后要求学生以小组为单位"造"一架飞机，基地尽可能地提供制作材料。这种开放式的教学模式，迫使学生不停地质疑、解疑，探讨和解决问题。研学旅行导师在过程中不停地协助各组完成制造的"梦想"，答疑解惑，推波助澜，让学生实践探究的能力大大增强，从而使教学效果达到最佳。

任务实施

以"追寻历史,传承农耕文化"为研学旅行主题,组织初中一年级学生前往农耕文化研学基地,开展为期三天的研学旅行活动。表 5-2 所示为任务实施方案表。

表 5-2 任务实施方案表

活动目的	(1)知识与技能:通过农耕研学基地的学习体验,使学生了解常用农用工具的基本知识; (2)过程与方法:通过参观调查,体验画斗笠,认识斗笠的用途,培养学生的动手能力; (3)情感态度价值观:通过农耕研学基地的学习体验,让学生在"耕读""耕食""耕作"中体验和收获劳动的乐趣。通过一系列的农耕体验,引导学生树立热爱大自然、热爱土地、热爱生活的意识,培养学生热爱劳动的习惯,激发学生探索新事物的好奇心
活动要求	(1)针对初中学生制定详细的研学方案; (2)制定详尽的研学旅行安全预案; (3)做好研学行前和行中教育
活动步骤	(1)制定详细的研学旅行实施方案; (2)制定活动安全预案; (3)组织学生以课题小组有序开展研学旅行活动; (4)做好研学活动的交流与分享
活动评价	(1)对学生参与活动情况个体进行量化评价; (2)对学生团队参与活动情况进行定性评价

拓展阅读

研学旅行怎样才有其特色

任务三 研学旅行课程的评价

Y 市地方研学旅行课程评价方案

整个评价方案由"等级＋评语"构成,总评成绩最终记录在学生的研学档案中,具体如下:

1 等级

(1)研学旅行结束后由师生共同填写评价表——我的研学"档案"(见表 5-3),作为最终的研学成绩;

(2)评价表具体由三部分组成:研学过程表现(60%)＋研学任务单(20%)＋研学日记"我的研学之旅"(20%)＝总成绩(100%);

(3)评价主体:学生自评＋小组评价＋研学旅行导师评价;

(4)成绩换算:以等级赋分方式进行分数换算。A 等级 85—100 分;B 等级 70—84 分;C 等级 69 分及以下。

表 5-3 我的研学档案

评价内容		学生自评(5分)	组长评价(5分)	教师评价(5分)
研学过程表现(60%)	遵守纪律(15%)			
	态度认真(15%)			
	积极讨论(15%)			
	互帮互助(15%)			
	小计	(满分60分)		
研学任务单(20%)		(满分20分)		
我的研学之旅(20%)		(满分20分)		
总分			等级	

2 评语

评语包含研学旅行导师寄语、学生自我鉴定、伙伴寄语和家长寄语。

任务剖析

研学旅行过程表现是指学生在整个研学旅行课程实施过程中的具体表现,研学旅行任务单是在每天的旅程中都必须完成的作业,一般来说每个研学旅行主题都有相应的研学旅行任务单,研学日记"我的研学之旅"是最后的总结性研学报告,不指定题目,由学生自由选题。

在评价主体上,不论是等级评分还是评语,都由不同的主体共同评价,体现评价主体的多元性。在评价方式上,以过程性评价为主,虽然评价方案中有一个最终的评价表,但该表的主要评价内容都是在研学旅行过程中的具体表现,最终的研学旅行总结报告也是开放性的设计。

一、研学旅行课程评价的内涵

(一) 研学旅行课程评价的定义

研学旅行课程评价是指课程实施之后对学生的学习结果,课程与教学的计划、内容、目标,以及研学旅行导师的教学成果等进行的判断,是按照一定方法与准则对与课程教学相关的一切活动的检验,也是课程设计的一个重要组成部分,其根本目的在于保证课程开发与教学设计的合理性。研学旅行课程评价的对象应包含对课程方案、教材、目标、内容、活动,学生的学习成果以及研学旅行导师的指导等方面。

(二) 研学旅行课程评价的意义

研学旅行课程评价最直接的目的是检验课程目标、课程设计和课程实施对于教育目标的达成程度。课程既是对学生进行教育的一个载体,也是达成教育目标的一种途径。研学旅行课程评价最重要的目的是提高课程质量。因此,课程评价是提高课程质量的重要依据。

激励并促进学生全面健康的发展是研学旅行课程评价的终极目的。一方面,评价本身不是目的,只是一个促进学生不断发展的手段。另一方面,通过评价,学生能了解到自己哪些方面做得好,哪些方面需要完善,从而引导学生根据自己的不足提出有针对性的改进措施和方法,获得全面健康的发展。

(三) 研学旅行课程评价的内容

研学旅行是学生、学校、基地(营地)、旅行社(旅游公司等第三方服务机构)等多方参与的活动。本着评价过程全程化、评价主体和评价对象多元化原则,研学旅行课程评价对参与研学旅行的每一个主体都进行评价。

1 学生

学生是参与研学旅行的主体,研学旅行所有工作的开展都是为了促进学生的发展。学生是研学旅行的参与者和体验者,是研学旅行效果的实际检验者。学生既要对研学旅行中的其他主体的价值进行判断,同时,学生的表现、学习效果等也要接受其他主体的评价。

2 研学旅行导师

研学旅行课程主要是由研学旅行导师实施的,包括研学旅行基地(营地)的导师,也包括旅行社(旅游公司等第三方服务机构)的导师。对研学旅行基地(营地)导师的评价主要关注导师的教学效果,对旅行社(旅游公司等第三方服务机构)的导师的评价主要关注其在研学旅行的过程中对学生的管理效果。

3 研学旅行基地(营地)

研学旅行基地(营地)就像一个特殊的"学校",是研学旅行课程的提供者,是学生进行研学旅行最主要的场所,是学生研学旅行学习的中心。研学旅行基地(营地)的管理是否规范、场地是否安全、提供的课程是否丰富且具有可操作性、研学旅行导师的配备是否合理、专业素养是否达标等是影响研学旅行是否有效果的重要因素。

二、研学旅行课程评价的原则

研学旅行是以中小学生为主体,以集体旅行生活为载体,以提升学生素质为目的,依托旅游吸引物等社会资源,进行体验式教育和研究性学习的一种教育旅游活动。研学旅行重在激发学生对党、对国家、对人民的热爱之情,引导学生主动适应社会,促进书本知识和生活经验的深度融合。根据研学旅行的特点,研学旅行课程评价应遵循以下六大原则。

(一) 全程性原则

整个研学旅行由课程贯穿起来,研学旅行课程评价对研学旅行中涉及的所有课程进行评价,以此对研学旅行的全过程进行评价。每一门精心设计的研学旅行课程,都有其独特的育人价值,为了保证每一门课程的实施都能达到预期的教育目标,有必要对研学旅行中涉及的每一门课程进行评价。研学旅行是一种特殊的校外教育活动,它的学习对象不局限于书本知识,研学旅行途中的一切都是值得学生学习的。生活即教育,研学旅行就是将学生置身于真实的生活中,让学生感知教育的真谛。研学旅行全过程都是有教育意义的,因此,研学旅行课程的评价必须坚持全程性原则。

(二) 全员性原则

全员性原则是指评价要覆盖参与研学旅行的所有学生。学生是研学旅行课程的参与者,是研学旅行课程最核心的要素,是研学旅行最重要的目标指向。研学旅行课程的好坏,与学生学习的效果有直接的联系,所以对研学旅行课程进行评价时,必须要考虑到学生的学习效果,要对学生进行评价。学生是研学旅行的主体,每一名学生都是以个体的名义参与到研学旅行的过程中,研学旅行导师服务的对象不仅是一个个团体,更是一个个的学生个体。学生有着教育背景、性格、兴趣爱好等方面的差异性,即使参加的是同样的研学旅行课程,他们的学习表现和学习效果也可能截然不同,没有一种评价结果适合所有的学生。因此,研学课程评价必须要面向全体学生,要基于学生的实际表现,给予其个性化的评价结果。

评价要覆盖参与研学旅行的各类主体。学生、学校、基地(营地)、旅行社(旅游公司等第三方服务机构)等参与到研学旅行的各个环节,只有每个环节都规范、高效,研学旅行才能朝着好的方向发展,不能让某些主体游离在考核、评价之外,变成扰乱研学旅行市场的危险分子。所以在搭建研学旅行课程评价体系时要将所有的参与主体纳入评价范围。

(三) 实践性原则

实践性原则是指要注重对学生实践参与度与实践能力的评价。研学旅行是综合实践活动课程的一种组织形式,创造性地改变了学生学习的方式,是教育改革的关键措施。研学旅行为学生提供了更大的学习空间、更全面的学习环境,把旅行变成课堂,把社会当成教材。实践性是研学旅行有别于一般学科课程的最大不同点,是研学旅行课程的灵魂。研学旅行课程评价要依据研学旅行的特性,突出对学生实践精神和实践能力的评价。

(四) 多元化原则

多元化原则是指对参与研学旅行的每一个主体进行评价,评价主体是多元化的。不同主体在研学旅行过程中发挥不同的作用,旅行社主要负责组织研学旅行,研学基地主要负责提供学习内容,学校主要负责组织学生参与研学旅行,学生主要负责学习、体验。根据各主体不同的职责和分工,研学旅行评价的内容也不一样。因此,研学旅行评价内容应该具有多元性。为适应不同的评价主体和评价内容,采用不同的评价方法,因此,研学旅行课程评价方法也是多元性的。

(五) 公平性原则

公平性原则是指要一视同仁地对待评价对象。首先,评价体系制定时要考虑公平性,评价指标要适用于所有的评价对象。其次,在评价实施时,要一视同仁地对待所有的评价对象,基于评价标准,客观地给予评价。最后,评价结果的应用也要考虑公平性,不能因为评价对象的不同而差异化地给予评价结果。

(六) 发展性原则

发展性原则是指研学旅行课程的发展是动态的过程,评价的作用在于促进研学旅行的发展而不是区分评价对象的优劣。评价应以尊重被评对象为前提,评价主体要积极参与研学旅行活动,并注重主体间的沟通。评价主体应采用激励性的语言全面客观地表述真实情况和改进建议,努力使每一个被评价者都能得到成功的体验,并乐意为未来更好的发展而努力。

三、研学旅行课程评价的标准

研学旅行课程评价需要构建完整的系统的评价体系。从对事和对人的角度上包括研学旅行导师评价、学生评价和课程评价。其中研学旅行课程的主要实现载体是活动,因此活动设计与实施的质量很大程度上决定了研学旅行课程的品质。体验式学习活动是研学旅行课程的最主要的实现方式。研学旅行中的体验式学习不应是蜻蜓点水式的走马观花,应该是综合性质的主题体验活动,并且应该贯穿研学旅行的行前阶段、行中阶段、行后阶段和应用阶段四个阶段。行前阶段为获取间接经验阶段,行中阶段为获取直接经验阶段,行后阶段为整理经验阶段,应用阶段为检验经验阶段。不论是课堂上的教学还是校外的研学旅行,各个阶段贯穿的是教与学的过程,在研学旅行过程中教师的"教"更多地体现为隐性的指导,学生的"学"更多地体现为学习的主动建构。因此,要将评价焦点对准教师的指导和学生的学习两个领域。根据以上的横纵框架,初步构建了研学旅行中体验式学习的评价标准(见表5-4)。

表5-4 研学旅行中体验式学习的评价标准

评价阶段	教师指导	学生学习	学生学习评价方式
行前阶段 获取间接经验阶段	方式多元化,如通过讲座、视频、网站、学生作品等方式了解知识及知识的形成过程; 方式能够调动学生积极性	了解知识要点; 了解知识脉络及形成过程; 明确自身需要关注的重点知识	可以通过学生的听课状态、学案学习、学习任务规划等进行评价
行中阶段 获取直接经验阶段	活动形式与场馆资源和环境契合,活动内容指向课程目标,活动方式有趣; 观察学生状态,适时进行指导	多感官观察、感知情境; 识别和辨析情境中的多种信息; 了解情境中各种信息及之间的关系,提出问题	可以通过学生的体验状态、参与程度、是否提出有价值的问题、学案学习等进行评价

续表

评价阶段		教师指导	学生学习	学生学习评价方式
行后阶段 整理经验 阶段	对经验本身进行概括与提升	用适当的形式激活学生的体验；组织不同经验的深度交流；诊断并指导学生完善自己的经验	对信息进行梳理，形成观点或作品；分享自己的观点或作品；吸纳他人的观点或作品，完善自己的经验	可以通过学生的作品、交流表达、参与程度和学案学习等进行评价
	对学习过程与结果进行评价	构建学习过程与结果的评价标准；比较不同价值观并做出归纳和总结，适切指导学生的评价	依据标准对自己和他人做出透切的评价；对评价标准能够提出个人见解	可以通过学生的交流表达、参与程度、对标准修改完善的重要贡献度进行评价
应用阶段 检验经验阶段		适时指导学生的应用	将自己的经验应用于新的情境；有意识地进行思考，进一步完善自己的经验	可以通过学生的实践参与、交流表达、学生作品等进行评价

❶ 行前阶段

目的：行前阶段主要是组织学生对研学旅行目的地的资源和文化的了解阶段，需要重点考虑信息提供的多样性和趣味性，以调动学生在有限的时间内真正了解研学旅行目的地的知识、特点和文化内涵。

研学旅行导师指导评价要点：主要围绕指导方式和内容进行评价。要求方式和内容多元化，如通过讲座、视频、网站、学生作品等方式了解知识及知识的形成过程。

学生学习评价要点：了解知识要点；了解知识脉络及形成过程；明确自身需要关注的重点知识。

学生学习的评价方式：可以通过学生的听课状态、学案学习、学习任务规划等进行评价。

❷ 行中阶段

目的：行中阶段主要是以学生为主体开展多种多样的活动（以体验式活动为主），在活动中体验，在活动中建构，在活动中育人。

研学旅行导师指导评价要点：活动形式与场馆资源、环境契合，活动内容指向目标，活动方式有趣;能够观察学生状态,适时进行指导。

学生学习评价要点:多感官观察、感知情境;识别和辨析情境中的多种信息;了解情境中各种信息及之间的关系,提出问题,并探索解决问题的相关信息。

学生学习的评价方式:可以通过学生的体验状态、参与程度、是否提出有价值的问题、学案学习等进行评价。

❸ 行后阶段

目的:行后阶段主要是依托学校课堂教学对研学旅行体验进行整理,形成经验,建构概念、观点的阶段,对研学旅行进行回顾、梳理和反思,将课内外两个课堂贯通,使研学旅行的价值得到深化和提升。行后阶段包括两个部分:对经验本身进行概括与提升,对学习过程与结果进行评价。

研学旅行导师指导评价要点:用适当的形式激活学生的体验;组织不同经验的深度交流;诊断并指导学生完善自己的经验;构建学习过程与结果的评价标准;比较不同价值观并做出归纳和总结,适切地指导学生的评价。

学生学习评价要点:对信息进行梳理,形成观点和作品;分享自己的观点和作品;吸纳他人的观点和作品,完善自己的经验;依据标准对自己和他人做出适切的评价;对评价标准能够提出个人见解。

学生学习的评价方式:可以通过学生的作品、交流表达、参与程度等进行评价;可以通过学生的交流表达、参与程度、对标准修改完善的贡献度进行评价。

❹ 应用阶段

目的:应用阶段主要是学生将所学对接生活实践的尝试阶段,在尝试过程中,学生会进一步丰富和完善自身的经验和知识图式。

研学旅行导师指导评价要点:适时指导学生的应用。

学生学习评价要点:将自己的经验应用于新的情境;有意识地进行思考,进一步完善自己的经验。

学生学习的评价方式:可以通过学生的实践参与、交流表达、学生作品等进行评价。[①]

四、研学旅行课程评价的类型

任何评价的有效实施,都需要落实到具体评价方法的选择上。不同的评价方法,可能会得到不同的评价结果,可见科学选择评价方法的重要性。根据不同的划分标准,可以把研学旅行课程评价划分为不同的评价类型。

---

① 刘继玲.研学旅行中体验式学习评价标准开发与应用[J].中小学教师培训,2018(9)46-49.

（一）按照评价的目的不同

1 诊断性评价

诊断性评价也叫准备性评价，一般是指在某项教学活动开始之前对学生的知识、技能以及情感等状况进行的预测。在研学旅行活动前设计出可以满足不同起点水平和不同学习风格的学生所需的研学旅行方案，并将学生分别置于最有益的教学程序中。

2 形成性评价

形成性评价是指在教育教学活动过程中对活动过程和效果进行的评价，其目的是了解目标达成的情况，以便及时调控教育教学活动，保证教育目标的实现。在研学旅行的过程中，评价主体按照评价内容和标准，通过自己的观察、体验等来对评价对象进行评价，评价的重点在于评价对象的运行过程和效果是否能到达预期的要求。

3 总结性评价

总结性评价是指在课程（单元）教学结束后用来确定教学目标完成程度的评价活动。主要用于给学生的表现打分，或证明学生对预期的学习目标的掌握情况。总结性评价中使用的方法是由教学目标决定的，通常包括研学旅行导师编制的成就测验，对各种行为表现的评定（如实验、口头报告等）以及对作品的评价（如作文、绘画、研究报告等）。

（二）按照评价的主体不同

按照评价的主体不同可以分为自我评价与他人评价。

1 自我评价

自我评价亦称内部评价，是指评价对象（集体或个人）根据一定的标准，对自己的工作、学习、品德等方面的表现进行的评价。

2 他人评价

他人评价亦称外部评价，是指评价对象以外的组织或个人依据评价标准对评价对象进行的评价活动。

从评价主体来看，研学旅行主要采用的是他人评价。在评价标准和工具科学的情况下，他人评价是比较客观的。为了提高评价对象的参与度，凸显评价对象的主体地位，有时也会采用自我评价。自我评价与他人评价方法配合使用，能更全面地反映评价对象的真实状态。

任务实施

通过上网、调研等方式搜集整理不同类别的研学旅行活动所采用的各种评价方案。表5-5所示为任务实施方案表。

表 5-5　任务实施方案表

活动目的	通过所搜集的案例了解不同的研学旅行评价方式及其运用
活动要求	搜集研学旅行活动方案及其评价方案,并将评价方案所涉及的各种评价方式进行整理
活动步骤	(1) 搜集研学旅行方案; (2) 搜集研学旅行方案对应的研学旅行评价方案; (3) 整理评价方案
活动评价	学生通过亲自搜集整理研学旅行活动方案及评价方案,对于自身今后设计研学旅行活动应注意的问题及评价方案的设计,都要有一个清晰的认识

拓展阅读

为什么 PBL 是 2019 年研学旅行课程升级的大契机

项目小结

本项目主要阐述了研学旅行课程的设计、实施和评价。通过学习既能初步设计研学旅行课程,又能实施研学旅行课程,并能对研学旅行课程进行评价。学好研学旅行课程设计的实施及评价,仅仅了解相关理论知识是不够的,必须通过不断的实践、积累、优化,才能不断完善。

项目训练

紧贴行业实务岗位训练　融通 1+X 职业技能等级证书考题

项目六　研学旅行的安全管理

 项目目标

职业知识目标

理解研学旅行安全的内涵、原则和主要任务。

职业能力目标

1. 在研学旅行策划与管理（EEPM）职业技能等级要求（初级）中能够针对常见疾病进行预防及治疗，能对常见意外事故进行应急处理。
2. 在研学旅行策划与管理（EEPM）职业技能等级要求（中级）中能处理火灾、车祸、食物中毒、人员走失、溺水事故等，能保证活动的安全秩序，使活动正常开展。
3. 在研学旅行策划与管理（EEPM）职业技能等级要求（高级）中，能疏导人员情绪，避免由于心理问题导致的安全事故。

职业素养目标

培养研学旅行导师敏锐发现问题、进行研学旅行安全管理的职业素养。

 **知识框架**

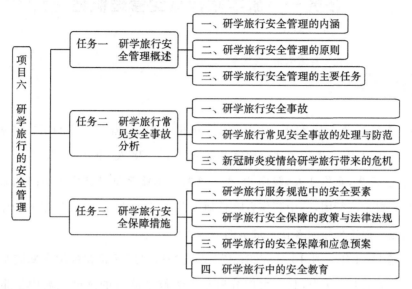

 教学重点

研学旅行安全保障措施。

 教学难点

研学旅行常见安全事故分析

 项目导入

  生产管理学中有一个著名的理论——"海恩法则",它指出:每一起严重事故的背后,必然有29次轻微事故和300起未遂先兆及1000起事故隐患。安全事故的发生是量变积累的结果,量变到一定程度之后,就会引起质变,从而诱发严重事故。而研学旅行中的安全管理至关重要,我们要避免发生事故,就要进行严密周全的安全管理。把握研学旅行中的安全管理,是响应研学旅行行业规范化的执行要求,也是减少研学旅行风险的必然要求,同时也有利于保障和提升研学机构服务质量。

任务一　研学旅行安全管理概述

【案例一】1988年3月24日,从南京开往杭州的311次旅客列车与正要进站的208次旅客列车发生正面相撞,事故共造成旅客及乘务员死亡28人,重伤20人,轻伤79人,其中日本旅客死亡27人,重伤9人,轻伤28人。这些日本旅客都是到中国访问和旅游的日本高知市青少年修学旅行团,其中死伤者除教师1人外,其余都是16岁以下的中学生。该事故是中国铁路事故中外籍旅客伤亡最多的一次。

【案例二】2014年4月16日,载有476人的"岁月号"客轮在韩国海域进水并于2小时后沉没,造成314人遇难,其中大部分遇难者为修学旅行的某韩国高中学生。这是韩国近几十年来最严重的海难事故,教育部门一度取消研学旅行活动。韩国总理引咎辞职,海洋警察厅由于救援中未尽应有的责任而被解散。包括沉船运营商主管、船长、船员、海警、船务公司和安检机构有关人员在内的约400人被立案调查,其中154人被逮捕,多人被判刑。

通过以上两则案例,我们不难发现,研学旅行的安全管理问题至关重要,因为研学旅行的对象,主要是中小学生。根据《中华人民共和国民法典》第十七条规定:不满十八周岁的自然人为未成年人。第十八条规定:成年人为完全民事行为能力人,可以独立实施民事法律行为。教育部纳入学校教育教学计划的是中小学生的研学旅行。而中小学生作为未成年人,其个人的安全意识、风险判断能力、安全防护能力和应急处理能力都较弱。同时,中小学生作为未成年人,不属于完全民事行为能力人,还不能独立实施民事法律行为。也就是说,一方面中小学生心智尚未完全成熟,难以独立面对安全问题;另一方面法律也没有赋予中小学生应对安全问题时独立采取民事法律行为的权利。因此,研学旅行的安全管理至关重要,作为研学旅行导师,必须把研学旅行的安全管理放在重中之重的地位。

任务剖析

作为一名合格的研学旅行导师,必须要有安全管理意识、风险防控能力和危机处理能力,才能适应岗位工作需要。本任务需要理解研学旅行安全管理的内涵、把握研学旅行安全管理的原则、掌握研学旅行安全管理的主要任务。

一、研学旅行安全管理的内涵

研学旅行的安全管理是指研学旅行的组织学校和承办机构,依据双方签订的安全责任书在其安全职责范围内制定、执行各项安全管理制度、方案和预案的过程。

研学旅行的发展如火如荼,然而研学旅行开展的痛点和难点就是安全问题。尽管研学旅行的教育价值毋庸置疑,但是安全问题在实践中却成为研学旅行课程能否实施的最大障碍。一旦发生安全事故,就必然刺激学校、家长和社会的神经。大家对安全问题的敏感程度越来越高,使研学旅行成为教育部门和家长都不太愿意触碰的"雷区"。

学校作为研学旅行的组织者,需要组织成千上万的中小学生走出课堂、走出校园,走向大自然、大世界、大社会,开展"集体旅行,集中食宿"的研学旅行课程。由此可见,安全防控以及相关责任问题是学校最担心的问题,由此产生的"畏难""畏责"情绪,使得很多学校参与研学旅行的热情受到影响。

家长作为中小学生的监护人,对于孩子的学习成绩和健康成长非常关注,尤其是安全问题,永远摆在首位,所以安全问题也是家长在研学旅行课程实施中最关注的点。

如何有效保障中小学生的生命和财产安全,如何有效地进行安全防范工作,以及规避因安全事故所产生的问责、追责等,是研学旅行在实践中必须首要考虑的问题。如果没有行之有效的措施为研学旅行保驾护航,那么研学旅行活动就无法顺利开展。研学旅行安全管理的内涵,就是要从设计安全、采购安全、实施安全三个方面,对安全管理进行有效梳理。

(一) 设计安全

在研学旅行的课程开发、活动策划和线路设计过程中,要尽量发现和排除不安全的因素。在研学旅行课程开发中,要能够预见课程的安全隐患,而不是被动地等出现安全事故后,再来进行排查或者处理。要切实贯彻落实"安全第一,预防为主"的安全工作方针。

在湖北省宜昌市杨守敬书院的"龙舟竞渡"课程中,因为课程是涉水类课程,安全问题必须加以重视。在实践过程中,该基地有切实的安全预案和应急保障措施。从课前的安全教育到课中的安全保障,再到应急保障人员和保障措施等,非常完备。所有的龙舟也进行了安全改造,如加强船的稳定性以及配备应急船和救生员,所有参与该课程的中小学生也必须严格遵守相关安全管理规定,如正确穿着救生衣等。因为在课程开发之初,就充分考虑到了安全问题,所以该课程截至 2021 年在该基地没有出现一起安全事故,这门课也成为该基地的精品课程。

研学旅行活动单次出行的规模大,因为研学旅行课程实施标准中,要求"集体出行、集中食宿",在实践操作层面上,很多学校都是以班级进行活动,有的学校甚至组织全年级进行研学旅行活动。这就导致每次出行人数较多,有餐饮、住宿、交通等方面的要求,如果按照传统旅行活动的标准,是无法满足的,也容易导致安全隐患。同时,由于中小学生的身体特点,一旦走出校门,学生们容易放飞自我,在新鲜的环境中,学生之间更容易追逐打闹、嬉戏玩耍,容易引发意外事故。由于研学旅行的特点是需要集中食宿,而组织大规模的食宿,是十分复杂和具有挑战性的。

在活动策划和线路设计过程中,一定要尽量发现和排除不安全的因素。在很多研学旅行基(营)地,房间内的非固定易碎玻璃器皿一律不准放置,尖角处进行软包装饰,开水由楼层服务员统一提供,窗户加装安全螺丝栓确保只能打开15厘米左右,不允许售卖冰镇饮料、酒精饮料等。在线路设计过程中,充分考虑沿线的安全问题,如交通、食宿等具体事项的安全。如在乘坐飞机的过程中,要将学生的安全教育落到实处,确保每一位学生熟知飞机上安全出口的位置,紧急情况下氧气面罩的使用方法等。

总之,在研学旅行活动策划和线路设计过程中,都要把安全工作放在第一位。首先要考虑安全问题,注重细节管理。

(二) 采购安全

研学旅行的物资采购必须与经营资质齐全、安全保障充分、安全记录良好的供应商合作,且研学旅行保险、安全管理器材、应急物资等的采购也必须落实到位。

供应商的资质十分重要,《中华人民共和国旅游法》第三十四条规定:旅行社组织旅游活动应当向合格的供应商订购产品和服务。虽然该规定是针对旅行社组织旅游活动而言,但是对于研学旅行来说,是一样的,因为研学旅行所面向的对象是未成年人,要求可能会更高。

在旅游领域中,因为物资来自不合格的供应商,导致的旅游安全问题屡次发生,例如在2019年国庆期间,深圳某旅行社组织了"桂林三日行"旅游团,在旅游行程的第二天,旅游大巴在从阳朔前往龙胜梯田的路上发生了抛锚,导致该旅游大巴车无法完成运输任务。因龙胜梯田享誉中外,是本次行程中的重要景点,全团游客不愿意取消该行程,旅行社只能另行安排车辆前往。但是,由于正值国庆"黄金周",各方旅游资源紧缺,旅行社找不到合适的旅游车辆。几经周折,临时找了一辆无旅游客运资质的大巴来完成余下行程。因原旅游大巴车故障耽搁了时间,加之随后又遇到大堵车,全团游客内心生怨,游客体验极差。旅游行程结束之后,5位游客联名向旅游主管部门投诉,认为该旅行社存在服务质量问题。旅游行政主管部门在调查中发现旅行社临时安排的大巴车并没有旅游客运资质。幸运的是,本案例中并没有发生安全事故,但是由此产生的影响极为恶劣。

在研学旅行中,我们不能把安全拿来做赌注,认为只要不出事就好,或者认为事故只要不出在所开展的研学旅行团队中就好。应该主动作为,提前做好规划,从源头上做起,在采购时,就充分考虑安全问题。

此外,研学旅行保险、安全管理器材、应急物资等采购也必须落实到位。研学旅行的意义是毋庸置疑的,因为"最美的教育在路上"。但是,即便制定了最详尽周密的安全预案,在研学旅行的过程中,还是有可能会出现突发事件或者意外事故。研学旅行过程中应该避免"因噎废食",不能因为惧怕发生安全事故,而放弃组织研学旅行活动。

研学旅行保险应该从三方面准备。一是保险公司应该尽快推出"研学旅行责任险",此保险险种可以由教育部或者各省(自治区、直辖市)教育行政部门出资购买,作为专门为研学旅行保驾护航而设计的责任险,采用政府兜底的保障行为,以此险种来作为支撑研学旅行活动安全事故赔偿的后盾;二是研学旅行承办专业机构(一般来说是旅行社等机构)对旅行社责任险进行完善,针对研学旅行活动形成有效的补充,采用"双保险"的制度;三是利用"旅游意外险"作为研学旅行责任险的有效补充,从而让研学旅行拥有较为完备的、多种保险机制的综合保障形式。在进行采购时,要综合考虑保险公司的实力,选择实力雄厚、品牌信用高的保险公司进行合作。

安全管理器材应该根据不同的研学旅行课程进行有效的安全管理,包括器材的整体安全以及物资物料的安全,如涉及手工类研学课程时,如何安全使用和管理剪刀这类教具等。在采购时,必须考虑安全性,同时注重过程管理和预防。

应急物资的采购,如疫情防控常态下的防疫物资、医疗物资、急救物资等,必须采购国家规定的正规生产厂家的合格产品,严格把控采购关口。

(三) 实施安全

在研学旅行的实施过程中,应该坚持以安全作为开展一切活动的前提,做到"人人讲安全,处处念安全,事事重安全"。在研学旅行开始前,学校要进行安全教育,不仅是针对学生的教育,也要对带队参加研学旅行活动的教师进行安全责任心教育,从而确保在研学旅行活动中的每个环节和细节中不出现问题。另外,学校还需要保持和研学旅行企业或者机构的全方位多角度的沟通,落实安全责任。在研学旅行过程中,要严格按照相关课程标准、规范和要求进行操作,研学旅行导师要有安全意识,提升自己的预见性,同时具备冷静的头脑和良好的心理素质,一旦发生安全事故,要按照应急预案的要求,进行相关处理。在研学旅行结束后,对于有关安全方面的问题,要进行总结和反思,不断强化安全意识,防微杜渐。

总之,研学旅行安全无小事,无论是教育主管部门、学校,还是旅游部门、交通部门、旅行社、研学旅行组织机构等,都应该把安全问题放在至关重要的地位,时时讲安全、处处讲安全,才能避免安全问题成为研学旅行发展的最大障碍。

二、研学旅行安全管理的原则

研学旅行安全管理的原则主要有安全第一、保障充分、教育有力、专项审核、责任到位五大原则。

(一) 安全第一

安全第一是研学旅行安全管理中的首要原则,当研学旅行活动与安全有冲突时,必须以安全为重。研学旅行的参与对象几乎都是未成年人,不具备完全民事行为能力,因此,在研学旅行活动中,安全问题就是底线问题。为了确保学生的安全,可以放弃既定活动,宁可暂缓甚至中断活动,也要充分保障学生的安全,牢固树立安全第一的意识,当安全不能充分保障的时候,始终以安全为准绳不动摇,决不能以牺牲安全为代价开展活动。

(二) 保障充分

教育部等11部门联合印发的《关于推进中小学生研学旅行的意见》中要求"各地要制订科学有效的中小学生研学旅行安全保障方案",要求各地规范研学旅行组织管理。各地教育行政部门和中小学要探索制定中小学生研学旅行工作规程,做到"活动有方案,行前有备案,应急有预案"。由于研学旅行的课程主要是在校外进行,开放性和不确定性极强,所以,需要对研学线路、课程设计、组织方案、实施过程、实施效果等各方面进行事前、事中、事后评估,确保活动中每个环节的安全性。教育主管部门应以顶层设计的角度强化安全管理原则,切实保障研学旅行活动中的安全。

保险行业监督管理机构需要负责指导保险行业提供并优化校方责任险、旅行社责任险等相关保险产品。组织开展研学旅行活动的学校,必须投保校方责任险和师生意外险,充分保障师生的安全。研学旅行的具体承办机构,如旅行社或相关研学旅行教育机构等,必须备齐安全管理所需的物资和应急处理常见物品。

(三) 教育有力

首先,要做好行前安全教育,增强学生的安全意识。一定要从思想源头上,牢固树立学生的安全意识。如果没有生命的保障,就谈不上教育,更谈不上发展和幸福。研学旅行是在确保学生安全的前提下,开展的教育活动,因此在任何时候,安全都是前提。在研学旅行开展之前,一定要强化学生的安全意识,在研学旅行过程中,个人或者周围的同学遇到任何问题,都应该在第一时间寻求带队老师或研学旅行导师的帮助。

其次,在研学旅行过程中要做好针对性强的安全教育、安全警示和安全提醒。树立学生的集体意识,强化集体观念,统一行动,一切行动听指挥。研学旅行导师要时刻把安全放在首位,不断地强化安全,在遇到紧急情况或者危险情形时,一定要有明确的安全警示和提示。

最后,在研学旅行行程结束后,要做好安全总结,巩固安全教育成果。总结经验和教训,对于已发生的安全问题,要总结反思,同时举一反三,避免同类事情的再次发生。

(四) 专项审核

安全管理原则中,必须要对相关内容进行专项审核,发挥相关主管部门的安全监督管理职责。一方面，研学旅行的组织学校要将活动方案（含保单信息等）和应急预案送至相关主管部门审核；另一方面，研学旅行活动的承办机构要将活动方案、行车线路送交警和运管部门备案。通过专项审核，充分发挥相关职能部门的监管职责，才能确保研学旅行安全在实施过程中，各个环节和组织机构都能够对安全问题得以充分重视和保障。

(五) 责任到位

教育行政部门负责督促学校落实安全责任，审核相关方案、预案。学校要与家长和研学旅行承办方签订安全责任书，明确各方责任。教育、旅游、公安、交通、食品药品监管等部门分别加强各领域安全监督。上述各部门、学校、企业要做到层层落实，责任到人。

三、研学旅行安全管理的主要任务

研学旅行安全管理中要遵循"安全第一，预防为主"的方针。《关于促进旅游业改革发展的若干意见》明确提出研学旅行组织原则中要以"教育为本，安全第一"为原则。

研学旅行安全管理的第一个目标是必须以预防为主，积极消除隐患，确保安全完成研学旅行各项任务。在研学旅行安全管理过程中，必须相互协作，密切合作。学校和研学承办机构要做好行前安全教育工作，制定安全手册，培训相关人员，认真制定安全方案和应急预案。相关监督管理部门要做好安全监督管理工作，切实发挥职责，对于研学旅行过程中可能发生的安全问题，如交通、天气、食品卫生、突发疾病等，要做好配合。

研学旅行安全管理的另一个目标是尽量减少人员财产损失，降低突发灾害所造成的破坏和影响。一旦发生安全事故，必须要秉承尽量使损失不再扩大的原则，最大程度降低因为各种事故所造成的破坏和影响。

(一) 策划设计阶段

研学旅行安全管理在策划设计阶段的任务是做好安全防控和评估工作。做好研学旅行方案和研学旅行线路的安全评估，安全方案和应急预案送审备案，从源头上筑牢安全防线。通过评估是设计研学旅行课程的前提，只有通过评估的研学旅行课程方案，才有设计的必要。

(二) 采购定制阶段

研学旅行安全管理在采购定制阶段的任务是选择和审核供应商，充分了解供应商的资质，从中选择合理的供应商。避免因为采购不当，选择不合格的供应商提供相关产品，而造成研学旅行工作中的安全隐患。

(三) 执行实施阶段

研学旅行安全管理在执行实施阶段的任务，主要是在行前、行中和行后三个阶段开展。

行前阶段的任务，主要是研学旅行安全方案和应急预案在相关职能部门送审、备案；对师生进行安全教育；研学旅行组织机构的安全及应急物资准备；核对相关票据；学校和研学组织机构之间关于安全的沟通和确认等具体工作。

行中阶段的任务，主要是对可能发生的安全问题和影响人身安全的紧急情况进行安全警示；对学生在研学旅行过程中的行动安全进行监督；对研学旅行活动过程中的环境、旅行环境安全监视、反馈；对已发生安全事故或者危机事件中的应急处理及善后工作等。

行后阶段的任务，主要是研学旅行活动的安全总结。总结经验和教训，同时，进一步增强安全管理意识，促使研学旅行工作人员不断巩固安全相关知识，提升安全管理技能。

请根据任务一的知识点分组讨论：作为一名研学旅行导师，如何提升研学旅行中的安全管理能力。表 6-1 所示为任务实施方案表。

表 6-1　任务实施方案表

活动目的	让学生通过实践讨论，理解研学旅行安全管理的重要地位，能够学会如何认识和处理研学旅行中的安全问题，理清重点，突破难点
活动要求	认真准备，严格按照规范执行相关任务；分组讨论，人人参与，最终，每组要有一位发言人进行总结发言；在规定的时间内完成相关讨论
活动步骤	(1) 由教师发布任务，并说明相关情况； (2) 学生分组进行讨论，并形成各自观点； (3) 由每组发言人进行发言，交流； (4) 教师对活动进行总结
活动评价	学生自评和小组互评，教师总结点评，评选出在本活动中最认真小组、思考最深入小组和最具有集体参与感小组，对于表现突出的团队，给予鼓励

拓展阅读

"三问"研学旅行乱象

任务二　研学旅行常见安全事故分析

 任务导入

【案例一】2018年11月,安徽省阜阳市某希望小学六年级的一名学生参加学校组织的研学旅行,和同学、老师一起前往江苏省宿迁市项王故里景区时,被景区一个石制灯具砸中,医治无效身亡。此次研学旅行有100多名学生参与,当天的活动由阜阳市某旅行社负责执行带队,随队共有校方老师10名和旅行社导游4名。据报道,事发当时老师和导游都在事发地旁边的餐厅用餐。

【案例二】2019年7月22日,24名乘坐北京西开往重庆西的Z95次列车进行研学旅行的学生出现呕吐、恶心、腹痛等症状,经卫生部门初步诊断,为细菌性集体食物中毒,后续又有15名学生发病。该事件在研学旅行中属于非常典型的食品安全事故。

你作为一名研学旅行导师,在带领研学旅行团队的过程中,可能会经历一些常见的安全事故,如交通安全、食品安全、意外伤害、自然灾害、突发疾病、学生走失、财务损失等问题,如何面对不同类型的安全事故,进行有针对性的处理至关重要。

 任务剖析

作为一名研学旅行导师,从源头上重视安全管理,是非常重要的,请认真学习研学旅行常见的安全事故,学会处理不同的安全问题,提升研学旅行安全问题的应急和处理能力。

一、研学旅行安全事故

(一) 研学旅行安全事故的含义

安全事故是指生产经营单位在生产经营活动(包括与生产经营有关的活动)中突然发生的,伤害人身安全和健康,或者损坏设备设施,或者造成经济损失的,导致原生产经营活动(包括与生产经营活动有关的活动)暂时中止或永远终止的意外事件。

旅游安全是指旅游活动中各相关主体发生的一切安全现象的总称。它既包括旅游活动中各环节的相关现象,也包括旅游活动中所涉及的人、设备、环境等相关主体的安全现象。既包括旅游活动中的安全观念、意识培育、思想建设与安全理论等"上层建筑",也包括旅游活动中安全的防控、保障与管理等"经济基础"。旅游安全是旅游业的生命线,是旅游业发展的基础和保障。旅游业发展的事实证明,没有安全,便没有旅游。旅游安全事故的出现,不仅影响旅游活动的顺利进行,而且可能带来巨额经济损失;旅游安全事故危及旅游者生命和财产,直接影响社会的安定团结;旅游安全事故还会损害国家的旅游声誉,阻碍旅游业发展。因此,加强旅游安全管理具有重要意义。

对于研学旅行这一蓬勃发展的旅游新业态来说,研学旅行安全管理的重要意义不言而喻。但是学术界目前针对研学旅行安全事故只是从类型、特点以及如何防范和避免等方面进行论述。对于研学旅行安全事故的定义,并没有权威的界定。参照在安全生产领域的定义和旅游安全的相关定义,编者对研学旅行安全事故进行了总结。

研学旅行安全事故,则是发生在研学旅行领域中的安全事故,即在研学旅行活动过程中(包括在研学旅行活动组织过程中)突然发生的,伤害学生、教师、研学旅行导师、研学旅行相关工作人员等相关主体在内的一切安全现象的总称,包括研学旅行过程中发生的人身安全和财产安全,从而导致研学旅行活动(包括在研学旅行活动组织过程中)受阻或者终止的意外事件。

(二) 研学旅行安全事故的等级

研学旅行安全事故的等级,因为研学旅行在实践操作过程中,与旅游领域有很大的交集,又因目前并没有相关国家标准和相关文件,所以目前研究领域也没有专门的划分,只能借鉴目前已经完善的旅游安全事故等级对研学旅行安全事故等级进行表述。后续随着研学旅行行业的不断发展和完善,有相关国家标准及文件出台,则采用国家相应的等级分类标准。

2016年9月7日,《旅游安全管理办法》由原国家旅游局第11次局长办公会议审议通过,该办法对当前旅游产业发展新态势进行了重新审定,该办法自2016年12月1日起施行,原国家旅游局1990年2月20日发布的《旅游安全管理暂行办法》同时废止。

《旅游安全管理办法》所称旅游突发事件是指突然发生,造成或者可能造成旅游者人身伤亡、财产损失,需要采取应急处置措施予以应对的自然灾害、事故灾难、公共卫生事件和社会安全事件。根据旅游突发事件的性质、危害程度、可控性以及造成或者可能造成的影响,旅游突发事件一般分为特别重大、重大、较大和一般四级。

1 特别重大旅游突发事件

特别重大旅游突发事件,是指下列情形:
(1)造成或者可能造成人员死亡(含失踪)30人以上或者重伤100人以上;
(2)旅游者500人以上滞留超过24小时,并对当地生产生活秩序造成严重影响;
(3)其他在境内外产生特别重大影响,并对旅游者人身、财产安全造成特别重大威胁的事件。

2 重大旅游突发事件

重大旅游突发事件,是指下列情形:

(1)造成或者可能造成人员死亡(含失踪)10人以上30人以下,或者重伤50人以上100人以下;

(2)旅游者200人以上滞留超过24小时,对当地生产生活秩序造成较严重影响;

(3)其他在境内外产生重大影响,并对旅游者人身、财产安全造成重大威胁的事件。

3 较大旅游突发事件

较大旅游突发事件,是指下列情形:

(1)造成或者可能造成人员死亡(含失踪)3人以上10人以下,或者重伤10人以上50人以下;

(2)旅游者50人以上200人以下滞留超过24小时,并对当地生产生活秩序造成较大影响;

(3)其他在境内外产生较大影响,并对旅游者人身、财产安全造成较大威胁的事件。

4 一般旅游突发事件

一般旅游突发事件,是指下列情形:

(1)造成或者可能造成人员死亡(含失踪)3人以下或者重伤10人以下;

(2)旅游者50人以下滞留超过24小时,并对当地生产生活秩序造成一定影响;

(3)其他在境内外产生一定影响,并对旅游者人身、财产安全造成一定威胁的事件。

《旅游安全管理办法》并没有针对安全事故进行等级分类,而是对旅游突发事件的等级分类。因为在旅游领域中,旅游产品具备特殊性,跟普通商品不同之处在于生产和消费的同时性,而普通商品生产和消费一般是剥离的,所以更加强化安全生产。研学旅行和旅游产品一样,也具备生产和消费同时进行的特点。所以针对研学旅行安全事故等级的划分不能以安全事故来界定等级,在分类时,我们用旅游突发事件等级分类进行借鉴和类比,也是有一定依据的。

二、研学旅行常见安全事故的处理与防范

研学旅行中常见的安全事故主要有交通安全事故、食品安全事故、意外伤害事故、自然灾害事故、学生走失事故、财务损失事故等。对于安全事故来说,应该做好事故防范措施,严格遵守"安全第一,预防为主"的安全工作方针。在防范到位的前提下,开展研学旅行活动。但是,在研学旅行中,一旦发生安全事故,研学旅行导师应保持头脑冷静,严格按照应急预案流程进行妥善处理。

(一) 交通安全事故

研学旅行交通安全事故指运载研学旅行师生、相关人员的车辆,在道路上因驾驶员主观过错或者意外发生,而造成人员人身伤亡或者财产损失的事件。

❶ 交通安全事故的处理

发生交通安全事故并出现人员伤亡时,应立即组织现场人员迅速抢救受伤人员,特别是抢救重伤员。如不能就地抢救,应立即将受伤人员送往距出事地点最近的医院抢救。发生交通安全事故后,研学旅行导师要冷静处理,不要在忙乱中破坏现场,应指定专人保护现场,并尽快拨打交通事故报警服务电话 122,请求派人来现场调查处理。将受伤者送往医院后,应迅速向学校、研学旅行组织机构报告交通事故的发生及人员伤亡的情况,听取领导对下一步工作的指示。交通事故发生后,研学旅行导师应做好其他人员的安抚工作,并根据领导安排采取下一步工作。待交通事故原因查清后,要向研学旅行团队其他成员说明情况。交通事故处理结束后,要写出事故报告。内容包括:交通事故的原因和经过,抢救经过,治疗情况,事故责任及对相关责任者的处理,研学旅行团队其他成员的情绪及对处理的反映等。报告力求详细、准确、清楚。

❷ 交通安全事故的防范

教育部等 11 部门联合印发的《关于推进中小学生研学旅行的意见》指出,小学阶段研学旅行以乡土乡情为主,初中阶段以县情市情为主,高中阶段以省情国情为主。但是无论哪个阶段的研学旅行,无论是长途还是短途,中小学生开展研学旅行很大程度上依靠交通工具,因而存在潜在的交通安全风险。在研学旅行实践过程中,研学旅行交通安全事故也时有发生。

为了防范交通安全事故的发生,必须要充分发挥交通部门的交通监管职责,对研学旅行安全进行保障。

第一,交通部门需要规范使用醒目清晰的交通标识标线。对于事故多发路段、弯道路段、滑坡落石等危险路段,要进行完善,尤其是注重研学旅行基地(营地)周边的道路标识系统建设,为研学旅行提供一个安全通畅的道路基本环境,这是确保车辆安全通行的根本。

第二,严格履行审批制度。研学旅行组织单位必须与交通运输客运单位签订相关汽车租赁合同,双方约定车辆型号、车牌号码、驾驶员资质、研学旅行线路、安全责任等条款。开展研学旅行的车辆必须是经过安全检查合格的具有旅游营运资质的车辆,且必须投保相关保险。驾驶员必须具有合法有效的驾驶证件,以及较为丰富的驾驶经验,有高度的安全意识和责任心,举止文明有礼,会说普通话。严禁司机疲劳驾驶、酒后驾驶,驾驶时间超过 2 小时,应该停车休息 20 分钟。

第三,严格履行监督职责。尤其是加强对承载研学旅行成员的车辆、船舶、列车、飞机等交通工具的监督检查。研学旅行所使用的交通工具必须符合安全检查国家标准。尤其是研学旅行所选择的车辆,必须具有经营许可证、道路运输许可证、从业资格证、安全例检合格单和包车线路牌,即"三证一单一牌"。严禁使用不合格的车辆及聘用无资质的司机。

第四,做好现场督察工作。对于研学旅行当天的车辆安全,交通部门应该进行查验,检查车辆及驾驶员是否符合营运条件。

第五,形成常态化管理。采用严密的制度进行规范,创新采用匿名举报制度,对全社会公开监管,用社会家庭的力量倒逼交通运输企业切实做好安全工作。

(二) 食品安全事故

研学旅行食品安全事故是指在研学旅行过程中因食源性疾病、食品污染等,引起的对人体健康有危害或者可能有危害的事故。

1 食品安全事故的处理

研学旅行过程中,发生食品安全事故之后,研学旅行导师要保持头脑冷静,不要慌乱。应设法对发生食品安全事故的人员进行催吐,促使其多喝水,然后尽快把涉及食品安全事故的人员送往医院进行专业治疗。研学旅行导师要迅速向学校、研学旅行组织机构报告食品安全事故的发生情况,听取领导对下一步工作的指示。同时,保护好现场,配合检疫人员对食品进行化验。食品安全事故处理结束后,要写出事故报告。食品安全事故报告的内容包括:食品安全事故发生的原因和经过、抢救经过、治疗情况,事故责任及对相关责任者的处理,研学旅行团队其他成员的情绪及对处理的反映等。报告力求详细、准确、清楚。

2 食品安全事故的防范

开展研学旅行,即便是半日或一日的课程,学生至少也要在外就餐一次,另外学生自行购买零食、去周围小摊贩购买食品,以及部分研学旅行行程超过一天的还需要在外住宿,从而导致就餐次数增加,这些情况客观上都存在诱发食品安全事故的可能。如前文任务导入案例中,2019年7月22日,四川省内江市某中学参加暑期赴京研学旅行的392名师生中,39名学生在返程列车上出现拉肚子、呕吐、发烧等症状。经卫生部门诊断,为细菌性集体食物中毒,而食物是旅行社准备的方便食品火腿肠。

为了防范食品安全事故的发生,首先,研学旅行必须在采购环节注重供应商的质量,选择符合国家标准和行业标准的优质供应商,同时强调必须在指定餐厅就餐,并要求餐厅禁止提供冰镇饮料、凉菜或是四季豆等容易引发食品安全事故的食物。其次,必须提醒中小学生,不要在流动的小摊小贩处购买食物,不要乱吃零食。最后,在研学旅行中的用餐环节,一旦发现食物、饮料不卫生或是有异味,研学旅行导师应立即要求更换。

食品药品监督管理部门要加强对研学旅行涉及的餐饮等公共经营场所的安全监督。

(三) 意外伤害事故

研学旅行意外伤害事故是指学生在研学旅行目的地进行研究性学习和体验性学习时,发生的意外伤害事故。目前,研学旅行基地(营地)是研学旅行的主要场所,但研学旅行基地(营地)的安全事故发生频率仍然较高,尤其是因设施问题导致的事故占比较大。

1 意外伤害事故的处理

研学旅行过程中,发生意外伤害事故之后,研学旅行导师要确定意外伤害的程度。如果是非常严重的事故,涉及人员重伤甚至死亡,研学旅行导师应立即联系医疗机构,组织抢救或采取现场急救措施,并通知学校、研学旅行组织机构,联系学生家长。如果需要研学旅行导师将受伤学生送往医院,需要学生家长和学校老师陪同前往,同时,研学旅行导师要安排好其余学生的行程。在抢救的全过程中,学生家长、学校方面应派人到场。如需进行手术,必须征得学生家长或学校老师的同意并由他们签字。如果是一般事故,研学旅行导师应该嘱咐相关学生及早就医,多关心学生的身体状况,同时告知学生,相关费用需要自理,严禁擅自给学生用药。意外伤害事故处理结束后,要写意外伤害事故报告。意外伤害事故报告内容包括:意外伤害事故发生的原因和经过,抢救经过、治疗情况,事故责任及对相关责任者的处理,研学旅行团队其他成员的情绪及对处理的反映等。报告力求详细、准确、清楚。

2 意外伤害事故的防范

在研学旅行中,旅游行政管理部门是重要的组成部分,而意外伤害事故的发生地点,常常与研学旅行基地(营地)有关,因此旅游行政管理部门应该加强对于意外伤害事故的防范。

一是要严格相关责任。对于开展研学旅行工作的机构或企业设置相关准入条件和服务标准。准许企业或者机构参与研学旅行的前提是牢牢把握安全防线,严格把控质量。把安全作为硬指标,加强对研学旅行导师的安全教育,提升责任意识。

二是要督查研学旅行服务机构如旅行社、基地(营地)的安全防范工作,如加强课程设计、研学旅行导师及安全员配置、安全设施与防护等方面的监督检查力度。

三是建立健全研学旅行安全预警机制和应急救援体系。建立健全以研学旅行责任险在内的安全和应急保障体系。

同时,将旅游业相关险种作为有效补充,将研学旅行安全警示、应急体系、应急预案等有效衔接,形成闭环系统。

(四) 自然灾害事故

研学旅行自然灾害是指在研学旅行中由于自然异常变化造成的人员伤亡、财产损失、社会失稳、资源破坏等现象或一系列事件。它的形成必须具备两个条件:一是要有自然异变作为诱因,二是要有受到损害的人、财产、资源作为承受灾害的客体。如地震、泥石流、龙卷风、海啸等。

1 自然灾害事故的处理

1) 地震

在研学旅行过程中,遇到地震,研学旅行导师应组织中小学生不要扎堆,避开人多的地方;远离高大建筑物、窄小胡同、高压线;提醒中小学生注意保护头部,防止砸伤;引导学生撤离建筑物、假山，集中在空旷开阔地域。

2）泥石流

研学旅行导师要镇定地引导中小学生进行逃生。告知学生不能在沟底停留，应迅速向山坡坚固的高地或连片的石坡撤离，抛掉一切重物，跑得越快越好，爬得越高越好；切勿与泥石流同向奔跑，而要向与泥石流流向垂直的方向逃生；组织中小学生到安全地带，带领大家集中等待救援。

3）龙卷风

在汽车行驶过程中如遇到龙卷风自然灾害，研学旅行导师首先应要求司机立即停车，然后组织学生尽快撤离汽车，最后带领学生躲到远离汽车的低洼地或紧贴地面平躺，并提醒大家注意保护头部。

4）海啸

研学旅行导师在遇到海啸自然灾害时候，带领学生迅速离开海岸，向内陆高处转移，撤向安全地带。不能惊慌失措，临阵脱逃。

❷ 自然灾害事故的防范

在研学旅行中，自然灾害的发生是不以人的主观意志为转移的，换言之，自然灾害的发生，是不可预见、不能避免和不能克服的客观情况，属于不可抗力。所以对于自然灾害事故来说，主要是了解相关的应急预案和处理流程，一旦发生，研学旅行导师能够冷静处理相关问题。

此外，对于自然灾害事故发生后，保险机构要按照程序履行相关的赔偿责任。保险监督管理机构需要做好相关的安全保障工作。保险监督管理机构，如保监会（现为银保监会）等，应该负责指导保险行业提供并优化研学旅行主办方学校的校方责任险，研学旅行承办方如旅行社的旅行社责任险，以及负责补充的旅游意外险等，总之要将保险覆盖参与研学旅行的所有师生。

（五）学生走失事故

研学旅行学生走失事故是指学生在研学目的地或者在研学旅行活动途中发生的走失事故。由于中小学生的年龄较小，属于未成年人，不具备完全民事行为能力，再加上好奇心重，自我控制能力较差，被事物吸引后，可能会沉迷其中，从而导致走失事故的发生。

❶ 学生走失事故的处理

研学旅行过程中，如果发生学生走失事故，研学旅行导师首先应立即报告研学旅行组织机构、学校和公安部门，请求指示和寻求帮助；其次应进行各自工作分工，学校带队负责的研学旅行导师，即学校老师，要管理好其余学生，做好安抚工作，强调一切行动听指挥，避免再发生学生走失事故。旅行社的研学旅行导师和基地（营地）的研学旅行导师应努力做好善后工作，并分头寻找。如果学生有联系方式，先进行电话联系，如果无法联系,再就近寻找,尤其要在学生容易感兴趣驻足的地方寻找。找到走失者后先问清情况,并进行安抚,必要时提出善意的批评。最后,如果学生走失后出现其他情况,应视具体情况而作治安事故或其他事故处理。学生走失事故处理结束后,要写学生走失事故报告。学生走失事故报告内容包括:学生走失事故发生的原因和经过,如何寻找到走失的学生,以及研学旅行团队其他成员的情绪及对处理结果的反映等。报告力求详细、准确、清楚。如果经反复寻找,研学旅行导师仍然找不到走失学生,应该寻求公安部门的帮助,并对事故后续结果进行跟进。

2 学生走失事故的防范

由于研学旅行活动离开了学生学习的惯常环境,中小学生本身也容易受到外界的影响,自我认知能力有限。因此,对于学生走失事故的防范,主要是做好预案,以及反复强调,强化印象。研学旅行导师应做好提醒工作,经常强调集体行动,不要私自行动,做好安全提示。同时,做好各项活动的安排和预报,让学生能够心中有数,熟悉研学旅行过程中的环节。研学旅行导师应时刻和学生在一起,经常清点人数。学校教师、基地(营地)导师和旅行社导师应密切配合做好工作。研学旅行导师要以有趣的课堂设计、丰富的教学体验活动、优秀的讲解来吸引中小学生。

(六) 财务损失事故

研学旅行财务事故是指研学旅行人员在研学目的地或者在研学旅行活动途中发生的财务损失事故,包括研学旅行师生的行李物品遗失、被盗等。

1 财务损失事故的处理

1)遗失

研学旅行导师应引导遗失物品的人员,进行仔细分析和回忆,从细节入手,努力思考回忆,找出差错的线索或环节。如果通过回忆想起来遗失的具体地点,可以协助其寻找。研学旅行导师还应协助物品遗失人员做好善后工作,帮助其解决因丢失行李或物品带来的困难,如就近购买替代品等解决方案。若遗失的是身份证件等,还应协助其先办理好临时身份证明。

研学旅行导师应随时与酒店、基地(营地)、机场、车站、码头等有关方面联系,询问行李物品查找进展情况。若行李找回,则及时将行李归还失主;若确定行李已经遗失,由责任方负责人出面向失主说明情况,并表示歉意。

2)被盗

研学旅行导师应协助财物被盗人员进行报警,寻求公安机关的帮助。同时协助其做好善后工作,帮助其解决因丢失行李或物品带来的困难,如就近购买替代品等。若被盗物品中包含身份证件等,还应协助其先办理好临时身份证明。提醒大家注意保管好自身的财务。

研学旅行财务损失处理结束后,要写出财务损失事故报告。财务损失事故报告的内容包括：财务损失事故发生的原因和经过，处理问题的过程及结果，以及研学旅行团队其他成员的情绪及对处理的反映等。报告力求详细、准确、清楚。

2 财务损失事故的防范

由于研学旅行活动的对象主要是中小学生，对于财务并不是很有概念，同时，容易丢三落四。研学旅行导师应该时刻强调，注意保管好自身的财务安全，同时，在研学旅行活动开始之前，应由学校告知家长，让中小学生不要携带贵重物品。在研学旅行过程中，应该加强对中小学生的自我保护意识和风险防控意识，引导学生形成细致的习惯，避免财务损失。一旦发生财务损失事故，要协助处理问题，尤其是解决因财务损失而导致的生活不便。同时，完善相关保险，用保险进行兜底。

三、新冠肺炎疫情给研学旅行带来的危机

2020年初新冠肺炎疫情给我国经济社会发展带来了巨大影响，增加了经济下行压力和市场环境不确定性，其中作为朝阳产业的研学旅行损失惨重，受到了极大影响。主要表现在交通管制、景区关闭、学校推迟开学、主管部门政策不明等。

（一）新冠肺炎疫情发展态势不容乐观

经过全国党、政、军、警、民的共同努力，新冠肺炎疫情形势趋缓，但疫情防控将在很长一段时间保持常态化管理。国际上，截至2021年3月，新冠肺炎疫情呈星火燎原之势，部分国家疫情尤为严重，全球经济形势动荡不安，世界各国都受到不同程度的影响，纷纷采取救治患者、隔离观察、禁止聚集、关闭景区、关闭海关和机场等应对措施。就我国而言，除做好自身疫情防控之外，还要重视防止境外输入性病例，疫情防控形势仍然严峻。

（二）疫情给研学旅行带来较大影响

研学旅行是精神与物质相结合的智慧产品，是教育青少年全面健康发展的好载体、好形式，也是提升我国青少年综合素质的有力手段。党和政府非常重视研学旅行工作，将之列为青少年教育的主要形式之一，并相继出台系列文件和政策，从顶层设计上大力支持研学旅行行业。自2016年12月19日，教育部等11部门联合印发了《关于推进中小学生研学旅行的意见》以来，研学旅行行业在党和政府的支持下蓬勃发展，受到中小学师生们的欢迎和肯定，以及广大家长的认可。从疫情防控角度出发，新冠肺炎疫情在客观上迫使各地教育部门相继紧急叫停研学旅行，这是疫情防控工作的必要，但同时也对研学行业发展带来较大消极影响。

1 病毒的高传染性客观上使各方研学旅行意愿弱化

新冠肺炎病毒具有很高的传染性，且存在病毒的变异，传染性不断增强。当人员聚集

时,病毒传染度更高,因此,相关政府职能部门严禁人员聚集,教育部门紧急叫停研学旅行、推迟大中小学校开学,旨在尽量减少人员聚集致患的可能性。

即使我国由于疫情防控工作得当,各级学校已经相继开学开课,但是教育行政部门领导和学校负责人不敢也不愿意冒险组织学生开展研学旅行活动,学生家长对此更是心有余悸。受疫情造成的心理阴影影响,估计今后在一段时期内,教育行政部门、学校或家长对开展研学旅行活动的意愿也不会像往年一样强烈,特别是在境外疫情仍然泛滥和疫情防控常态化的形势下,各方面对研学旅行的意愿更显弱化。

❷ 客户的缺失使研学旅行基地(营地)企业经营难度增大

根据往年研学旅行惯例,每年2月下旬至6月上旬,是中小学生春季研学旅行的重要季节,而新冠肺炎疫情爆发及势态严重,旅游活动和研学旅行活动根本无法开展,使得2020年上半年,研学旅行基地(营地)和研学机构(企业)基本处于歇业状态,经营收入为零,外加每月员工工资支出、办公场所租金支付及日常运营成本,致使研学旅行基地(营地)和机构的经营难度增大,即使国内疫情消除后,这种状况也不会很快得到改善,形式仍然不容乐观。

由于疫情增加了人们对聚集性活动的恐慌,加之研学旅行行业对于安全因素的要求将更加严格,即使研学旅行活动在疫情之后有可能出现报复性、补偿性反弹,但总体上研学旅行群体的增量也较往年大幅减少。2020年是研学旅行行业"大浪淘沙"的一年,不再像疫情爆发前的一片繁荣景象。正所谓"潮退之后,方能知道谁在裸泳",那些现金流不足、缺乏战略设计、人才队伍不稳定、上下游资源把控不足的研学旅行基地(营地)和企业将被淘汰。

❸ 研学旅行空间的压缩致使传统研学旅行方式改变

后疫情时期的恐慌情绪,使得教育行政部门、学校和家长不愿也不敢放开传统的大规模聚集性研学旅行活动,大大压缩了传统研学旅行空间。在此形势下,有条件、有实力的研学旅行机构(企业)会开始着手研发新的研学旅行活动方式,即避开"大规模""聚集性""户外"等严禁性或敏感性字眼,研究如何根据学校教材大纲和教学计划,按知识科普、自然观赏、体验考察、励志拓展、文化康乐等研学种类,制作研学旅行视频,在学校的支持与配合下开设"线上研学旅行课堂",这种研学方式在疫情防控背景下,同样可以取得相似于户外研学旅行活动的效果,也是一种创新。不过,缺乏体验性是线上研学旅行课堂的明显劣势,在实践中还是缺乏吸引力。

❹ 疫情的严重后果使项目设计与课程模式创新

此次疫情给国家和民族带来了巨大灾难和深刻教训,即使疫情结束后,大家仍会"谈疫色变"。难能可贵的是,大家已在疫情期间深切感受到生命安全、动物保护、饮食安全及亲情温暖的重要性,这种观念的形成具有积极性,是时代的进步。

疫情之后,针对研学旅行基地(营地)来说,应该整合现有资源,努力结合实际进行研学旅行实践项目创新,例如改造或增加类似生命安全、动物保护、饮食安全及亲情温暖等方面的研学旅行实践场所,并不断完善探索相关研学旅行实践内容,创新开展研学旅行课程设计。对研学旅行企业来说,将在以往的研学旅行课程设计方面添加上述研学旅行元素,在研学旅行线路设置上适当关注新的研学旅行实践项目。通过项目设计与课程模式创新不断开拓研学旅行发展的新思路。

 任务实施

请根据任务二的知识点,针对研学旅行常见安全事故,分小组完成任务。选取其中一个安全事故,进行情景模拟,每组成员通过自我创设的情景,强化掌握研学旅行常见安全事故处理的流程,并总结该安全事故的防范要点,分组进行 PPT 展示。表 6-2 所示为任务实施方案表。

表 6-2 任务实施方案表

活动目的	让学生通过情景模拟和展示汇报,学会研学旅行常见安全事故处理方法,并学会研学旅行常见安全事故的预防,为今后的研学旅行工作打下坚实基础
活动要求	(1)认真准备,严格按照规范执行相关任务; (2)分组讨论,人人参与,每组要有一位发言人进行 PPT 展示和总结发言
活动步骤	(1)由教师发布任务,并说明相关情况; (2)学生分组进行情景模拟,并展示; (3)由每组发言人进行总结发言,交流; (4)教师对活动进行总结
活动评价	学生自评和小组互评,教师总结点评,评选出在本活动中最认真、思考最深入和最具有集体参与感的小组,对于表现突出的团队,给予鼓励

 拓展阅读

研学途中遇事故　学校旅社怎分责

任务三 研学旅行安全保障措施

假设你是一名中小学校的校长,你所在的学校需要开展研学旅行活动,作为校长,你最关心的就是研学旅行中的安全问题,一旦发生研学旅行安全事故,对主办方学校来说,必然会带来很大的困扰和麻烦,那么你会采取哪些措施,来保障研学旅行过程中的安全呢?

作为一名中小学校的校长,从源头上重视研学旅行安全问题,是非常重要的,请认真思考:如何最大限度避免研学旅行中的安全问题?如何减少研学旅行过程中的安全事故,保障研学旅行的有效开展?

一、研学旅行服务规范中的安全要素

(一)研学旅行服务规范的发布实施

随着我国旅游业的发展,研学旅行作为一种新业态,已经成为教育旅游市场的热点。为了规范研学旅行服务流程,提升服务质量,引导和推动研学旅行健康发展,国家旅游局(现文化和旅游部)于 2016 年 12 月 19 日发布《国家旅游局公告(2016 年 37 号)》,表示《研学旅行服务规范》(LB/T 054—2016)行业标准已经国家旅游局批准,并于 2017 年 5 月 1 日起实施。

(二)研学旅行服务规范的安全要素

纵观《研学旅行服务规范》(LB/T 054—2016)行业标准全文,该标准作为目前仅有的针对研学旅行服务规范的行业标准,涉及"安全"的词条共有 51 个。无论是从标准的总则,还是其中各个具体规范,可谓将安全要素渗透到整个行业标准中,甚至将安全管理作为标准中的重要组成部分。

1 标准范围中明确规定安全管理

在《研学旅行服务规范》(LB/T 054—2016)第一条行业标准范围中,规定了研学旅行服务的术语、定义、总则、服务提供方基本要求、人员配置、研学旅行产品、研学旅行服务项目、安全管理、服务改进和投诉处理。从开篇规范中,就明确了安全管理一则。

2 标准总则中明确规定安全管理

总则第一条明确规定"研学旅行活动的主办方、承办方和供应方应遵循安全第一的原则,全程进行安全防控工作,确保活动安全进行。"

3 标准各项要求中明确规定安全管理

在对主办方的要求中,也规定应有明确的安全防控措施、教育培训计划。要求研学旅行承办方必须连续三年无重大质量投诉、不良诚信记录、经济纠纷及重大安全责任事故。

对承办方人员配置中明确规定,应至少为每个研学旅行团队配置一名安全员,安全员在研学旅行过程中随团开展安全教育和防控工作。

《研学旅行服务规范》(LB/T 054—2016)行业标准中明确规定,旅行社应制作并提供研学旅行产品说明书,产品说明书除应符合《中华人民共和国旅游法》中有关规定外,其研学旅行安全防控措施还应包括以下内容:

(1)在交通服务规范中,明确说明应加强交通服务环节的安全防范,向学生宣讲交通安全知识和紧急疏散要求,组织学生安全有序乘坐交通工具。应在承运全程随机开展安全巡查工作,并在学生上、下交通工具时清点人数,防范出现滞留或走失问题。遭遇恶劣天气时,应认真研判安全风险,及时调整研学旅行行程和交通方式。

(2)在住宿服务中明确规定,应以安全、卫生和舒适为基本要求,提前对住宿营地进行实地考察,查看安全逃生通道等。应提前将住宿营地相关信息告知学生和家长,以便做好相关准备工作。应详细告知学生入住注意事项,宣讲住宿安全知识,带领学生熟悉逃生通道。应制定住宿安全管理制度,开展巡查、夜查工作。选择在露营地住宿时,还应在实地考察的基础上,对露营地进行安全评估,并充分评价露营地接待条件、周边环境和可能发生的自然灾害对学生造成的影响;应制定露营安全防控专项措施,加强值班、巡查和夜查工作。

(3)在餐饮服务中,应以食品卫生安全为前提,选择优质餐饮服务提供方。应将安全知识、文明礼仪作为导游讲解服务的重要内容,随时提醒引导学生安全旅游、文明旅游。

4 标准设立安全管理专项标准

《研学旅行服务规范》(LB/T 054—2016)行业标准的第九部分是专门的安全管理标准。

在安全管理制度方面,主办方、承办方及供应方应针对研学旅行活动,分别制定安全管理制度,构建完善有效的安全防控机制。研学旅行安全管理制度体系包括但不限于以下内容:研学旅行安全管理工作方案,研学旅行应急预案及操作手册,研学旅行产品安全评估制度,研学旅行安全教育培训制度。

在安全管理人员方面,承办方和主办方应根据各项安全管理制度的要求,明确安全管理责任人员及其工作职责,在研学旅行活动过程中安排安全管理人员随团开展安全管理工作。

在安全教育方面,针对工作人员的安全教育,应制订安全教育和安全培训专项工作计划,定期对参与研学旅行活动的工作人员进行培训。培训内容包括:安全管理工作制度、工作职责与要求、应急处置规范与流程等。针对学生安全教育,应制定如下要求:对参加研学旅行活动的学生进行多种形式的安全教育;提供安全防控教育知识读本;召开行前说明会,对学生进行行前安全教育;在研学旅行过程中对学生进行安全知识教育,根据行程安排及具体情况及时进行安全提示与警示,强化学生安全防范意识。

二、研学旅行安全保障的政策与法律法规

(一)《关于推进中小学生研学旅行的意见》中关于研学旅行安全保障的相关规定

《关于推进中小学生研学旅行的意见》指出:"研学旅行要坚持安全第一,建立安全保障机制,明确安全保障责任,落实安全保障措施,确保学生安全",做到"活动有方案,行前有备案,应急有预案"。

具体要点可以总结如下:

第一,学校组织开展研学旅行可采取自行开展或委托开展的形式,提前拟订活动计划。

第二,按管理权限报教育行政部门备案。

第三,通过家长委员会、致家长的一封信或召开家长会等形式告知家长研学旅行活动意义、时间安排、出行线路、费用收支、注意事项等信息。

第四,加强学生和教师的研学旅行事前培训和事后考核。

第五,学校自行开展研学旅行,要根据需要配备一定比例的学校领导、教师和安全员,也可吸收少数家长作为志愿者,负责学生活动管理和安全保障。

第六,与家长签订协议书,明确学校、家长、学生的责任和权利。

第七,学校委托开展研学旅行,要与有资质、信誉好的委托企业或机构签订协议书,明确委托企业或机构应该承担的学生研学旅行安全责任。

(二)其他相关文件中对研学旅行安全保障的相关规定

研学旅行安全保障的相关规定,主要是依托《研学旅行服务规范》(LB/T 054—2016)、《学生伤害事故处理办法》《中华人民共和国教育法》《关于推进中小学生研学旅行的意见》等相关法律法规来明确的,具体如表6-3所示。

表 6-3　其他相关文件中对研学旅行安全保障的相关规定

解读项目	文件内容	文件来源
餐饮	1.应以食品卫生安全为前提,选择餐饮服务提供方; 2.应提前制定就餐座次表,组织学生有序进餐; 3.应督促餐饮服务提供方按照有关规定,做好食品留样工作; 4.应在学生用餐时做好巡查工作,确保餐饮服务质量	《研学旅行服务规范》(LB/T 054—2016)
住宿	1.应以安全、卫生和舒适为基本要求,提前对住宿营地进行实地考察,主要要求如下:应便于集中管理;应方便承运汽车安全进出、停靠;应有健全的公共信息导向标识,并符合《标志用公共信息图形符号》(GB/T 10001)的要求;应有安全逃生通道; 2.应提前将住宿营地相关信息告知学生和家长,以便做好相关准备工作; 3.应详细告知学生入住注意事项,宣讲住宿安全知识,带领学生熟悉逃生通道; 4.应在学生入住后及时进行首次查房,帮助学生熟悉房间设施,解决相关问题; 5.宜安排男、女学生分区(片)住宿,女生片区管理员应为女性; 6.应制定住宿安全管理制度,开展巡查、夜查工作	
交通	1.应按照以下要求选择交通方式:单次路程在400千米以上的,不宜选择汽车,应优先选择铁路、航空等交通方式;选择水运交通方式的,水运交通工具应符合《水路客运服务质量要求》(GB/T 16890—2008)的要求,不宜选择木船、划艇、快艇;选择汽车客运交通方式的,行驶道路不宜低于省级公路等级,驾驶人连续驾车不得超过2小时,停车休息时间不得少于20分钟; 2.应提前告知学生及家长相关交通信息,以便其掌握乘坐交通工具的类型、时间、地点以及需准备的有关证件; 3.宜提前与相应交通部门取得工作联系,组织绿色通道或开辟专门的候乘区域; 4.应加强交通服务环节的安全防范,向学生宣讲交通安全知识和紧急疏散要求,组织学生安全有序乘坐交通工具; 5.应在承运全程随机开展安全巡查工作,并在学生上、下交通工具时清点人数,防范出现滞留或走失; 6.遭遇恶劣天气时,应认真研判安全风险,及时调整研学旅行行程和交通方式	《研学旅行服务规范》(LB/T 054—2016)

续表

解读项目	文件内容	文件来源
学生 （身心状况）	因下列情形之一造成的学生伤害事故,学校应当依法承担相应的责任:学生有特异体质或因特定疾病,不宜参加某种教育教学活动,学校知道或者应当知道,但未予以必要的注意的	《学生伤害事故处理办法》
教学内容	国家实行教育与宗教相分离。任何组织和个人不得利用宗教开展妨碍国家教育制度的活动； 各中小学要结合当地实际,把研学旅行纳入学校教育教学计划,与综合实践活动课程统筹考虑,促进研学旅行和学校课程有机融合,要精心设计研学旅行活动课程,做到立意高远、目的明确、活动生动、学习有效,避免"只旅不学"或"只学不旅"现象	《中华人民共和国教育法》 《关于推进中小学生研学旅行的意见》

为了确保研学旅行顺利开展,降低事故安全责任,应该不断完善相关保险责任制度,确保人人都上保险,"应保尽保",做好风险管控和转移。

三、研学旅行的安全保障和应急预案

（一）研学旅行的安全保障

1 制定科学的研学旅行安全方案

为了全面贯彻落实"安全第一,预防为主"的安全工作方针,切实保障学校广大师生研学旅行的活动安全,研学旅行前,应制定切实可行的研学旅行安全方案。其主要内容包括：

1）健全领导机构

设立研学旅行领导小组,组长一般由开展研学旅行的学校校长或书记担任,主要负责研学旅行整体工作,做好全面协调和指导工作。副组长一般由副校长担任,主要配合组长负责交办工作,做好分管的研学旅行安全工作,做好小组成员协调工作和督促工作。小组成员一般由校委会中层领导担任,主要职责是统一听从领导小组的指挥和安排,负责各自的专项安全工作,做好协调部门和具体管理工作,也可以从车辆管理、纪律教育、餐饮住宿、安全保障、宣传报道、后勤服务等方面,给成员进行具体分工。

2）职责分工明确

带队教师工作组组长一般由年级组长或教研室主任担任,职责是统一听从领导小组指挥和安排,做好具体管理工作。工作组成员可有多人,一般由部门处室干事或行政管理人员担任,职责是配合组长做好检查、督促工作,负责下情上报工作,安排宣传报道,负责摄影报道、活动宣传等。安排校医负责研学旅行全程紧急救护(也可聘请校外专业医生)。

3)人员认真负责

带队教师负责人员点名,做好活动中的安全教育,有序组织工作,落实相关责任。

4)要求明确清晰

对参与研学旅行师生讲明研学旅行全过程及安全注意事项,对工作人员讲明纪律要求,建立责任追究制度。

❷ 落实相关安全责任

教育行政部门负责督促学校落实安全责任,审核学校报去的研学旅行活动方案(含保单信息)和应急预案。学校要做好行前安全教育工作,负责确认出行师生已全部购买意外险,必须投保校方责任险,与家长签订安全责任书,与委托开展研学旅行的企业或机构签订安全责任书,明确各方安全责任。研学旅行要做到"活动有方案,行前有备案,应急有预案"。

学校负责科学合理地制定方案,以安全优先为原则规划出行线路和出行方式,选用具备合法营运资质的客运公司的交通工具,合理安排研学旅行时间等。安全方案和应急预案是保障落实研学旅行安全问题的关键,同时应告知家长研学旅行活动的意义、时间安排、出行线路、费用收支等信息;加强研学旅行事前培训和事后考核;要根据需要配备一定比例的学校领导、教师和安全员,也可吸收少数家长作为志愿者,负责学生活动管理和安全保障;与家长签订协议书,明确学校、家长、学生的责任和权利等。

❸ 落实研学旅行线路安全保障

1)加强研学旅行线路研发

对旅行社和研学旅行主题方案要进行评定,实行严格管理,完善违法信息共享机制,积极创造诚实守信的研学旅行环境。建设一批规范化、标准化的研学旅行基地(营地)。

2)加强研学旅行目的地安全管理

在安排研学旅行目的地方面必须做到:

第一,应选择具有合法经营资质的正规接待单位或政府认可的接待单位,例如湖北省宜昌市教育主管部门根据研学旅行基地(营地)的自身资源和现有条件,对不同的研学旅行基地(营地)划分为国家级、省部级和地市级,但都是正规的研学旅行接待单位,可以满足不同类型的研学旅行需求。

第二,研学旅行接待单位应有专业的接待团队、有专业的讲解人员和专业的课程实施人员。能够针对小学、初中、高中三个学段学生的学情特点开展有针对性的研学旅行活动。研学旅行接待单位最好是在近5年内无安全事故责任和不良诚信记录;接待单位有完善的安全保障制度、安全应急人员和医务人员。

3)加强研学旅行安全保障

必须强化研学旅行全过程安全管理,做到防患于未然,确保万无一失。特别要严把研学旅行过程中交通安全、食品安全关。旅行社相关从业人员,如研学旅行导师等,在上岗前要进行安全风险防范及应急救助技能培训。旅行社要对学生进行风险提示,开展安全培训,要有专业的医护和应急人员随行。旅行社要成立专业的应急处置部门,安排专人负责协调处理突发事件。要为师生购置足额研学旅行相关保险。

4)加强研学旅行交通安全管理

在安排研学旅行交通运输方面必须做到:

第一,要考察出行线路。尽量安排通行顺畅、安全的道路,要制定规划科学的线路图。

第二,旅行车辆必须选用旅游汽车公司的合法正规运营车辆,不得租用存在手续不全、无资质、未参保等问题的车辆,租用车辆时,必须签订运输合同。

第三,从业驾驶员应该具备丰富的驾驶经验,最好是具有10年以上驾龄或5年以内无安全事故责任和不良诚信记录,应具有应急救护的基本常识和基本技能。

第四,在出行过程中,应保证每人都有座位,避免车辆超载行驶。

第五,涉及远途或赴境外研学旅行时,要选择安全性能高、成本低的高速列车、旅游专列、航空线路等交通方式。

5)加强研学旅行餐饮安全管理

在安排研学旅行团队就餐方面必须做到:选择具备食品药品监督管理部门颁发的餐饮服务许可证和市场监督管理部门颁发的营业执照等具有合法资质的餐饮企业。同时,应有大型团队接待经验,相关餐饮从业人员均具有健康证,企业和从业人员5年内无事故责任和不良诚信记录。

6)加强研学旅行住宿安全管理

在安排研学旅行住宿方面必须做到:

第一,选择具有公安部门颁发的特种行业许可证和市场监督管理部门颁发的营业执照且住宿价格相对较低的经营场所或营地。

第二,在住宿中需要搭建户外帐篷时,营地帐篷区应建在高地以防止暴雨、洪水、泥石流等自然灾害造成损害;同时应具有驱蚊、驱虫等措施;有夜间值班巡逻人员,保证应急救援人员随时待命,确保营地学生的住宿安全。

(二) 研学旅行的应急预案

开展研学旅行,制定应急预案是必不可少的一项重要工作。应急预案的制定,应该包含以下方面:

1 明确研学旅行的活动内容

针对研学旅行的具体内容,对参加活动的学生进行安全教育,应急预案中要包含详细的安全保障措施。要把研学旅行活动中有可能发生的安全风险告知学生本人和学生家长,把安全教育内容融入研学旅行活动报名表、研学旅行协议、研学旅行活动的全过程。同时,要根据学生数量和活动本身需要,安排具体的学校领导、老师具体负责组织和实施。

❷ 明确研学旅行的活动地点

研学旅行活动地点的选择影响着研学旅行活动的安全，研学旅行目的地、研学旅行基地（营地）的规模、设施设备状况、交通区位条件等各方面，都会影响研学旅行的开展。

❸ 明确研学旅行的交通条件

除了要有利于研学旅行的交通条件之外，开展研学旅行活动的主办方学校，还需要选择合法经营、证件齐全、具备良好信誉、客运经营时间较长的公司进行合作。在车辆行驶过程中，要求驾驶员谨慎驾驶，避免疲劳驾驶，行驶途中不能与他人闲聊、接打电话、玩手机等，要确保行驶安全。研学旅行导师要负责监督行车安全，在行车前提醒学生们放好自己的个人物品，防止物品砸伤人员或者其他物品，造成不必要的损失。提醒学生系好安全带。行车途中，不允许学生离开座位在通行道上随意走动，防止摔伤。遇到驾驶员违反交通安全法规或不按规范行车的，要予以提醒。若车辆存在严重安全隐患或驾驶员存在违规操作等，研学旅行导师应要求立即停车，及时与负责安全相关的领导联系，要求更换车辆或驾驶员等。

❹ 明确研学旅行的天气状况

如遇恶劣天气或突发事件，研学旅行领导小组应启动应急预案，按照规定开展工作。必须做到第一时间组织活动，第一时间上报相关主管部门，第一时间拨打报警、救援电话110、120。同时，维护好现场秩序，由带队组长负责，抢救小组应做好应急抢救工作。

❺ 明确研学旅行的安全事故

如遇研学旅行中的安全事故，如交通安全、食品安全、意外伤害、自然灾害、突发疾病、学生走失、财务损失等，应按照相关应急处理程序进行解决，同时在事后写清楚事故说明报告，总结经验教训。

四、研学旅行中的安全教育

《关于推进中小学生研学旅行的意见》提出，各地要制定科学有效的中小学生研学旅行安全保障方案，探索建立行之有效的安全责任落实、事故处理、责任界定及纠纷处理机制，实施分级备案制度，做到层层落实、责任到人。

❶ 针对研学旅行导师的安全教育

研学旅行导师包括中小学校研学旅行导师、研学旅行基地（营地）导师和旅行社研学旅行导师三大类。针对不同的类别的研学旅行导师，应分别做好相关安全教育。

第一，加强研学旅行带队老师的价值观和责任心教育，在研学旅行之前，对老师进行明确的工作任务分工，明确主体责任；在研学旅行中，要让老师明确自己的工作任务，协助做好安全管理工作;在研学旅行结束之后,要进行安全总结工作。

第二,加强研学旅行基地(营地)导师的安全教育工作,牢固树立安全第一的思想意识。在研学旅行课程实施过程中,密切注重学生的安全,在课程实施规范和标准上下功夫,严格按照相关操作流程,避免出现安全事故。一旦发生相关事故,要保持头脑冷静,按照相关应急预案进行处理。

第三,加强旅行社研学旅行导师的安全教育。在研学旅行实施过程中,因为旅行社作为承办方,具备组织旅游活动的经验,在安全方面经验丰富,所以应该绷紧安全防线,提升安全管理意识,做好相关安排,避免安全事故。

2 针对研学旅行学校的安全教育

学校要把安全工作放在首位,做在前面,加强安全和应急机制建设,把研学旅行过程中可能出现的安全风险,提前考虑,做好预判,并提前制定相应的预防和应对方案,只有这样,才能掌握安全工作的主动权。

3 针对研学旅行承办方的安全教育

学校要和开展研学旅行的企业、机构或有关资源单位进行全面沟通,加强安全教育,全面落实安全责任。

总之,研学旅行安全,有赖于学校、研学旅行承办机构、研学旅行基地(营地)、旅游部门、交通部门、公安和食品药品监督管理部门、保险公司等相关主体进行密切配合、多方联动。

请根据任务三的知识点,针对研学旅行安全保障措施,分小组完成任务。每个小组选择一个研学旅行主办方学校,针对即将开展的研学旅行活动,制定一个学校的研学旅行安全方案和研学旅行应急预案。表 6-4 所示为任务实施方案表。

表 6-4　任务实施方案表

活动目的	让学生通过实践操作,掌握研学旅行安全保障措施相关知识点,并提高实践能力
活动要求	认真准备,严格按照规范执行相关任务,分组进行任务实施,人人参与;每组要有一位发言人进行 PPT 展示和总结发言
活动步骤	(1)由教师发布任务,并说明相关情况; (2)学生分组进行讨论并形成文稿; (3)由每组发言人进行总结发言,交流; (4)教师对活动进行总结

续表

活动评价	学生自评和小组互评，教师总结点评，评选出在本活动中最认真、思考最深入和最具有集体参与感的小组，对于表现突出的团队，给予鼓励

 拓展阅读

中小学生研学旅行安全应急预案模板

 项目小结

研学旅行安全管理是研学旅行中的重点和难点问题，也是社会、学校和家庭关注的重点。

首先，从研学旅行安全管理概述出发，从设计安全、采购安全、实施安全等三方面深入剖析了研学旅行安全管理的内涵。厘清了研学旅行安全管理中的五大原则，即安全第一、保障充分、教育有力、专项审核、责任到位。明确了研学旅行安全管理的主要任务。

其次，对研学旅行常见安全事故进行分析，阐述研学旅行安全事故的含义和等级。从交通安全、食品安全、意外伤害、自然灾害、学生走失、财务损失等研学旅行常见安全事故的处理与防范进行分析，培养研学旅行导师安全事故处理能力，与时俱进分析了新冠肺炎疫情给研学旅行带来的危机。

最后，在研学旅行安全保障措施方面，分析了研学旅行服务规范中的安全要素、研学旅行安全保障的政策与法律法规、研学旅行的安全保障和应急预案，以及研学旅行中的安全教育。

 项目训练

紧贴行业实务岗位训练　融通 1+X 职业技能等级证书考题

项目七 研学旅行相关政策解读

 项目目标

职业知识目标
1. 了解研学旅行相关中央政策。
2. 了解研学旅行相关地方政策。

职业能力目标
1. 具备把握研学旅行相关政策的能力。
2. 掌握研学旅行策划与管理(EEPM)职业等级要求。

职业素养目标
1. 培养对研学旅行相关政策敏感度。
2. 通过对1+X证书制度试点相关政策学习,明晰个人职业发展规划。

知识框架

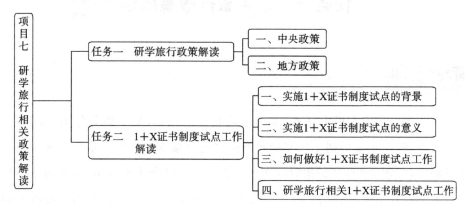

 教学重点

1. 研学旅行相关政策解读。
2. 研学旅行策划与管理（EEPM）执业技能要求。

 教学难点

研学旅行政策、1＋X证书制度试点

 项目导入

2019年国务院颁布的《国家职业教育改革实施方案》(简称"职教20条")中提出：启动1＋X证书制度试点工作。

职教20条

具体要求如下：深化复合型技术技能人才培养培训模式改革，借鉴国际职业教育培训普遍做法，制定工作方案和具体管理办法，启动1＋X证书制度试点工作。试点工作要进一步发挥好学历证书作用，夯实学生可持续发展基础，鼓励职业院校学生在获得学历证书的同时，积极取得多类职业技能等级证书，拓展就业创业本领，缓解结构性就业矛盾。

 知识活页

启动1+X证书制度试点工作，释放了什么信号？

任务一 研学旅行政策解读

任务引入

在全面落实立德树人根本任务,推进素质教育的今天,研学旅行作为"旅游+"的一种重要新兴业态,近年来得到了国家和政府诸多的政策支持。以下是我国研学旅行发展历程的横轴图(见图 7-1),已经按时间顺序填充了其中两条中央政策,你知道还有哪些中央核心政策吗?接下来让我们一起学习更多中央地方政策,了解它们的核心内容和重要意义吧!

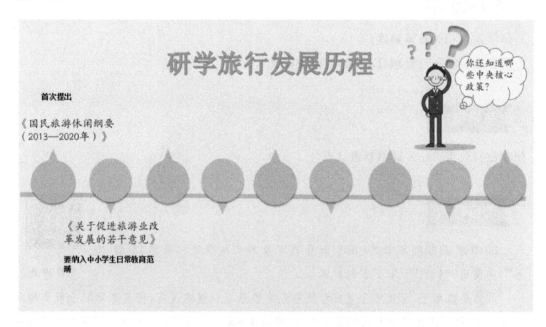

图 7-1 研学旅行发展历程的横轴图

任务剖析

从 2013 年《国民旅游休闲纲要(2013—2020 年)》首次提出"逐步推行中小学生研学旅行"的设想,到 2014 年教育部发布《中小学学生赴境外研学旅行活动指南》(试行),再到 2016 年教育部等 11 部门联合印发《关于推进中小学生研学旅行的意见》,国家为保障研学旅行活动顺利开展,从中央到地方,相继出台了一系列政策法规,来指导和规范研学旅行活动。由此可见,学习并掌握相关研学旅行政策,对研学旅行导师开展研学活动具有指导意义。

为全面实施素质教育,培养学生创新精神和实践能力,转变学生的学习方式和教师的教学方式,国务院和教育部成为了走在研学旅行前列的先行者。各种研学旅行政策都为研学旅行的发展起到了推动作用。由于篇幅有限,本教材只筛选了部分中央和地方政策予以学习和解读。

一、中央政策

为了中小学生的身心健康发展,国家大力支持研学旅行,近年来发布多项重要文件,要求为学生创造更丰富的研学旅程,创造更安全的研学环境。

(一)《国民旅游休闲纲要(2013—2020年)》

发布时间:2013年2月2日

发布单位:国务院办公厅

核心摘要:逐步推行中小学生研学旅行。

政策解读:《国民旅游休闲纲要(2013—2020年)》是"研学旅行"的首次亮相,此前我国许多地区都尝试把研学旅行作为推进素质教育的一个重要内容来开展。纲要中提出"逐步推行中小学生研学旅行"的设想。这一文件使研学旅行政策落地,试点工作正式启动。此后,国家发文,教育部门、旅游部门不断出台相关政策,各试点城市积极参与。

(文件来源:http://www.gov.cn/zwgk/2013-02/18/content_2333544.htm)

(二)国务院关于促进旅游业改革发展的若干意见

发布时间:2014年8月21日

发布单位:国务院

核心摘要:按照全面实施素质教育的要求,将研学旅行、夏令营、冬令营等作为青少年爱国主义和革命传统教育、国情教育的重要载体,纳入中小学生日常德育、美育、体育教育范畴,增进学生对自然和社会的认识,培养其社会责任感和实践能力。按照教育为本、安全第一的原则,建立小学阶段以乡土乡情研学为主、初中阶段以县情市情研学为主、高中阶段以省情国情研学为主的研学旅行体系。加强对研学旅行的管理,规范中小学生集体出国旅行。支持各地依托自然和文化遗产资源、大型公共设施、知名院校、工矿企业、科研机构,建设一批研学旅行基地,逐步完善接待体系。鼓励对研学旅行给予价格优惠。

政策解读:文件在第三点第九条中首次明确了"研学旅行"要纳入中小学生日常教育范畴,积极开展研学旅行。这一文件首次从国家层面规范和推动研学旅行活动,促进研学领域综合性和法制化的制度建设。

（文件来源：http://www.gov.cn/zhengce/content/2014-08/21/content_8999.htm）

(三) 国务院办公厅关于进一步促进旅游投资和消费的若干意见

发布时间：2015年8月11日

发布单位：国务院

核心摘要：把研学旅行纳入学生综合素质教育范畴。支持建设一批研学旅行基地，鼓励各地依托自然和文化遗产资源、红色旅游景点景区、大型公共设施、知名院校、科研机构、工矿企业、大型农场开展研学旅行活动。建立健全研学旅行安全保障机制。旅行社和研学旅行场所应在内容设计、导游配备、安全设施与防护等方面结合青少年学生特点，寓教于游。加强国际研学旅行交流，规范和引导中小学生赴境外开展研学旅行活动。

政策解读：首次提出支持建设一批研学旅行基地，并建立健全研学旅行安全保障机制。

（文件来源：http://www.gov.cn/zhengce/content/2015-08/11/content_10075.htm）

(四) 关于公布首批"中国研学旅游目的地"和"全国研学旅游示范基地"的通知

发布时间：2016年1月8日

发布单位：国家旅游局（现文化和旅游部）

核心摘要：经过资料审核、初选、专家审核认定等程序，国家旅游局决定授予北京市海淀区、浙江省绍兴市、安徽省黄山市、江西省井冈山市、山东省曲阜市、河南省安阳市、湖北省神农架区、广西壮族自治区桂林市、四川省绵阳市、甘肃省敦煌市等10个市区"中国研学旅游目的地"称号，授予北京市卢沟桥中国人民抗日战争纪念馆等20家单位"全国研学旅游示范基地"称号。

研学旅游品牌的创立，有利于促进旅游与研学深度结合，创新多元化的旅游发展模式。各研学旅游目的地和示范基地要进一步挖掘研学旅游资源，深化打造主题品牌，扩大对青少年人群的政策优惠，加强接待配套设施建设，切实提高管理服务水平和安全保障，不断提升研学旅游的综合吸引力和品牌认知度。各级旅游部门要充分发挥对研学旅游目的地和示范基地的指导作用，加大在政策、资金、项目、人才培训、宣传推广等方面的支持力度，将研学旅游培育成为各地旅游发展创新的增长点。

政策解读：国家旅游局公布了首批"中国研学旅游目的地"和"全国研学旅游示范基地"，助推研学旅行成为各地旅游发展创新的增长点。强调了研学旅游品牌创立的作用，有利于促进旅游与研学深度结合，创新多元化的旅游发展模式。

（文件来源：http://www.youxuewang.com.cn/home/article/yanxuemudidi.aspx）

(五) 关于做好全国中小学研学旅行实验区工作的通知

发布时间：2016年3月18日

发布单位：教育部基础教育一司

核心摘要：为贯彻落实《国家中长期教育改革和发展规划纲要（2010—2020年）》《国务院办公厅关于进一步促进旅游投资和消费的若干意见》，培养中小学生的创新精神和实践能力，推动研学旅行工作健康发展，教育部确定河北省邯郸市等10个地区为全国中小学研学旅行实验区。

政策解读：文件公布了河北省邯郸市等10个地区为全国中小学研学旅行实验区，并提出了实验区工作的有关要求。对于实施时间给出了明确意见，即研学旅行每学年累计时间原则上为小学生4—5天，在小学四到六年级实施；初中生5—6天，在初中一或二年级实施；高中生5—7天，在高中一或二年级实施。学校可根据教育教学计划、学生活动实际情况灵活安排。文件还提出了五项原则：公益性原则、普及性原则、教育性原则、实践性原则、安全性原则。

（文件来源：http://www.moe.gov.cn/s78/A06/tongzhi/201603/t20160324_235039.html）

(六) 教育部等11部门关于推进中小学生研学旅行的意见

发布时间：2016年11月30日

发布单位：教育部、国家发展改革委等11部门

政策解读：《关于推进中小学生研学旅行的意见》（以下简称《意见》）对各地中小学研学旅行的开展提出了"四个以"的基本要求，即开展研学旅行工作要以立德树人、培养人才为根本目的，以预防为重、确保安全为基本前提，以深化改革、完善政策为着力点，以统筹协调、整合资源为突破口，因地制宜开展研学旅行。

《意见》提出，要将研学旅行纳入中小学教育教学计划。各中小学要结合当地实际，把研学旅行纳入学校教育教学计划，与综合实践活动课程统筹考虑，促进研学旅行和学校课程有机融合。

《意见》强调，要加强研学旅行基地建设。各地要根据研学旅行育人目标，依托自然和文化遗产资源，红色教育资源和综合实践基地等，建设一批安全适宜的中小学生研学旅行基地，并探索建立基地的准入标准、退出机制和评价体系。打造一批示范性研学旅行精品线路，形成布局合理、互联互通的研学旅行网络。各基地要将研学旅行作为重要的教育载体，根据小学、初中、高中不同学段的研学旅行目标，有针对性地开发多种类型的活动课程。

《意见》要求，各地要规范研学旅行组织管理。各地教育行政部门和中小学要探索制定中小学生研学旅行工作规程，做到"活动有方案，行前有备案，应急有预案"。学校组织开展研学旅行可采取自行开展或委托开展的形式，但必须按管理权限报教育行政部门备案，并做好学生活动管理和安全保障工作。学校自行开展研学旅行，要与家长签订协议书，明确

学校、家长、学生的责任权利;学校采取委托开展研学旅行,要选择有资质、信誉好的企业合作,并与企业签订协议书,明确委托企业或机构承担学生研学旅行安全责任。

《意见》还要求各地要建立健全中小学生参加研学旅行的评价机制,把中小学组织学生参加研学旅行的情况和成效作为学校综合考评体系的重要内容。学校要在充分尊重个性差异、鼓励多元发展的前提下,对学生参加研学旅行的情况和成效进行科学评价,并将评价结果逐步纳入学生学分管理体系和学生综合素质评价体系。此外,《意见》还对研学旅行工作的基本原则、组织领导、经费保障、安全保障、督查评价、宣传引导等方面提出了明确要求。

(文件来源:http://www.moe.gov.cn/srcsite/A06/s3325/201612/t20161219_292354.html)

(七)《研学旅行服务规范》

发布时间:2016年12月19日

发布单位:国家旅游局(现文化和旅游部)

政策解读:《研学旅行服务规范》(以下简称《规范》)是国家旅游局针对研学旅行实施做出的权威性的规范文件,其中对服务提供方、人员配置、产品分类、服务改进、安全管理提出了明确的要求。2017年6月1日正式实施。其中应尤其重视以下几点:

(1)明确了研学活动的承接机构为主办方、承办方、供应方,明确三级机构的准入标准和合作关系。主办方应通过承办方开展研学活动,承办方应就研学活动的需求与供应方签订合同。明确研学活动应由有资质的旅行社负责实施。

(2)加强研学活动人员配置。《规范》提出在研学活动实施过程中,应按比例、按功能配置陪同人员。并对活动承办方旅行社的人员配置提出较高要求,《规范》中不仅仅要求带队人员具备相关技能,而且要求承办方旅行社配置专职人员,强调了陪同人员的功能和责任。

(3)明确食宿标准并提出食宿服务流程。《规范》明确了住宿标准、首次提出露营标准,并要求各方按照详细的食宿服务的流程开展食宿安排。服务流程涵盖行前、行中、行后多个环节。

(4)规范安全管理工作。安全是研学活动的首要大事,《规范》中"安全管理"有非常重要的参考意义。从行前、行中对主办方、承办方、供应方、参与者均提出了明确要求。《关于推进中小学生研学旅行的意见》通过对各参与部门的安全责任划分强调了安全的重要性。《规范》按照研学活动的具体实施步骤,再次做了科学全面的要求。

(八)教育部办公厅关于开展2017年度中央专项彩票公益金支持中小学生研学实践教育项目推荐工作的通知

发布时间:2017年7月17日

发布单位:教育部办公厅

政策解读:教育部办公厅为贯彻《关于推进中小学生研学旅行的意见》的文件精神,落实立德树人根本任务,帮助中小学生了解国情、热爱祖国、开阔眼界、增长知识,着力提高中小学生的社会责任感、创新精神和实践能力,"十三五"期间,教育部利用中央专项彩票公益金支持开展中小学生研学实践教育项目,在各地遴选命名一批"全国中小学生研学实践教育基地"和"全国中小学生研学实践教育营地",广泛开展中小学生研学实践教育活动。文件中对推荐条件、推荐流程、工作要求都作出了明确要求。

(文件来源:http://www.moe.gov.cn/srcsite/A06/s7053/201708/t20170802_310549.html)

(九)教育部关于印发《中小学德育工作指南》的通知

发布时间:2017年8月17日

发布单位:教育部

政策解读:

(1)文件主要明确学校组织开展研学旅行,以推进中小学生综合素质的提升。在研学旅行实施过程中,校外机构应与学校的通力协作,已达学校教育目标,这是尤为重要的。

(2)组织研学旅行:把研学旅行纳入学校教育教学计划,促进研学旅行与学校课程、德育体验、实践锻炼有机融合,利用好研学实践基地,有针对性地开展自然类、历史类、地理类、科技类、人文类、体验类等多种类型的研学旅行活动。

(文件来源:http://www.moe.gov.cn/srcsite/A06/s3325/201709/t20170904_313128.html)

(十)教育部关于印发《中小学综合实践活动课程指导纲要》的通知

发布时间:2017年9月25日

发布单位:教育部

政策解读:

(1)综合实践活动是国家义务教育和普通高中课程方案规定的必修课程,与学科课程并列设置,是基础教育课程体系的重要组成部分。

(2)综合社会实践基地和研学旅行基地是综合社会实践活动开展的重要场所,综合社会实践活动被纳入中小学必修课程中,无疑将极大促进在校生对泛研学旅行类课程的需求。另外,研学旅行基地老师对综合实践课程驾轻就熟,未来"轻研学旅行课程模块"进校园或将成为研学旅行发展的流量入口。

(3)中小学校是综合实践活动课程规划的主体,应在地方指导下,对综合实践活动课程进行整体设计,将办学理念、办学特色、培养目标、教育内容等融入其中。要依据学生发展状况、学校特色、可利用的社区资源对综合实践活动课程进行统筹考虑,形成综合实践活动课程总体实施方案。要使总体实施方案和学年(或学期)活动计划相互配套、衔接,形成促进学生持续发展的课程实施方案。

(文件来源:http://www.moe.gov.cn/srcsite/A26/s8001/201710/t20171017_316616.html)

(十一) 教育部办公厅关于公布第一批全国中小学生研学实践教育基地、营地名单的通知

发布时间：2017年12月6日

发布单位：教育部办公厅

核心摘要：经专家评议，营地实地核查及综合评定，授予中国人民革命军事博物馆等204个单位"全国中小学生研学实践教育基地"称号，河北省石家庄市青少年社会综合实践学校等14个单位"全国中小学生研学实践教育营地"称号。

政策解读：官方正式公布了研学旅行示范基地，大致明确了中小学研学实践基地和营地应具备的条件，对研学旅行及营地教育从业者有一定参考意义。

（文件来源：http://www.moe.gov.cn/srcsite/A06/s3325/201712/t20171228_323273.html）

二、地方政策

当前，我国研学旅行事业正进入专业化、内涵式发展时代，相信在研学旅行的实践活动中，更多相关中央政策会相继出台以保障研学旅行活动顺利、高质量开展，各地也将出台更多地方政策以促进研学旅行活动的特色化发展。我国各省市关于研学旅行政策的出台情况见表7-1。

表7-1　我国各省市关于研学旅行政策的出台情况

省市	发布时间	政策文件
陕西省	2016.11	西安市人民政府办公厅关于推进中小学研学旅行工作的实施意见
上海市	2017.5	转发《教育部等11部门关于推进中小学生研学旅行的意见》
甘肃省	2017.6	甘肃省教育厅等11部门关于开展中小学生研学旅行工作的实施意见
湖北省	2017.8	武汉市教育局等14部门关于印发《武汉市推进全国中小学研学旅行实验区工作实施方案》的通知
湖北省	2018.1	省教育厅、省旅游委、省文化厅关于印发《湖北省中小学生研学旅行服务单位基本条件》的通知
山东省	2017.8	烟台市教育局等13部门关于印发《烟台市推进中小学生研学旅行工作实施方案》的通知
山东省	2018.1	关于印发《青岛市中小学研学旅行工作管理办法（试行）》的通知
山东省	2018.1	山东省教育厅关于公布第一批全省中小学生研学实践教育基地名单的通知

续表

省市	发布时间	政策文件
河南省	2017.9	关于组织实施 2017 年度中央专项彩票公益金支持校外活动保障和能力提升项目工作的通知
四川省	2017.11	四川省教育厅等 11 部门关于推进中小学生研学旅行的实施意见
	2019.7	成都市教育局关于进一步规范中小学生研学旅行工作的通知
天津市	2017.11	天津市教育委员会关于认真做好研学旅行工作的通知
黑龙江省	2017.11	黑龙江省教育厅关于推进中小学生研学旅行的实施意见
海南省	2017.12	海南省教育厅等 12 部门关于推进中小学生研学旅行的实施意见
北京市	2018.1	北京市教育委员会关于初中综合社会实践活动、开放性科学实践活动计入中考成绩有关事项的通知
江西省	2018.7	关于推进全省中小学生研学旅行的实施意见
浙江省	2018.7	浙江省教育厅、浙江省旅游局等 10 部门关于推进中小学生研学旅行的实施意见
湖南省	2020.5	关于在全省中小学生春游秋游中开展"走进红色课堂、传承红色基因"主题活动的通知
	2020.9	《DB43/T 1793—2020 研学旅游基地评价规范》

本教材仅选取部分地方政策供大家学习。

(一) 北京市教育委员会关于初中综合社会实践活动、开放性科学实践活动计入中考成绩有关事项的通知

发布时间:2018 年 1 月 3 日

发布单位:北京市教育委员会

文件解读:《北京市教育委员会关于初中综合社会实践活动、开放性科学实践活动计入中考成绩有关事项的通知》包括计入原则、计入办法、特殊情况处理办法、有关要求,共四部分。其中计入办法中提出:

(1)学生按规定完成 1 次初中实践活动计 1 分,合计 50 分。其中七、八、九年级每学年应完成 10 次综合社会实践活动,共 30 次,计 30 分;七、八年级每学年应完成 10 次开放性科学实践活动,共 20 次,计 20 分。

(2)初中实践活动成绩按照算术平均、四舍五入取整方式计入相关科目中考原始成绩,由市考试院中招办依据当年中考政策予以认定。其中综合社会实践活动成绩除以三,分别计入思想品德、历史、地理科目中考原始成绩;开放性科学实践活动成绩除以二,分别计入物理、生物(化学)科目中考原始成绩。

(文件来源:http://www.beijing.gov.cn/zhengce/zhengcefagui/201905/t20190522_60838.html)

（二）天津市教育委员会关于认真做好研学旅行工作的通知

发布时间：2017年11月3日

发布单位：天津市教育委员会

文件解读：除课程和基地之外，天津市教委还对研学旅行的线路做出要求，希望能够"精心打造一批示范性研学旅行精品线路，逐步形成布局合理、互联互通的研学旅行网络"。

要加快建立健全安全保障体系，探索建立有效的责任界定及事故处理机制，强化活动安全保障，把好活动各个环节安全管理关，逐步建立一套规范管理、责任清晰、多元筹资、保障安全的研学旅行工作机制。

（文件来源：http://jy.tj.gov.cn/ZWGK_52172/zfxxgkl_l/fdzdgknrl/qtfdgkxx/202011/t20201111_4066708.html）

（三）关于公布第一批全省中小学生研学实践教育基地名单的通知(以下简称"《通知》")

发布时间：2018年1月30日

发布单位：山东省教育厅

文件解读：经专家评议，命名山东省山青世界青少年实践活动中心等65个单位为第一批"全省中小学生研学实践教育基地"，公布了山东省第一批研学旅行示范课程。强调本次命名的基地要以此为契机，切实完善设施建设和制度建设，结合自身资源特点，开发一批育人效果突出的中小学生研学实践活动课程，配齐配全讲解服务人员，全面兑现中小学生开展研学实践的优惠承诺。

《通知》还要求基地要实行动态管理，建立退出机制，对于研学课程建设效果不佳、安全管理制度坚持不好、优惠承诺不兑现的基地，将取消省级基地称号。各中小学校要结合当地实际，切实把研学实践纳入学校教育教学计划。

（文件来源：http://edu.shandong.gov.cn/art/2018/2/9/art_11990_7739413.html）

（四）浙江省教育厅、浙江省旅游局等10部门关于推进中小学生研学旅行的实施意见(以下简称"《意见》")

发布时间：2018年7月6日

发布单位：浙江省教育厅、浙江省旅游局等10部门

文件解读：该意见对研学活动的基础建设、研学活动的组织安排和服务评价平台建设、研学活动经费落实和优惠举措、研学活动安全责任体系、研学旅行工作推进步骤等都提出了明确的要求。《意见》指出：

（1）用5年左右时间，创建全国中小学研学实践教育营地2个以上、全国基地20个以上。建立浙江省级营地、基地标准和不达标营地、基地摘牌退出机制；遴选公布省级营地

10个以上、省级基地100个以上。设区市、县(市、区)制定地方营地、基地标准,并陆续遴选公布一批当地的营地和基地。

(2)在研学线路设计上:①营地辐射式研学线路。各地教育、旅游等部门指导推动以研学实践教育营地为核心、周边基地为辐射圈的研学旅行实践基地群。积极推动跨区域合作和资源共享,形成布局合理、互联互通的研学旅行基地网。②主题串联式研学线路。各地教育、旅游等部门指导推动结合地域特色,按一定主题,精心筛选打造3—5条面向本区域的示范性研学旅行精品线路。围绕"红色之旅"主题,利用我省丰富的红色资源,突出"寻访红色足迹,传承红色基因"主题开展研学旅行活动;围绕"生态之旅"主题,利用浙江省丰富的绿水青山、海洋资源、美丽乡村、特色小镇、生态保护区等开展研学旅行活动;围绕"文化之旅"主题,利用我省丰富的文化遗产、非遗传承、名人足迹、地域风情、博物馆藏等开展研学旅行活动;围绕"活力之旅"主题,利用我省各地改革开放、科技创新的生动实践样板和高等院校、研发机构、科普基地、市场港口、知名企业等开展研学旅行活动。

(文件来源:http://jyt.zj.gov.cn/art/2018/7/12/art_1532973_27485282.html)

(五)河南省教育厅关于公布全省中小学生研学旅行实验区、实验校名单的通知

发布时间:2018年4月24日

发布单位:河南省教育厅

文件解读:确定郑州市教育局等10个单位为河南省中小学生研学旅行实验区,河南省实验小学等42所学校为河南省中小学生研学旅行实验校。

(1)要求各实验区做到"活动有方案,行前有备案,应急有预案"。通过2—3年的时间建立起确保区域内80%以上学校参与研学旅行活动;开发一批育人效果突出的研学旅行活动课程,建设一批特色鲜明、内容充实的研学旅行基地,形成1—2条研学旅行精品线路,使研学旅行成为学校教育常态化的手段和方式;遴选建设一批安全适宜的中小学生研学旅行基地。要探索建立基地的准入标准、退出机制和评价体系,对公布的基地实行定期评估,动态管理;各实验区要采取多种形式、多种渠道筹措中小学生研学旅行经费,探索建立政府、学校、社会、家庭共同承担的多元化经费筹措机制。鼓励通过社会捐赠、公益性活动等形式支持开展研学旅行;各实验区要制定科学有效的中小学生研学旅行安全保障方案,建立行之有效的安全责任落实、事故处理、责任界定及纠纷处理机制,实施分级备案制度,做到层层落实,责任到人。教育行政部门负责督促学校落实安全责任,审核学校报送的活动方案(含保单信息)和应急预案。

(2)各实验校要将研学旅行纳入教育教学计划;建立活动课程体系;加强活动组织管理,做到计划周密、责权清晰、保障有力、安全高效、社会满意。

(文件来源:http://vn.jyt.henan.gov.cn/2019/12-27/1833267.html)

(六) 省教育厅、省旅游委、省文化厅关于印发湖北省中小学生研学旅行服务单位基本条件的通知(以下简称"《通知》")

发布时间:2018年1月10日

发布单位:湖北省教育厅、省旅游委、省文化厅

文件解读:此《通知》的发布标志着湖北省中小学选择研学服务机构、研学基地等都有了硬性标准,开展研学从此"有规可依"。《通知》中首先就对研学旅行服务单位进行了明确规定,必须是依法注册且达到《湖北省旅行社等级的划分与评定》3A级及以上等级管理及服务标准的旅行社。近三年内无5万元及以上较大数额罚款的旅游行政处罚,无不良诚信记录,无重大安全责任事故,有效投诉率不超过当年组织和接待人次万分之二。

达到标准的研学旅行服务机构,还应该符合的必备条件在《通知》中列出,涵盖人力资源配置、研学产品配置、安全保障服务、价格优惠服务等方面,尤其对"安全保障服务"提出了详细的要求:旅行社应重点强化研学旅行安全管理,严格选购经相关部门认可的交通、餐饮和住宿等服务产品。《通知》中特别强调,教育实践基地必须是独立法人单位,具备承接中小学生开展研学实践教育的能力,管理规范,无行政处罚、重大质量投诉和不良诚信记录,口碑良好;有一支为研学旅行服务的队伍;具备一定的课程资源和课程资源开发能力;有安全保障;对中小学生前往开展研学实践教育活动有门票减免等优惠措施等。

(七) 福建省教育厅关于公布福建省中小学生研学实践教育基地营地名单的通知

发布时间:2018年7月19日

发布单位:福建省教育厅

文件解读:在各地申报的基础上,经专家认真评审遴选,确定福州市林则徐纪念馆等30个单位入选省级中小学生研学实践教育基地,厦门市青少年综合实践基地等6个单位入选省级中小学生研学实践教育营地。

(1)被评为省级中小学生研学实践教育基地只授牌不拨补经费;被评为省级中小学生研学实践教育营地除授牌外,每个营地省级奖补40万元(厦门市营地奖补经费由厦门市级财政统筹安排),经费使用计划审核后下拨至各设区市教育局。

(2)省级奖补经费主要用于:①线路与课程开发补助。支持营地结合自身特点,设计开发适合不同学段学生、与学校教育内容相衔接的优秀传统文化、革命传统教育、国情教育、国防科工、自然生态等为内容的主题研学实践教育线路与教育课程。②研学实践教育活动组织开展补助。支持营地组织中小学生研学实践教育活动,开展集体实践和研究性学习。③师资队伍建设补助。支持营地根据研学实践线路和教育课程需要,聘请研学实践教师;

组织培训课程讲解人员和研学实践教育活动组织管理人员进行业务培训;选派优秀讲解人员和组织管理人员外出学习与交流。④修缮维护和设备更新补助。支持营地根据研学实践线路和教育课程需要,进行必要的修缮维护、添置更新设备。

(文件来源:http://jyt.fujian.gov.cn/xxgk/zywj/201807/t20180711_3571574.htm)

(八) 关于推进全省中小学生研学旅行的实施意见

发布时间:2017年7月16日

发布单位:江西省教育厅、江西省发展和改革委员会等11部门

文件解读:江西钟灵毓秀、山川瑰丽、人文荟萃、文化灿烂,是红色摇篮、绿色家园和古色厚土,为开展中小学生研学旅行提供了得天独厚的资源。近年来,全省各地中小学校(含青少年校外活动中心,下同)积极探索开展研学旅行,取得了明显成效,积累了一定经验。但也有一些地方在推进研学旅行工作过程中,存在思想认识不到位、协调机制不完善、责任机制不健全、安全保障不规范等问题,制约了研学旅行有效开展。江西省第十四次党代会明确了"全面建成小康社会、建设富裕美丽幸福江西"的奋斗目标,提出了"旅游强省、文化强省"、打造"美丽中国"江西样板的要求,为研学旅行提供了良好的发展机遇。各地要高度重视,把研学旅行摆在更加重要的位置,推动研学旅行健康快速发展。

(文件来源:http://www.jiangxi.gov.cn/art/2017/7/13/art_5016_293033.html)

(九) 海南省教育厅等12部门关于推进中小学生研学旅行的实施意见

发布时间:2017年12月29日

发布单位:海南省教育厅等12部门

文件解读:海南是全国唯一的热带省份,拥有全国最好的生态环境,是全国最大的经济特区,是全国唯一的国际旅游岛,还有23年红旗不倒的红色文化、特色鲜明的黎苗文化和现代工业农业文化,为开展中小学生研学旅行提供了得天独厚的资源。近年来,海南省已将研学旅行纳入践行社会主义核心价值观教育之中,广泛开展了综合实践教育活动,部分市县和中小学在推进研学旅行工作中也取得一定成效,积累了工作经验,在促进学生健康成长和全面发展等方面发挥了积极作用。全面开展中小学生研学旅行需要各级相关部门和中小学校进一步提高认识,积极采取措施,履行职责,密切配合,不断完善研学旅行政策,科学安排学生出行,切实保障安全,让中小学生学会动手动脑、学会生存生活、学会做人做事,促进身心健康、体魄强健、意志坚强,促进中小学生形成正确的世界观、人生观、价值观,为培养合格的社会主义建设者和接班人作出贡献。

(文件来源:http://web.hainan.gov.cn/edu/24895/201803/d26c746fab844732ab42bb-2bcd5cae3b.shtml)

(十)《四川省教育厅等 11 部门关于推进中小学生研学旅行的实施意见》

发布时间:2017 年 11 月 12 日

发布单位:四川省教育厅等 11 部门

文件解读:四川省历史悠久,民族众多,文化灿烂,自然风光绚丽多彩,旅游资源丰富。各地教育、文化、旅游、共青团等部门、组织要密切合作,根据研学旅行育人目标,挖掘、开发本地丰富的自然、人文和产业资源,结合域情、校情、生情,依托四川省大熊猫栖息地、都江堰等资源打造一批世界遗产研学旅行基地;依托泸定桥、彝海结盟地等红军长征线路及邓小平故居、川陕革命根据地等资源打造一批红色教育研学旅行基地;依托金沙遗址、四川博物院等资源打造一批文博研学旅行基地;依托四川大学、西南交通大学等打造一批知名院校科技研学旅行基地;还可以依托各地综合实践基地、大型公共设施、各类工矿企业、科研实验室、减灾教育馆等,遴选建设一批布局合理、类别多样、资源丰富、安全适宜、具有四川特色的中小学生研学旅行基地和示范型研学旅行精品线路,逐步形成立足四川、联通全国的研学旅行网络。

(文件来源:http://edu.sc.gov.cn/scedu/C100541/2017/12/6/C2117a3e52C243C38b86-d03d039088ad.shtml)

表 7-2 所示为任务实施方案表。

表 7-2 任务实施方案表

活动目的	通过完善任务一中的研学政策发展历程图,对所学研学相关中央政策进行梳理,了解我国研学旅行发展经历,明晰相关政策要点
活动要求	参照"任务引入"中图示的格式,完善图示。要求标明政策名称、颁布时间、意义;完成图示后,分小组对照图示讲解,查漏补缺
活动步骤	(1)由教师发布任务,并说明活动要求; (2)完善知识图示; (3)完成图示后,分小组对照完成图示进行简单讲解,查漏补缺; (4)教师对活动进行总结
活动评价	进行教师评价和学生自评和互评,评选出在本活动中最佳图示及最佳讲解,给予其鼓励

 **拓展阅读**

做研学,有了这些政策,更要明确方向!

任务二　1+X 证书制度试点工作解读

 **任务引入**

小王是某高等职业技术学院大一学生,放假在家跟父母讨论起在校学习生活。他提到,学校鼓励大家刻苦学习,多加实践,提升综合能力,抓住国家现推行的 1+X 证书制度试点的好时机,争取毕业时能够拿到 1+X 证书,为高质量就业增加砝码。1+X 证书是一种新型证书吗?"1"和"X"分别是什么含义?小王父母一头雾水。你能通过查阅相关资料,予以解答吗?

 任务剖析

1+X 证书制度试点工作,是从国家职业教育改革的需求出发,积极实践产教融合下的"课证"体系衔接的有效尝试。什么是 1+X 证书制度试点?实施 1+X 证书制度试点有什么样的现实意义?如何做好 1+X 证书制度试点工作?这些都是我们需要了解和探讨的问题。

一、实施 1+X 证书制度试点的背景

在以习近平新时代中国特色社会主义思想指引下,为了贯彻党的十九大精神和全国教育大会精神,全面贯彻落实习近平总书记关于教育的重要论述,推进新时代职业教育改革发展,经中央深改委第五次会议审议,2019 年 1 月国务院印发了《国家职业教育改革实施方案》(以下简称"职教 20 条")。把学历证书与职业技能等级证书结合起来,探索实施1+X 证书制度,是"职教 20 条"的重要改革部署,也是重大创新。"1"为学历证书,"X"为若干职业技能等级证书。学历证书全面反映学校教育的人才培养质量。职业技能等级证书是毕

业生、社会成员职业技能水平的凭证,反映职业活动和个人职业生涯发展所需要的综合能力。"1"是基础,"X"是"1"的补充、强化和拓展,书证相互衔接融通正是"1+X证书制度"的精髓所在。"职教 20 条"明确提出,"深化复合型技术技能人才培养培训模式改革,借鉴国际职业教育培训普遍做法,制定工作方案和具体管理办法,启动 1+X 证书制度试点工作"。2019 年《政府工作报告》进一步指出,"要加快学历证书与职业技能等级证书的互通衔接"。

二、实施 1+X 证书制度试点的意义

1+X 证书制度体现了职业教育作为一种类型教育的重要特征,是落实立德树人根本任务、完善职业教育和培训体系、深化产教融合校企合作的一项重要制度设计。实施 1+X 证书制度试点具有以下三个方面的意义:

① 是提高人才培养质量的重要举措

更好地服务建设现代化经济体系和实现更高质量更充分就业的需要,是新时代赋予职业教育的新使命。随着新一轮科技革命、产业转型升级的不断加快,职业教育在人才培养的适应性、吻合度、前瞻性上还存在一定差距。学校通过引导以社会化机制建设的职业技能等级证书,加快人才供给侧结构性改革,有利于增强人才培养与产业需求的吻合度,培养复合型技术技能人才,拓展就业创业本领。

② 是深化人才培养培训模式和评价模式改革的重要途径

通过实施 1+X 证书制度试点,调动社会力量参与职业教育的积极性,引领创新培养培训模式和评价模式,深化教师、教材、教法改革,并将引导院校育训结合、长短结合、内外结合,进一步落实学历教育与职业培训并举并重的法定职责,高质量开展社会培训。

③ 是探索构建国家资历框架的基础性工程

职业技能等级证书是职业技能水平的凭证,也是对学习成果的认定。结合实施 1+X 证书制度试点,积极推进探索职业教育国家"学分银行",制度设计与构建国家资历框架相衔接,畅通技术技能人才成长通道。

(资料来源:教育部职业教育与成人教育司负责人就《关于在院校实施"学历证书+若干职业技能等级证书"制度试点方案》答记者问。)

三、如何做好 1+X 证书制度试点工作

① 教育行政部门

(1)负责做好 1+X 证书制度试点工作的整体规划、部署和宏观指导,对院校内职业技能等级证书的实施工作负监督管理职责。

(2)建设培训评价组织遴选专家库和招募遴选管理办法。本着公正公平公开的原则进行公示公告。

(3)组织制定有关标准化工作指南,指导培训评价组织开发职业技能等级标准。

(4)组织对培训评价组织行为和院校培训质量进行监测和评估。

(5)结合1+X证书制度试点工作,探索职业教育国家"学分银行"建设。

2 试点院校

院校是1+X证书制度试点的实施主体。试点院校党委要加强对试点工作的领导,按有关规定加大资源统筹调配力度。主要应做好以下几个方面的工作:

(1)选择有关职业技能等级证书,确定参与试点的专业。

(2)统筹专业(群)资源,深入研究职业技能等级标准与有关专业教学标准,推进"1"和"X"的有机衔接,将证书培训内容及要求有机融入专业人才培养方案,优化课程设置和教学内容,加强专业教学团队建设,选派教师参加有关培训。

(3)根据在校学生取证需要,对专业课程未涵盖的内容或者需要特别强化的实训,在培训评价组织支持下,组织开展专门培训,同时可面向社会成员开展培训。

(4)符合条件的院校按程序申请设立为考核站点,配合培训评价组织实施证书考核。

(5)管理和使用好有关经费。

3 职业教育培训评价组织

(1)加强师资队伍建设。

师资队伍是1+X证书培训实施的关键和难点,院校教师向社会培训师的角色转变同样是"惊险一跳"。在这个过程中,培训评价组织应该用行业师资培训的方法、路径来培养院校师资,将培训领域有效的实践、工具和方法引入教学,帮助教师角色转换,提升双师型师资服务社会的能力,如引入国际通用的培养模式,将老师分为导师(培训师的培训师)、培训师分层培养,开发师资培训资源,通过线上+线下结合的方式提高培训效率。

(2)注重教材开发的系统性。

行业培训教材与院校课程教材在受众、目标、体例上都有明显的区别,行业培训教材着重"如何做、做的关键点与风险点、应用场景",其结构和内容是按具有一定学习能力和工作经验的成年人的学习要求开发。考虑到院校教师和学生的特点,可以在保留行业培训教材主要要素和基本结构的基础上,采用职业院校师生熟悉的项目化教学或案例教学的结构开发教材,内容上体现龙头企业关键岗位的典型任务、工作流程和要求以及工作中常用工具、方法和场景。

(3)形成质量保障体系。

质量是培训证书的生命线。要建立一套完整的组织和制度质量保障体系,形成标准、教材定期动态更新的机制,建立师资培训、遴选、评价、复审、再培训和退出的管理制度,对培训和考核全过程要有记录,随时接受有关行政部门的"双随机、一公开"抽查和监督。

(4)推进学分银行试点工作。

在教材开发、培训实施上要充分考虑到模块化、单元化及学分设计,为培训学分化打下基础,在实施培训过程中,可以因地制宜通过学分银行开展书证融通、课程置换及企业证书互认等工作。

(以上内容来源于 教育部职业教育与成人教育司负责人就《关于在院校实施"学历证书＋若干职业技能等级证书"制度试点方案》答记者问)

四、研学旅行相关 1+X 证书制度试点工作

2019年4月以来,教育部职业技术教育中心研究所开始陆续公布参与1+X证书制度试点的职业教育培训评价组织及职业技能等级证书名单。从第三批开始,旅游类相关1+X证书陆续亮相(见表7-3),其中研学旅行策划与管理职业技能等级证书作为第一个旅游大类"1+X"证书,反映了国家对研学旅行行业的重视和支持。该证书理论和实操考核全面反映了中小学生研学旅行涉及的内容,与研学旅行导师的实际工作贴合紧密。学生获取EEPM证书后,可在教育部委托国家开放大学开发的"职业技能等级证书信息管理服务平台"查询,学分记录也能够录入"职业教育国家学分银行信息平台",对于学生职业发展有重要意义。

表7-3 部分旅游相关1＋X证书名单

序号	证书名称	培训评价组织名称	批次
1	研学旅行策划与管理职业技能等级证书	亲子猫(北京)国际教育科技有限公司	第三批
2	研学旅行课程设计与实施	北京中凯国际研学旅行股份有限公司	第四批
3	旅游大数据分析	上海棕榈电脑系统有限公司	第四批
4	定制旅行管家服务	携程旅游网络技术(上海)有限公司	第四批
5	旅行策划	中国旅游协会	第四批

在第四批的公布名单中,研学旅行课程设计与实施1+X证书榜上有名。随着研学旅行行业的不断发展,相信更多的研学旅行相关1+X证书会不断涌现,覆盖更多方面,如研学旅行评价标准、研学旅行线路设计、研学旅行安全管理,等等,将有赖于在实践发展中不断验证。

任务实施

请进行 2020 年研学旅行策划与管理(EEPM)职业技能等级证书(初级)实操考核环节真题演练。请在以下四个项目任意选取一个,分小组研讨课程展示流程、重点,每人进行课

程展示。项目一:职业探索类研学任务实操(大熊猫)。项目二:生态环保类研学任务实操(沙漠研学)。项目三:科技类研学任务实操(无人机)。项目四:红色主题研学活动实操(井冈山)。表 7-4 所示为任务实施方案表。

表 7-4　任务实施方案表

活动目的	强化掌握课程展示步骤、流程,为今后获取研学旅行策划与管理(EEPM)职业技能等级证书打下基础
活动要求	认真准备,严格按照规范执行相关任务;分组讨论,要求人人展示
活动步骤	(1)由教师发布任务,并说明相关情况; (2)学生分组研讨课程展示重点、流程; (3)依次在组内进行课程展示,每组挑选一名最优者进行公开展示; (4)教师对活动进行总结
活动评价	进行教师评价和学生自评和互评,评选出在本活动中最优小组,对于表现突出的团队和个人,给予鼓励

项目小结

　　本项目任务一对中央和地方主要研学政策内容的重点内容进行解读,培养学生研学旅行的政策法规意识,使学生了解并具备把握研学旅行相关政策的能力。任务二主要对 1+X 证书制度试点工作及现有的研学相关 1+X 证书进行介绍,使学生了解职业教育发展趋势,明晰个人职业发展规划。

项目训练

紧贴行业实务岗位训练　融通 1+X 职业技能等级证书考题

本课程推荐阅读

[1] 周晓梅.研学旅行背景下职业院校研学导师培养模式探究[J].江苏经贸职业技术学院学报,2020(3)73-76.

[2] 谢蕾.研学旅行背景下的研学导师方向人才培养探究[J].产业与科技论坛,2019(11)176-177.

[3] 朱德勇.校企合作共同培养研学导师的模式研究[J].大众文艺,2020(2)239-240.

[4] 陈瑶.高职教育研学旅行人才培养模式构建[J].科技视界,2019(36)213-215.

[5] 邓艾丽.研学旅行背景下的研学导师方向人才培养探究[J].试题与研究,2020(11)126-127.

[6] 钟生慧.研学旅行设计:理论依据与实践策略[D].杭州:杭州师范大学,2019.

[7] 孙嫘.研学旅行背景下高职研学导师人才培养探析[J].无锡职业技术学院学报,2020(5)7-10.

[8] 邢琦娜.中职学校导游服务专业研学旅行人才培养研究[D].济南:山东师范大学,2019.

[9] 许梅.基于学生感知体验的研学旅行课程评价体系的构建[J].中国多媒体与网络教学学报,2020(01).

[10] 吴垚.基于目标情景模式的中小学研学旅行课程开发研究[D].四川:四川师范大学,2020.

[11] 周维国,段玉山,郭锋涛,袁书琪.研学旅行课程标准[J].地理教学,2019(8).

[12] 李欣.小学研学旅行活动课程的调查研究——以D小学"寒露至,秋实香"研学旅行活动课程为例[D].河北:河北科技师范学院,2019.

[13] 陈晓颖.小学研学旅行课程实施与设计改进研究[D].江西:江西师范大学,2019.

[14] 任丽斌.研学旅行课程设计的问题与对策——基于L中学的个案分析[D].甘肃:西北师范大学,2018.

[15] 胡航舟.研学旅行课程设计研究——基于T市的案例[D].上海:华东师范大学,2019.

[16] 张静.高职院校导游专业学生核心素养及其培养路径刍议[J].武汉工程职业技术学院学报.2017(4)82-85.

[17] 李萍.全域旅游背景下导游专业学生核心素养培养路径研究[J].科技经济导刊,2019,27(31):127-128.

[18] 陈庆合,侯金柱,李忠.论能力本位教育与职业能力的形成[J].职教论坛,2003(16)4-7.

[19] 刘婧,张甜颖.基于"双创"与专业教育融合的导游人才实践能力培养——以四川旅游学院为例[J].产业与科技论坛.2020(3)173.

[20] 刘继玲.研学旅行中体验式学习评价标准开发与应用[J].中小学教师培训,2018(9).

[21] 朱芬芳.基于职业素养的导游专业人才培养探索[J].职业时空,2012(3)134-136.

[22] 李军.近五年来国内研学旅行研究述评[J].北京教育学院学报,2017,31(6):13-19.

[23] 陈林,卢德生.我国研学旅行历史演变及启示[J].江西广播电视大学学报,2019,21(1):26-31.

[24] 郝杰.基于建构主义视角的研学旅行研究[J].中国现代教育装备,2018(20)1-3.

[25] 唐旭.文化研学旅行课程开发的基本思路[J].现代基础教育研究,2019(4)40-46.

[26] 杨保健.中小学研学旅行课程化的问题与对策[J].现代教育,2019(11)28-30.

[27] 周璇.小学4—6年级研学旅行课程开展的困境与对策研究[D].南京:南京师范大学,2018.

[28] 宋世云,刘晓宇,范文.系统构建中小学研学旅行课程内容[J].中小学信息技术教育,2019(9)84-87.

[29] 吴欣.中小学生生命教育现状调查研究——以深圳市福田区为例[J].新课程研究(上旬刊),2017(11)124-125.

参考文献

[1] 魏巴德,邓青.研学旅行实操手册[M].北京:教育科学出版社,2020.

[2] 祝胜华.研学旅行课程体系探索与实践[M].武汉:华中科技大学出版社,2018.

[3] 王晓燕,韩新.研学旅行来了[M].西安:陕西人民教育出版社,2019.

[4] 薛兵旺,杨崇君,官振强.研学旅行实用教程[M].武汉:华中科技大学出版社,2020.

[5] 彭其斌.研学旅行工作导案[M].济南:山东教育出版社,2019.

[6] 王晓燕.研学旅行:课程开发是关键[J].中小学信息技术教育,2018(10)9-11.

[7] 殷世东,汤碧枝.研学旅行与学生发展核心素养的提升[J].东北师大学报(哲学社会科学版),2019(2)155-161.

[8] 邓德智,伍欣.研学旅行指导师实务[M].北京:旅游教育出版社,2020.

[9] 周美云,张学鹏.研学旅行在实施中的目标偏离与路径超越[J].现代中小学教育,2019,35(2):92-95.

[10] 张明川,苟荣华.研学旅行安全事故的类型、原因及预防[J].教学与管理,2020(22)16-18.

[11] 朱蔚琦.文旅融合背景下研学旅行的发展研究[J].齐齐哈尔师范高等专科学校学报,2019(4)30-31.

[12] 黑岚.小学综合实践活动课程的设计、实施与评价[M].北京:清华大学出版社,2020.

教学支持说明

高等职业教育研学旅行管理与服务专业"课证融通"主体化系列规划教材系华中科技大学出版社"十四五"期间重点教材。

为了改善教学效果,提高教材的使用效率,满足高校授课教师的教学需求,本套教材备有与纸质教材配套的教学课件(PPT电子教案)和拓展资源(案例库、习题库等)。

为保证本教学课件及相关教学资料仅为教材使用者所得,我们将向使用本套教材的高校授课教师免费赠送教学课件或者相关教学资料,烦请授课教师通过电话、邮件或加入旅游专家俱乐部QQ群等方式与我们联系,获取"教学课件资源申请表"文档并认真准确填写后发给我们,我们的联系方式如下:

地址:湖北省武汉市东湖新技术开发区华工科技园华工园六路

邮编:430223

电话:027-81321911

传真:027-81321917

E-mail:lyzjjlb@163.com

旅游专家俱乐部QQ群号:306110199

旅游专家俱乐部QQ群二维码:

群名称:旅游专家俱乐部
群　号:306110199

教学课件资源申请表

填表时间：_____年___月___日

1. 以下内容请教师按实际情况写，★为必填项。
2. 学生根据个人情况如实填写，相关内容可以酌情调整提交。

★姓名		★性别	□男 □女	出生年月		★职务	
						★职称	□教授 □副教授 □讲师 □助教

★学校		★院/系	
★教研室		★专业	
★办公电话		家庭电话		★移动电话	
★E-mail（请填写清晰）				★QQ号/微信号	
★联系地址				★邮编	

★现在主授课程情况	学生人数	教材所属出版社	教材满意度
课程一			□满意 □一般 □不满意
课程二			□满意 □一般 □不满意
课程三			□满意 □一般 □不满意
其 他			□满意 □一般 □不满意

教 材 出 版 信 息		
方向一	□准备写 □写作中 □已成稿 □已出版待修订 □有讲义	
方向二	□准备写 □写作中 □已成稿 □已出版待修订 □有讲义	
方向三	□准备写 □写作中 □已成稿 □已出版待修订 □有讲义	

请教师认真填写表格下列内容，提供索取课件配套教材的相关信息，我社根据每位教师/学生填表信息的完整性、授课情况与索取课件的相关性，以及教材使用的情况赠送教材的配套课件及相关教学资源。

ISBN（书号）	书名	作者	索取课件简要说明	学生人数（如选作教材）
			□教学 □参考	
			□教学 □参考	

★您对与课件配套的纸质教材的意见和建议，希望提供哪些配套教学资源：